博观约取

刑事辩护思维与实务技能

张成 律璞玉 著

中国法制出版社
CHINA LEGAL PUBLISHING HOUSE

作者简介

张成， 北京大成律师事务所高级合伙人，北京大成律师事务所法律合规中心副主任，曾任北京大成刑事部主任、大成刑委会副主任、大成刑辩执行院长、大成企业合规与刑事风险防范研究中心主任等职。第三届、第四届中国区“大成杯”诉辩大赛刑事组出题负责人。首都经济贸易大学校友理事会理事及校友导师、中国政法大学同步实践教学导师、西北政法大学刑辩实务方向硕士研究生导师、西北政法大学刑事辩护高级研究院研究员。

律璞玉， 北京大成律师事务所合伙人，哈尔滨商业大学硕士研究生校外实践导师。拥有十六年刑事业务工作经验。曾被中国行为法学会培训合作中心聘为特聘教授。曾应邀担任“庭立方”嘉宾，“icourt 法秀”、“律风刑辩大讲堂”讲师。

刑事辩护律师不仅应是刑事法律法规、司法实务的行家里手，也应谙熟民商思维、具备过硬的民商事司法实务知识，否则无法敏锐发现并透彻论证行民刑交义案件当中的核心问题。在民商事及非诉业务中也不能不具备刑事合规思维，否则极易为自己或客户埋下刑事风险隐患。在重大、疑难案件、涉黑恶案件以及重大民商事诉讼、非诉业务中，“个体户式”的律师工作远远不能满足需要，必须有优秀律师团队的集体力量和集体智慧作为工作质量、效果的保障。

张成、律璞玉律师团队汇聚了多位具有十年以上在公检法一线岗位工作经历的资深律师成员，也有前上市公司董事会秘书和曾就职于法大法庭科学技术鉴定研究所的律师成员。团队成员均具备硕士研究生学历，集专业素养和一线实务执业经历于一身。

在刑事辩护领域，张成、律璞玉律师率团队深耕刑事辩护业务，以职务犯罪、黑恶犯罪及涉金融、商事、经济犯罪辩护见长。为帮助青年刑辩律师迅速成长，于2018年发起北京、西安、哈尔滨、大同等十地刑事辩护业务技能巡讲，深受当地律协、律师的好评。同时，张成律师拥有十余年的民商事业务执业经验，团队在重大民商事争议解决、私募股权与投资基金、企业并购重组及常年法律顾问等领域均有成绩骄人的资深律师作为负责人。

张成、律璞玉律师团队拥有强大的刑事辩护专业力量和民商及非诉律师菁英，深谙公、检、法、辩、企、鉴定思维模式及实务痛点、难点，团队成员间通力合作、互通有无、密切配合，以扎实的专业功底、丰富的办案经验和踏实负责的办案作风，共同为客户提供全方位的法律服务，为全面保障当事人、委托人和客户的合法权益，保障企业财富的稳健可持续增长贡献团队力量。

自　序

对刑事辩护工作而言，知，是德的前提。无知，德可能有害。

——作者题记

刑事辩护律师的职业尊荣度折射出一个国家的法治程度。这种职业尊荣需要我们每一位刑辩律师在面对每一起案件时竭尽全力，用每一次有力辩护赢得尊重。

对于刑事辩护的艺术性，业内专家学者多有著述，文不加点，高才卓识。在本书看来，一切艺术都以技术纯熟为基础，专业成就技术，技术成就品质和艺术。我们并不确知刑事辩护艺术与技术的清晰边界，但律师首先应是法律之技师。技能需娴熟精湛，技能之外还需辅以敬业的态度。一以贯之的专业能力辅之一以贯之的负责态度，才能成就个案中刑事辩护的艺术。同全世界任何国家的律师一样，刑事辩护的成功或者成效虽然免不了有运气的成分，但绝大多数成功或成效，都必须建立在深厚扎实的基本功上。对技术能力的标榜和推崇永远都不是不合时宜的。事实上，刑事辩护的技术涉及很广。艺术没有统一的标准，但技术的标准是客观存在的，虽然这一标准尚未有可见的体系。刑事辩护技术是刑辩律师的基本功，是一切刑事辩护技能和艺术的基石。

2020年，新冠肺炎疫情扰乱了中国和世界的脚步。但驽马十驾，功在不舍，中华民族面对苦难从不缺乏人性的坚忍与光辉。学者可以自恋，“我见青山多妩媚，料青山见我应如是”，而律师不行。律师需以一颗空杯的心，常常检视自己的智识是否落后于时代，自己的观念是否因循定势，自己的思辨是否仍流于简单或恣意，自己的论证是否不能自洽与服人。我们必须秉持良心，不断加固技能，不断反思自己的工作是否已穷尽所有可能。我们还必须深谙法治意义、刑辩职责，敏锐关注司法动向并努力走在具体案件司法人员的前面，否则就不能说服他们。律师兴，则法治兴。法治兴，则中国兴。打铁要靠自身硬，我们必须克服习以为常、洋洋自得、因循定势的习惯。

我国的刑事辩护事业蓄势如虹。着眼当下，在我国庞大的律师队伍当中，有相当一部分是新手律师；在刑事辩护全覆盖的形势下，基本的刑事辩护知识和技能的普及是当务之急。有生之年，若能通过学习、观察、揣摩和反思，总结经验，成就一本可操作可复制的刑事辩护教义学，在我们热爱并为之奋斗的刑辩之路上留下蹒跚足迹；为我们国家刑事司法的公平公正做出一点贡献；为业界同事尤其是后来者垫脚铺路、提供参考借鉴，扫清一些知识上的障碍，或只是提供一些可资批驳的引子，是我们作为刑事辩护律师中的普通一兵心中的大梦想。或许是志大而才疏，可付一哂。此番不揣粗鄙，汇编成书，抛砖引玉，既希望助力新手刑辩律师建立基础的刑辩方法论体系，也希望助益法官的裁判活动。若能有一些共鸣、启发或引起一番批评，足慰心愿。

本书收录文章散见于《人民日报》《中国律师》《检察日报》《民主与法治》《中学时事报》，或者被业界喜闻乐见的“刑事实务”“法律读库”“大成刑辩”等知名自媒体公众号推送或转发。根据文章内容，可分为执业操守篇、实务技能篇、案例研讨篇、素质养成篇、企业刑事合规篇。收录时有所增删。

愿国泰民安，愿天下无冤。

张成　律璞玉

2022年10月定稿于北京

目　录

第一章

执业操守篇

操守是指人的品德和气节。职业操守是指公正有德。荣誉是暂时的，只有德性才是永恒的。

——作者题记

格物致知事辩以德

人生没有彩排，刑事辩护也是如此，每一步都不能错。以专业为立身之本，过硬的专业能力是办好案件的保障，强调深厚的知识功底和建立在丰富实践经验基础之上的“见微知著”，是律师能够具备精准把握辩护要点的能力。“见微知著”是刑辩律师必备的专业能力——拿到案件，发现问题，论证问题，有效沟通，从而实现辩护目的。

根据司法部发布的《全面深化司法行政改革纲要（2018-2022）》，到2022年，全国律师总数将达到62万人，距司法部发布的《2020年度律师、基层法律服务工作统计分析》中公布的“截至2020年底，全国共有执业律师52.2万多人”，两年增加了10余万人。这十余万名律师新兵，加上此前经手刑事辩护业务数量有限的律师群体，要么尚在摸索、专业领域有待明确的阶段，要么明确定位为“全科”律师，难以满足刑辩业务的专业度要求。我们经常接到律师同行的各类咨询，问题大都还停留在比较浅显的层次。因知识不成体系、一知半解导致不敢定论、不敢较真，“现学现卖”式的辩护工作不仅常常会错过辩护的重要时机，甚至会闹出笑话。有些人可能认为出丑闹笑话也只是丢丢面子、损失声誉，但如果没有发现案件的关键问题，未能发挥辩护律师应有的纠错功能，导致案件错判，对当事人和其家庭以及司法公正而言，就是极大的危害了。

仅仅有刑辩技能，还是比较基础的要求；仅仅强调“见微知著”的能力，在重大、疑难案件的辩护过程中就显得比较薄弱，因此还必须有“格物致知”“事辩以德”的自我要求。能分析明辨案件问题，也能突破案件辩护工作中的各种瓶颈，有创造性、突破性地实现沟通目的；别人以常规方法、常规手段不能实现的辩护效果，我们可以采取合法合规的非常规方法、非常规手段实现，强调的是为达到目的所制定、执行的辩护策略是否完善、审慎。如我们常讲的“政策辩”，就需要辩护人有法律以外的更高层次的审度和考虑，所谓大处着眼，小处着手，心有猛虎、细嗅蔷薇。

法谚云：良心抵得上一千个证人。有良心才有良知。良知就是是非之心，不待虑而知，不待学而能，谓之良知。刑辩律师的“致知”，不仅是要唤起司法人员的公正公允良知，也是指“常人皆曰可杀”之时我们自己专业的独立判断；还是指在委托人、当事人有不可名状甚至不可实现之诉求时，辩护人的释法说理，指明利害，而不是一味听从；更是指在各种沟通中，将当事人利益视同自己利益，穷尽各种可能性去做辩护努力。

什么是大处着眼？根据案件具体情况，制定政策辩、法律辩、程序辩、证据辩等不同的策略和思路。尤其要注重辩护时机，如批捕前和批捕阶段的辩护就尤其重要。

什么是小处着手？策略制定好了，还有具体实现过程中的具体工作，详尽而微妙，难以尽述——就好像一场博弈，实力固然重要，但针对不同对手要有不同策略，出手的时机、对方的破绽、个人的气场和控场能力都要相时而动、相时而变，纯熟并且举重若轻。这并不容易，需要观察和揣摩。

大凡物不得其平则鸣。通常当事人自己对自己的所作所为是最清楚的，不远千里、大费周折进京请律师的当事人，多是当地律师无能为力、受到制衡的案件，几乎总有冤屈，辩护工作也必然十分艰难。所以在北京做刑辩律师，接手的刑事案件可以说集中了全国各类型的疑难复杂案件。受人之托，忠人之事，穷尽各种合法途径，做出各种有益、有心的尝试和努力，是刑辩律师的应有之义。

我们一个法律援助的案件，情节简单：被告人与所谓的被害人是同村村民，彼此熟悉，均60岁上下，单身。被害人经营一家小卖部，被告人当天去买瓜子，发现被害人一个人在看店，就出于与其发生性行为的目的上去搂抱被害人。仅仅是搂抱，没有其他动作行为。被害人使劲摆手、拒绝搂抱，被告人就放开了被害人，其猜测被害人是想要钱，于是从兜里拿出二三十块钱给被害人。但被害人还是使劲摆手，被告人见状就放弃了。针对这样的情节，还有录像为证，因为被害人家属报案，被告人被以强奸罪（未遂）起诉到法院。强奸罪是明知被害人不同意与自己发生性行为而决意以暴力、威胁等方法为之，而这个案件显然没有强奸犯意，更没有进入犯罪着手阶段，仅仅对被害人是否愿意与自己发生性行为进行了试探。我们接手案件后，反复同办案人沟通。因为我们坚决做无罪辩护，法官还曾要求被告人更换律师。这个案件中没有任何事实、证据、法律定性上的争议，辩护律师如果不专业，进行有罪从轻辩护，若法院再作出一个无罪判决，恐怕就贻笑大方了。

对于刑事案件中存在的各种问题，具备“见微知著”“精准辩护”的能力虽已属珍贵，但在这种能力之上，通过哪些途径、方式方法，去实现辩护目的，有时候也是解决问题的关键。这也是相时而动、相时而变的要求。

比如，我们曾接手一起二审发回重审的案件，一审开完庭半年多了还未判决。介入案件后，就面临着一审开完庭之后律师介入、开展辩护工作法律依据不足的尴尬境地。怎么办？等着一审判决之后在二审阶段再开展辩护工作吗？那显然不是最好的负责任的辩护方案。没判决就有机会，就要争取。我们依然给法官递交了委托手续，复印了卷宗和庭审笔录，多次会见，加班加点同团队研讨案件问题，包括案件本身的问题、一审原辩护律师的辩护工作是否专业到位及其可能对一审判决的影响，然后制订出辩护方案、争取当事人的支持，再去同法官多次沟通。

我们团队承办过和正在办理的厅部级、县处级职务犯罪的案件十余件，各种经济纠纷引发的合同诈骗类案件十余件，死刑复核、申诉案件十余件，每一件都殊为不易。因为不容易，所以我们团队慢慢形成了一个工作准则：控制受案数量、保证办案质量，办案不留遗憾、不留死角。一些重大疑难案件通常需要会见几十余次，连续一周、半月驻扎在发案地或犯罪嫌疑人、被告人被羁押地是常有的事。

为了搞清楚案件事实，我们团队还经常去旁听同案犯的公开庭审，尽量掌握第一手资料，全面了解案情，若发现分案处理的关联案件之间存在事实、证据不透明的问题，就以《辩护人旁听庭审纪要》的形式，寄交双方法官，使主办法官能够全面了解案件情况，进而综合判断。

可见，在大多数案件中，一般情况下，只要能够找出案件问题，并且精确论证问题，就可以实现辩护目的；只有在特别疑难、复杂的问题案件的辩护中，才需要更深入、全面、立体、多维度的具体的实实在在的努力，这种努力不仅仅局限于捕前的撤案申请、捕中的不批捕申请、审查起诉和审判中的常规工作。

律师兴，则法治兴。积德兼仁，德旋之门，“鹤鸣于九皋，声闻于野”。刑辩律师不仅要为当事人的利益最大化而战，也要为我们的职业声誉而战，为我们的执业权利而战。每个律师都应当有成名成家的愿望，不断学习提高“见微知著”的能力，不断精研案件策略，迎难而上、敢于坚持、同问题案件作斗争，实现刑辩律师应有的作用和价值。

历史的车轮滚滚向前，走向前进是必然趋势。刑辩律师的“格物致知”“事辩以德”，从宏观上说是一个国家健康活力的证明，从微观上说是个案公平公允的基石。对于新手刑辩律师而言，循序而渐进，熟读而精思，博观而约取，厚积而薄发，先立大巧，无捷径可循。

刑辩律师的专业素养是职业道德的支点

要做就做好律师、大律师。自我定位一定要高。好律师需要有深厚且能够灵活运用的基本功，好律师需要把当事人的利益时刻放在心上。不放弃点滴希望，为之付出全部的努力。这样的好律师就是大律师。

——作者题记

员额制意味着检察官、法官更加职业化、专业化、精英化，而庭审实质化改革，其关键词是法官中立、充分对抗。深化司法改革，必须坚持法治理念，遵循司法规律。应对司法改革、庭审实质化，对于刑辩律师而言，无他，唯提高技能尔。

为什么要专业化？专业化、标签化是如今越来越热的词汇，是律师应对市场需求，有意识地把自己打造成一个有显著专业特征、有辨识度的重要营销手段。

法治生态要求刑辩律师必须专业化。原最高人民法院戴长林法官曾说过："法官期盼在开庭的时候，能有一个责任心强，有能力，有水平的律师出庭，控、辩、审铁三角出色的演绎，更有利于彰显法律的公平、公义。"这是对刑辩律师专业化的期待，也是现实法治生态对刑辩律师的要求。控辩审三方构成了刑事诉讼中的三角架构，律师的专业水准不仅是确保当事人权益的基础，更是赢得对手尊重的基础。控辩双方的抗衡保持高水准的势均力敌，才是案件质量的根本保障。

服务对象要求我们专业化。刑事辩护关乎生命、自由和财产利益，当事人和家属需要一位业务精湛、殚精竭虑的专业人士来抗衡司法权力，捍卫合法权益。业务能力不过硬，就看不出问题所在、找不到辩点或者辩点提炼不准确、论述不透彻、说理不充分。不了解侦、诉、审思维，就不能制定良好的辩护策略、谈不到有效辩护。一句话，律师的专业能力不足则不能做到有效辩护。这无异于对当事人权益的二次损害。有些国家可以以律师不尽职为由对案件启动再审程序，我们国家没有这样的制度。对律师而言，专业度和办案质量似乎就是一笔良心账。但是，任何一个对自己有一定要求的人，都不应该放任自己成为一名任由自己的低质量工作损害委托人、当事人合法权益的业务能力低劣的律师。

律师业务本身需要专业化。刑辩律师的专业化要求则更高，因为人命关天、自由关天。专科大夫的门前，排队等待的人往往比全科大夫门前的多。做律师也是这样，当你成为专业律师乃至专家型律师后，你的专业水平提高了，就会被更多的客户所认可，就会拥有更大的选择度。

与此相应，很多青年律师看到了专业化、标签化的前景，也有愿望成为一名专业化、标签化的律师，但不知道该怎么做，不知道达到什么样的水平，才能无愧于专业刑辩律师的标签。这个问题见仁见智，但是存在一些共识。

首先，对相关法律、法规熟悉，建立对基础法律法规的基本通识的知识体系。看到一个基本事实，头脑中就有大体的法律法规与之对应。不是说要背法条，是说对具体问题对应大概的法律规定在头脑中要有印象、有储备。

其次，对该专业的司法态势有认识和把握。知己知彼，是制胜的前提。尤其是对侦、控、审的思维一般规律有所把握，对侦、控方的常见错误问题，以及对各种类型辩护意见提出的时间节点做到心中有数。

再次，谨慎和勤勉尽责的态度。专业是能力，态度是关键。只有具备了必要的专业基础，才能保障我们的辩点是恰当的，经得起推敲的。另外还有负责的态度。刑事辩护的高端性，不仅在于其高度的对抗性，还在于刑辩业务能力的综合性，以及与司法机关力量差距的悬殊性。因为涉及当事人的生命、自由、财产权益，需要我们时刻保持如履薄冰的谨慎态度。唯有拥有勤勉尽责的高度责任心，才能吃得了刑辩的苦，才能在与力量对比悬殊的司法机关的斗智斗勇中攻守有道。

最后，要懂得人性。不要忽视对辩护策略的研究，不要放弃任何一次与司法人员沟通的机会，进而影响他们内心确信。在沟通过程中，业务能力仍然是核心实力。仅有沟通能力，没有专业基本功，责任心越强可能会越招人烦，因为对案件的问题既说不到点上，更不能论述透彻，陷入一种别人插不上嘴的"自嗨"模式而不自知。

想成为一名专业律师，如何选择专业领域？仅就刑辩业务而言，在我们精通常见案件的辩护工作重点问题后，我们还可以再进一步细分专业领域，如金融犯罪、毒品犯罪、黑恶犯罪等。可以根据每个人自己的优势来选定二次细分的专业。比如，如果你具有财税背景，那么你可能办理涉及税务类刑事案件可能更有优势；如果你具有银行工作经历，那么你可能做妨害金融管理秩序类案件更具有优势。如果我们没有这方面的先天条件，不妨开始着手钻研某个领域的专业知识，定点、专项地细化专业领域，逐渐成为该专业领域的辩护专家。

专业能力不是奇淫巧技。朝鲜族有句谚语"别让你的技巧胜过你的品德"，这也是耶鲁大学法学院院长哈罗德2007年迎新致辞的题目。但是大家可能不知道的是，在这次致辞中，哈罗德还提到一句威廉斯考芬的名言："如果你没有任何支点，那么你将随时跌倒。"对律师工作而言，专业能力是基础品德或者是职业道德的支点，没有很高的专业化程度的职业道德是不可想象的，也是苍白无力的，甚至可能是有害的。仅有一腔热血，没有高超的专业素养做支撑，无论把当事人的利益放到多么高的位置上，都很难实现当事人利益最大化的目标。高超的专业素养，是有效辩护、实现辩护目标、确保当事人权益不受侵害的保障，也是通往职业道德的必经之路。

在个案的辩护工作中，每一个刑辩律师在每一起案件中专业、扎实、有见地的辩护工作，共同形成一股促进我国整个司法改革进程、促进我们国家法治化进程的洪流。应当看到，从前法律人常常以“不要过度代入案件”，以保持冷静思考并不致陷入悲观；当前法律人群体对职业操守问题的论述越来越触及人性和灵魂。优秀检察官刘哲有两句名言，“你办的不是案件，而是别人的人生”，“用每一起案件，推动社会的进步”。诚哉斯言，推己及人，是法律人在案件中应具有的人性关怀；善哉斯言，修身治国，乃在案几之间。

法庭之上，不只拼技术，还有人性

应战时，不应被情感掌控，时刻保持理智；进攻时，则不妨揭露和展现人性。获得最深层次的共鸣，你才能赢。

——作者题记

北京市第三中级人民法院的一次普通的庭审，给我留下了深刻的印象，公诉人在公诉发言中显露出人性光芒。这是我的一个法援案件。一个19岁的女孩，跟相识不久的男友来北京打工，在20多天的时间里，被反复多次殴打，“遍体鳞伤，体无完肤”，体重34公斤，“极度消瘦”。最后一次一拳下去，牙齿掉了一颗，口腔内多处“挫碎”，当即抽搐，死亡。经鉴定，外伤导致血栓，血栓流到肺动脉引发死亡。案情虽然恶劣，但案件事实比较简单。难能可贵的是，庭审中表现出了司法者的人性光辉。三名法官均认真听审、参与庭审调查。两名公诉人分工明确，显然都很熟悉了解案情。尤其可圈可点的是，在公诉意见中，男公诉人放下提纲，脱稿说了这样一段话：

这样一个花季少女，伤成这个样子，不拍CT，不打破伤风针，不就是怕增加你的压力吗？这样好的女孩，只有68斤，你怎么下得去手？我为什么让你看看她的照片？她的嘴唇紧闭，她对你无话可说……她家庭不幸福，本想在你这里得到一些幸福，却被你在二十几天的时间里送到了法医的解剖台上！在你这里完成了对世界的绝望！愿她在天堂里忘却悲伤，能够灿若骄阳……

可怜的孩子……谁不曾憧憬爱情……大约终其一生，也不曾有人这样说出她的心声。

检察官的这番话，足以告慰女孩的在天之灵：

愿她在天堂里忘却悲伤，能够灿若骄阳……

公诉人说这番话时，感情是真挚的。他理解女孩的境遇和成长经历，更同情女孩的遭遇。

我们坐在一侧，他就坐在我的左手边。我转过头去仔细地看了看我的这位前同行，他四十多岁的样子，看年纪应该是从检时间不短了吧！在市级检察机关，经手办理各种杀人越货的案件应该也不少了吧！仍然能保持着这一份同理心，悲天悯人，细腻真挚，何其珍贵。他的这番话，让我顿时感受到他的亲爱，人性的光辉使得他形象更亲和，公诉工作也似乎更专业了，整个法庭都好像温暖了起来。

我想他一定是一个优秀的公诉人，也是一个值得托付的好男人，一个好丈夫，一个好爸爸。如果被害的女孩有这样的好父亲，或者被告的男孩子有这样一个好父亲，悲剧都不可能发生。遗憾的是，此案辩护人严重缺乏辩护经验，在没有充分把握的情况下，请来专家证人，论证了控方的指控内容。客观证据确凿，却采取了过失致人死亡的罪轻辩护方案，被告人避重就轻的供述与其配合，不能自圆其说，还彰显被告人顽劣的主观恶性。可以说是有害辩护的典型。

正确而唯一的路径，只能是劝被告人发自内心地认罪悔罪，忏悔，赔偿，争取被害人家属的最大谅解。本案中，被告人跟辩护人都辩称没有故意的伤害……专家证人出庭作证时说身上有轻微伤、轻伤多处，重伤一处，铁证如山。

作为代理人，我发表了三个意见：一是应构成故意杀人罪，因为被害人即使不是外伤后行动迟缓导致血栓形成并流入肺动脉致死，也必然会因多处感染而死或者饿死，是间接故意。二是不构成自首，虽然被告人明知他人报警在现场等候，但属于被动等候，而且始终对主要殴打犯罪事实不做供述，不属于如实供述自己主要犯罪事实。三是从被告人与其母亲的微信聊天记录中可以看出，其母亲明知其持续实施伤害犯罪，仍劝其不要放女孩回家以防事发，还转钱给他，涉嫌共犯，至少是包庇。当然，我的用意主要在为被害人家属争取更多的赔偿。我知道，被告人的父母就坐在法庭外面，听得清法庭里的每一句话。

更让人感慨的是，比被害女孩大不了几岁的二十出头的被告人，在整个庭审过程中都表现出让人不寒而栗的冷漠。

是什么，把可爱的孩童变成了这样冷血麻木的少年?

是谁，更该坐在受审庭上?

最后，被告人以故意伤害致人死亡罪判处无期徒刑；其父母筹措资金，赔付了50万元。

第二章

实务技能篇

第一讲　如何找到辩点

对辩点的敏锐直觉和力透纸背的论证能力是决胜法庭的法宝。你需要通过大量的学习和大量的刻意练习去培养这种看家本事。

——作者题记

从常情常理入手寻找辩点

所谓辩点，其实质就是在刑事案件当中或明或暗隐藏着的，存在于事实上、法律上、证据上或程序上的问题。

一方面，刑事法律法规十分繁杂，刑事理论问题争鸣不断，每一个法条甚至法条上每一个词语都可能成为个案的一个辩点，有时需要“咬文嚼字”；另一方面，实体公正和程序正义之间的矛盾冲突使得“法律事实”的认定过程异常复杂。事实与法律的认定，罪与非罪、此罪与彼罪、罪轻罪重的问题，有时在法学教授们之间或最高司法机关的司法解释或指导性意见之间也不能达成一致。找辩点，说起来简单，做起来并不容易。辩点因案不同，似乎无迹可寻，也难以抽象成普适的经验。

辩点也有迹可循。说辩点有规律可循，是指所有的辩点，都是为了攻击控方的证据体系、犯罪构成要件体系、程序合法性体系之用。只有击破了证明体系、犯罪构成要件体系或者程序合法性体系，才可能使控方的指控链条断裂。因此，辩点的确定，无外乎从构成证据体系的每一个证据的证明能力和证明力入手，从犯罪构成的逻辑体系着手，从程序中的不法问题着手。从这个意义上讲，辩点也是有迹可循的。

综合而言，我们认为，刑事辩护中的证据合法性问题和程序合法性问题是第一个层次的问题，核对法条即可实现。证据真实性是第二个层次的问题，可能需要一番查证比对。而事实认定和证据论证则是第三个层次的问题，需要有一定的综合分析论证能力。在一个案件当中，哪个问题会成为有效的辩点，无疑是因案、因人而异的，有时是仁智互见并且考验辩护人基本功的重要指标。在一些成功辩护的案例中，表面看就赢在极简单的节点之上，似乎赢得“机巧”，实际功夫都下在平时，绝对是厚积而薄发，赢在知识、经验、功底，赢在认真、求真、钻研。

基于以上分析，在有迹和无迹之间，我们也只能结合亲办案例，对辩点的发现、发掘的思路和技巧，尝试着进行一些共性上的归纳，希望对读者有所启发。

一、实体上通过常情常理常识的判断找辩点

辩点能否被司法机关接受并真正起到应有作用成为必须考虑的重要因素。我们应当注意到，很多冤错案件错得并不“高深”，大多错在很浅显的常情常理常识问题上，基本案情粗看之下就让人感觉很“别扭”。对那种“别扭”的案件，从常情常理常识方面入手找辩点，常常能收到奇效。比如，近年来引发社会关注的“内蒙古张某军无证收购玉米案”“气枪大妈非法持有枪支案”“大学生暑假掏鸟被判刑十年”等，从法理上说，都与司法机关有罪推定、对被告人“不认为是犯罪”的辩解缺乏深层次的研究，机械执行以往的“法律认识错误不影响罪责”理念有关。从大众的法感情角度出发，这种机械执法就不符合常情常理常识。以下的案件也许更能显现。

案例 1. 甲过失致人死亡案

甲与被害人（男，40岁，身高185厘米，体重约200斤）是一所住房的合租人，分别与家人住在该住房的两间卧室，两家共用走廊。某日晚，甲的妻子、女儿在走廊洗漱时，被酒后在房间休息的被害人听见，被害人认为甲妻、甲女洗漱“声音太大”，打扰了自己睡觉，便来到走廊将甲妻骑在身下殴打。甲闻讯从卧室

出来，见状拿起放在墙边的、平时买菜装菜用的小车，推了被害人的胳膊两下。被害人的家属闻声也来到走廊，将其拽回自己居室。约五分钟后，被害人因心脏病突发身亡。一审法院判决甲犯故意伤害（致死）罪，判处有期徒刑十年。一审中，辩护人主要的辩护观点认为，案中甲的行为构成正当防卫，但属于防卫过当。这个观点无疑是正确的，但当时还没有发生“昆山案”和“于欢案”，正当防卫理论意义大于司法意义，在实务中被采用的案例还极为罕见。于是，我们在二审阶段，不仅继续论证“正当防卫”观点，而且着重论证了行为与结果之间是否存在刑法上的因果关系的问题。

我们知道，行为和结果之间介入了被害人特异体质因素后，评价起来是有争议和难度的。我们可以抛开刑辩律师的角色，从普通人的角度先去理解和分析本案事实。被害人酒后滋事在先，甲的行为大体属于基本正常且克制的范畴。年轻力壮的被害人死于心脏病突发，这是正常人难以预料的事。甲碰到这样的事，实在是“太倒霉了”。基本上这就是一般民众基于朴素正义感对本案产生的直观认识。基于这样的直觉，提示我们进一步深入研究案中行为和结果之间的因果关系，考察、推敲案件细节。

鉴定意见证实：被害人符合在外伤、剧烈活动、情绪激动等诱因作用下导致冠状动脉粥样硬化心脏病急性发作死亡。意见所列“外伤”“剧烈活动”“情绪激动”中间用的是顿号，后面有个“等”字，明显属于选择性、示范性、或然性的诱因罗列，既有可能是外伤作用下诱发，也有可能是剧烈活动诱发，还可能是情绪激动诱发（后两者是死者自身原因导致），或者是三者结合诱发，再或者是其他原因诱发。

根据刑法理论，“针对缺乏结果预见可能性的惩罚，有违责任主义原则”。这份鉴定意见不具有排他性，不能证实甲用小车推被害人的行为同被害人的死亡结果之间具有刑法上的因果关系。辩护意见提出后，甲被二审改判犯过失致人死亡罪，判处有期徒刑三年缓刑五年，重获了自由（但我们认为仍属于问题判决）。

如果运用三阶层理论，甲的行为也不符合过失致人死亡罪的主客观要件：甲的推胳膊的这个行为，相对于被害人的死亡结果，由于主观上不可能预见也不存在疏忽大意或过于自信的过失心态，因而不能归因和归责。

刑事案件是社会矛盾的产物，刑事案件的辩点把握，往往也先要从生活情理上去分析。用朴素的生活常识，用老百姓的眼光去审视案件事实，再落实到法律、法理上。

案例2：乙诈骗案

乙是一名年逾六十的老太。早年间，乙和几位要好的老同学一起，合伙盖了一栋楼用于经营养老院。在养老院建成、投入经营几年后，当地就开始动迁。不料，动迁过程中，却遭遇动迁小组成员之一、当地某村干部的索贿，声称“你房子既符合较高的补偿标准，也符合较低的补偿标准；如果你行贿给我，就给你按高标准算补偿款”。于是老太太乙就行贿了，最后也真的就按照上限的高标准获得了补偿款。后检察院以乙构成诈骗罪提起公诉。

形式上，老太太乙确实“行贿”了；结果上，她也确实按照较高标准得到了补偿款。但是老太太有诈骗故意即非法占有补偿款的目的吗？没有。因为村干部明明白白告诉她，她的房子是符合较高的补偿标准的。她显然遭遇了“敲诈型”索贿。既然高标准的补偿款是应得的，就不具有非法占有国家补偿款的目的，就不能构成诈骗罪。

不构成诈骗罪，是否可能构成“行贿罪”？被索贿没有获得不正当利益的，不成立行贿罪，这是法条的明确规定。基于法教义学，我们认为这里的没有获得不正当利益，还包括在被索贿时不具有获取不正当利益的意图的情况。

善于质疑权威，不迷信司法机关的定性，不迷信法条，是发现辩点的不二法门。只有不迷信，才能沉下心来，从常情常理常识着手对案情进行分析。法理不外乎人情，法律是大众行为的底线，如果一个行为是我们都能接受的，普遍适用的，一般就不应认为逾越了底线。

案例3.丙妨害公务案

被告人丙酒后乘坐出租车，却把出租车的玻璃给砸了，被出租车司机直接拉到派出所报警。警察在处理时，因为被告人处于高度醉酒的状态，不能配合“做笔录”，双方周旋了七八个小时。其间，这个醉酒者叫嚣辱骂并踢打了处理其事件的警察。这起案件的辩护律师认为，这个案件情节恶劣，被害单位和被害人都不接受赔偿也不同意和解，但家属期望值却很高。不同意和解就不能判缓刑，还要从重处罚。没有好办法，找不到辩点，也不知道怎么辩。

用普通人的标准来考虑，对于这样一个高度醉酒的人，通常我们会怎么跟他相处？我们会躲着他，也许会报警，但一定会尽量避免跟他正面冲突，因为跟一个醉酒的、神志不清、不理智的人是没办法正常交流的。那么本案中的警察同志，为了“写笔录”，跟这个高度醉酒者纠缠了七八个小时！警察难道不能预见到，一个高度醉酒的人是无法配合做笔录的吗？普通人都能认识到的风险，负有依法处置各类突发状况职责的人民警察更应该认识到。对一个高度醉酒的人进行“询问”取证，其间导致警察一方及丙本人受伤，再以妨害公务罪或者寻衅滋事罪立案，是否符合常理？从常理出发看，派出所执法的行为显然不妥当。派出所作为法定的执法机关，应当比普通人更为专业、谨慎地处理事件。循此，我们去查找人民警察处置醉酒者的相关规定。《治安管理处罚法》中明文规定：对于高度醉酒的人，必须首先“采取必要的保护性措施约束至酒醒”，防范其继续实施危害行为。

就是这样一个点，使这个辩护人原本认为很棘手的案件获得了非常好的庭审效果，不仅获得了当事人家属的满意，法官的高度认同，还使得量刑建议为一年半至两年实刑的被告人在开庭后不久就“实报实销”予以释放。

时隔四年以后，我们又一次接到了一个同类案件，当事人是一名律师同行。事发后，他爱人先后委托了三拨律师，都主张“认罪认罚”。一次偶然的机会，他爱人找到了我们团队，经过简单的了解案情之后，我们就告诉她，让她去查《治安管理处罚法》相关规定。但她考虑到她聘请的律师并没有掌握这一个重要的辩点，自行决定解除了之前的委托，坚决要委托我们为她爱人辩护。我们立即准备了材料第一时间同办案人沟通，得知案件已经进入了批捕程序的第四天。让人惊讶的是此前并没有任何律师向办案人提交手续、辩护意见或其他材料。我们将辩护意见同办案检察官充分沟通之后，这个案件没有批准逮捕，这名律师同行在期限届满的最后一天被释放。可以想见，一旦被批准逮捕，不仅增加了工作环节、工作难度，结果也难以预料。

案例4. 丁强奸案

这个案子由被害人报案，北京市的某公安机关将行为人传唤到案后拘留。拘留的第二天，家属聘请了律师，该律师找到我们为其提供帮助。由于不了解具体情况，我们就列了一个强奸案件的常规问题提纲，我们的律师朋友拿着提纲会见之后，再把“答案”反馈回来。之后我们代为撰写了无罪辩护意见，由辩护律师交给公安机关办案人之后的第二天，撤案放人。

这份辩护意见也完全是从常情常理入手分析，得出被害人报假案的结论。

首先，从案件发生的时空条件看，犯罪嫌疑人丁在他人经营的、隔音非常差的、流动人口很多的服务场所——按摩房内。其次，在这种客流量基本稳定，具有一定“公共场所”属性的经营性场所，在营业时间内实施强奸犯罪的可能性极小，因为不具备一般的以暴力、胁迫手段强奸作案的时空条件。

本案是否是例外呢？本案中双方当事人系初次相识，被害人为按摩服务场所的按摩员，自然对其所在场所的管理、人员、隔音情况是非常了解和熟悉的。作为服务提供者，在其服务场所内，还有着天然的优势地位（所谓的主场，己方人多势众）。犯罪嫌疑人丁作为消费者，孤身一人，势单力孤，案发时也没有呼救、争执，以暴力、威胁的手段强奸的可能性可以直接被排除。据犯罪嫌疑人丁称，其作为消费者，当时是脱光了衣服躺在按摩床上接受被害人的按摩服务。如果其有暴力、胁迫举动：（1）被害人的逃脱是轻而易举的事，而犯罪嫌疑人会立即陷入窘境；（2）被害人的呼救会立即引来救助；（3）若存在暴力胁迫，被害人会有伤痕、衣服撕扯会有损坏、争执的声音会引来他人，门都未上锁，破门而入是很容易的。丁会自陷于非常不利的境地。这是任何正常成人都会预见到的后果。被害人呼救也是非常容易的，但被害人没有呼救。

那么，本案能否以胁迫手段实施？双方初次相识，对对方的背景完全不掌握，基本上也无从胁迫。那就只能是以其他手段，比如下药、麻醉，致使被害人不知反抗、不能反抗。但被害人没有宣称被迷奸。此外，双方发生性行为之后，被害人有充分的条件报警、抓捕犯罪嫌疑人，但是被害人不但没有这样做，反而整理好衣服，到外面去给犯罪嫌疑人倒了一杯水。试问，哪个被害人会对强奸自己的犯罪嫌疑人如此体贴？案发后丁也没有伺机逃跑，而是大大方方地冲了澡，在短暂休息后，还按照与被害人的约定，到前台充值1万元，准备日后再来消费。可见，下药、麻醉，甚至熟睡中迷奸的可能性可以排除。

可见，常情常理常识法则可以广泛运用到刑事案件的出罪辩护上，来帮助我们查找、确立辩点，甚至直接作为辩点。只要你找得对，说得透，非常容易引起司法人员的深层次共鸣，比枯燥的法条、法理更容易获得认同和支持。

二、在应用常情常理法则时，要注意几个问题

首先，要尽量把常情常理深入浅出地勾画出来。比如，前述强奸案辩护意见中，提出“哪个被害人会对强奸犯如此体贴”就比较浅显地揭露了案情的违背常情常理性。2020年春节前我们刚拿到一份无罪判决，公诉机关指控某村支书虚构事实、隐瞒真相，用自己妻子的名义承包本村土地并获得补偿款的行为是贪污。我们给出一个概念，叫“隐名合伙”，隐名合伙并不受法律禁止，只不过将在隐名者与显名者之间产生一定的权利义务关系，也并不直接导致承包合同无效。另外，夫或妻一方单独对外实施的民事行为，另一方也必然因此承担连带的责任或义务，这是夫妻作为经济共同体的法律意义之一。因此，用自己妻子名义承包本村土地，不等于以非法占有为目的的贪污手段。经过几个层次的层层论证，先是在审查起诉阶段将罪名由贪污、受贿罪变更为职务侵占罪和非国家工作人员受贿罪，经过一次发回重审、历时三年，最后在唐山市中级人民法院的二审阶段，全案五名被告人均被宣告无罪释放。

其次，应穷尽所有的法条找出常情常理背后的法理基础和法律法规基础。对相关法条有一定印象会增加我们对常情常理常识的敏感度和直觉。

最后，常情常理应遵循经验法则，不能用例外判断取代常识判断。比如，浙江杭州张氏叔侄强奸杀人案，证据中存在很多疑点，侦查机关和司法机关在认定

张氏叔侄共同奸杀被害人这一事实过程中，违背了很多常情常理：对于这样挑战伦理极限的恶性案件，没有调查了解张氏叔侄的品格证据；受害人到杭州后还用张氏叔侄的电话告知自己朋友已经到了杭州，对这样违反恶性案件常理的证据也没有给予重视；甚至对在受害人指甲里发现了其他人的DNA，也没有做出合乎逻辑和经验常识的解释。这完全是一种有罪推定思维下对事实、证据进行为我所用的解释。还有赵作海案件中，压住井口的三个大轱辘，都重四五百斤，靠一个人的力量不可能完成。再如，云南杜培武案件，控方指控杜的两个重要的物证，一是从杜培武衣袖上提取了火药的残留物，证明杜培武使用过武器，二是从杜培武鞋底上提取了现场土壤，并将其作为有罪证据使用。当杜培武被认定为冤案进行反思时，这两个物证才被发现有问题，在案发前杜培武所在单位组织了实弹射击，那自然在衣袖上会残留火药的痕迹，受害人是杜培武的妻子，案发之后当然会出现在现场。在有罪推定思维模式下，对证据分析、解释单向性、片面性，不客观、不中立、不全面。

刑事处罚是最严厉的处罚，不考虑常情常理，会不当扩大打击范围，让普通公民无端涉罪，违反刑法谦抑性原则，严重影响社会安定。常情常理规则，远没有得到司法实践和理论的重视。

常情常理常识之辩，看似很基础，却常常是决定罪与非罪的关键。有时常情常理常识问题可以用极简约的语言指出，有时却也需要旁征博引、深入浅出、严谨而专业的论证。无论是哪种，务求“一针见血”“一剑封喉”“釜底抽薪”。

再谈如何找到辩点

辩点准确，最能体现刑辩律师价值，怎么强调其重要性也不为过。

——作者题记

德国刑法学家弗兰茨·冯·李斯特说：“刑事诉讼法是被告人的大宪章，是人权保障法。”一旦公民面临侦查机关的调查和公诉机关的指控，作为公民个体，其力量是单薄的，为了实现国家利益和个人利益的平等对抗，最大可能地接近控辩平衡，程序法设立了辩护制度，法律赋予了律师充分的辩护权。

那么，身份的不同应该导致审查证据的视角和结论也迥然相异吗？事实上，虽然在制度层面，控辩对抗、审判中立的程序设计是有其深刻用意的：公诉人立足控方立场，辩护人基于维护被告人权益的立场，双方形成对抗；审判庭基于中立裁判立场，不偏不倚地兼听则明，构成一个完美的刑事诉讼庭审过程。在实然层面，侦、控、辩、审各方的确有思维惯性、思维方式上的巨大差异。但是，理性、平和、客观的态度，应当是控、辩、审三方都应一体持有的，绝不应只专属于某一角色。控、辩、审三方，虽然角色不同，但所学所用均为同一套法律规范，是为交流的平台和对话的基础。侦、控、审作为国家追诉机关（我国的审判机关也具有一定的追诉功能），更应当遵循客观义务，表现为法律规定他们收集、调取、审查、适用有罪证据，也应当对无罪证据一视同仁。而对辩方则无此义务要求。但实务中，有的司法工作者背离客观公正义务，一味谋求追诉效果，这是实然的现实。刑事诉讼的三角形架构，正是基于这种应然和实然之间的现实差距量身定做。

2018年，我们团队发起了全国刑辩技能的公益巡讲，接触到很多热爱学习、热衷提高刑辩技能的可爱可敬的律师，他们经常会对如何找到刑事案件的辩点感到非常困惑，不知道如何下手。作为刑辩律师，面对一堆卷宗无法理出思路和头绪，无疑很难取得较好的辩护效果，更不用说庭审效果、赢得当事人的尊重和信赖了。我们经常会解答他们的一些问题，但问题常常大多停留在极浅的层面，很多问题甚至都停留在什么时候应该和办案人沟通、沟通方式和内容，甚至被问到具体的行为对应的法律规范这样的层面，让人感到无力又无奈。

详言之，基础执业知识，首先要靠自己去反复学习来获得，事无巨细全依赖他人，是难有真正的进步的。如果不是有所积累，辩护工作能力很难一蹴而就。我们的刑事法律业务知识储备同办案人员的知识储备的差距越大，就越能看出侦查人员、公诉人员甚至审判人员认识不到的问题。这个知识储备首先是基本的刑事法律规范，其次是大量的刑事审判资料的研判学习，最后是理论和实务方向的专业书籍，还要注重观摩大量的实战演练，创造机会多参加模拟演练，这些都需要刻意学习、刻意练习。一定要多看基本理论和法条，多研究案例，实现量变到质变的飞跃。

我们不赞同以练手的心态办案，把手头的案件当成自己成长的铺路石。这就等于放任和容忍自己的失误或者错误，等于把当事人的生命、自由和财产权益当成小白鼠去做试验。刑辩律师应当把每个案件都办成精品案件，在每次接手案件的第一时间把案件的问题研究透彻，不能指望临时抱佛脚。不仅如此，我们还要事事想在办案人员之前，赶在办案人行动之前。

我们曾接手一个贩毒案件，案涉25千克毒品，已经开完庭了，律师没有找到任何辩点。在当事人家属找到我们时，判断大概率会判处死刑。我们仍然加班加点，看卷写出辩护意见，归纳了十个点，交到法官手中。法官推迟判决，表示会再研究研究。我们也非常明白，对于律师业务开展而言，一审开庭之后提出这些辩护意见不如二审改判效果好，因为那样没人“抢功”，但是二审改判会增加更多难度和不确定性，人命关天，这些都不能计较了。再举几例：

案例1.甲过失致人死亡案

某日晚，甲之妻、女在洗漱时，合租被害人李某酒后认为甲妻、甲女洗漱声音“太大”，打扰了自己睡觉，便将甲妻骑在身下殴打。甲从卧室闻讯出来，见状拿起墙边的、平时买菜装菜用的小车推了被害人李某胳膊两下。后李某被其家属拽回自己居室。约五分钟后，李某心脏病突发身亡。

这个案例在前文已经分析过，在此说说案件中的程序问题。一审法院直接在判决中变更罪名，将公诉机关指控的故意杀人罪改为故意伤害（致死），未保障被告人辩护权。根据《最高人民法院关于适用〈中华人民共和国刑事诉讼法〉的解释》第二百四十一条（现为第二百九十五条）的规定：“对第一审公诉案件，人民法院审理后，应当按照下列情形分别作出判决、裁定：……（二）起诉指控的事实清楚，证据确实、充分，指控的罪名与审理认定的罪名不一致的，应当按照审理认定的罪名作出有罪判决；……具有前款第二项规定情形的，人民法院应当在判决前听取控辩双方的意见，保障被告人、辩护人充分行使辩护权。必要时，可以重新开庭，组织控辩双方围绕被告人的行为构成何罪进行辩论。”而在本案中，公诉机关以故意伤害致死起诉，一审法院没有执行上述规定，径行以审理认定的罪名做出有罪判决，违反了上述司法解释的规定。实体上，导致控辩双方无法有针对性地参与对事实的调查及提供相应证据，不利于案件事实的查清；程序上，剥夺并限制了控辩双方的诉讼权利，尤其是剥夺了被告人针对新罪名的辩护权，有违控审分离、依法保障被告人辩护权等诉讼原则。

案例 2. 某乙敲诈勒索案

某乙先因举报某市领导违纪而上访，后又因承包合同纠纷上访，主要理由是其承包的土地的一部分被征占但没得到补偿。村领导迫于信访压力组织调解，并给付某乙十万元补偿款。其后，村领导报案，检察机关认为某乙以非法占有为目的，以上访相要挟，向村干部、市领导索要财物，以“敲诈勒索”定性起诉。

承办人是个年轻办案人，刑事辩护经验不多。笔者首先提示他：你的辩护思路是什么？承办人说：我认为应当做无罪辩护，理由主要是他还没有去上访呢！行为还没实施呢……我们指出，这个案件将不同事实人为联系起来，没有厘清不同法律关系的本质。这个起诉事实中，实际上包含着某乙对市领导基于《宪法》赋予公民监督权的行使而依法信访，和与村委会基于土地补偿纠纷而主张权利引起的“以上访相要挟”；包含着某乙基于所承包土地而主张法定“承包优先权”而引起的“以上访相要挟”。这是三个不同的法律关系，不能混为一谈。此其一。其二，虽然村干部组织在“洗浴城”进行协商调解显属不当，但不影响调解协议效力。该法律纠纷已经因调解协议得到履行而宣告终结，不成立任何犯罪。其三，无论是因举报市领导、主张补偿款还是主张“承包优先权”“以上访相要挟”，都不属于敲诈勒索中的暴力、胁迫等不法胁迫手段。因为依法信访是行使法律赋予公民的监督权、控告权、申诉权、信访权，行使法定权利行为排除非法性。庭审后，被告人被变更强制措施为取保候审。

案例3.某丙虚开发票案

某丙开立公司，雇佣业务人员十余人开展发票出售业务。涉案十几人，涉案金额达十几亿，是当时全国备受关注的虚开发票犯罪。我们提出：

1. 某丙作为大量普通发票的发出者，其明知道肯定有部分或大部分人去用虚开的发票偷逃税款，根据共同犯罪理论，认定其构成虚开普通发票罪，是没有问题的；但相关涉案金额的计算成为不可能（没有核实具体偷逃税款事实的条件）。此外，某丙的行为实质上属于销售发票的行为，其行为更符合非法出售发票罪的犯罪特征，但二者量刑基本相同，列为辩点意义不大。

2. 本案认定各被告人相关犯罪事实的证据标准不统一。从证据角度看，公诉机关认定某丙构成虚开发票罪的证据基础是全部扣押的票据存根及其衍生的审计结论等。而对其业务人员，认定的依据则为票根+购票方证言。据此，确立了认定某丙犯罪数额依据不确实、不充分，与业务人员犯罪数额相互矛盾的辩点。

3. 从酌定减轻情节上看，某丙的到案经过有点可辩。公安机关已经掌握了某丙的虚开发票犯罪事实，却电话通知其有贩卖假酒（不构成犯罪的违法事实）情形需要核实，要求某丙到公安机关配合工作。某丙明知可能是因发票的事，仍然去公安机关接受调查，并在公安机关没有出示证据的情况下，就交待了全部关于发票的犯罪事实。这应属于特别自首：到案具有主动性、到案后如实供述自己的犯罪事实。

该案经一审判决，合议庭采纳了上述全部观点，犯罪数额根据有受票证据印证的证据进行了认定，从而大幅减少了某丙的犯罪数额；虽然没有认定其构成自首，但对其到案具有一定主动性给予了认定，对其判处有期徒刑四年半，大大低于被告人预期。在此案后“爆雷”的大量虚开增值税发票类犯罪中，虚开增值税发票犯罪需要行为人主观上具备偷逃税款的目的，也得到了确认。

案例4.某丁涉嫌滥伐林木案

某水务局对小李下发了《责令停止违法行为通知书》，要求小李对行洪区内非法栽种的林木予以清除，否则强制执行，费用由小李承担。小李迫于无奈将林木卖给了丁，丁雇人将林木砍伐，要拉走时林业部门报警，公安机关将丁拘留，通知其涉嫌滥伐林木罪。

丁到底有罪无罪？律师从何辩护？

1.《责令停止违法行为通知书》属于行政处罚决定，形式合法、内容确定有效，对行政相对人具有拘束力，是小李伐木行为的法律依据，构成正当化事由，阻却违法性。所谓正当化事由是指刑法虽然没有明确规定，但现实生活中是比较常见的，虽然客观上造成一定的损害结果，形式上符合某些犯罪的客观要件，但实质上既不具备社会危害性也不具备刑事违法性的行为，属于排除犯罪性的事由。要求行政相对人抗拒行政命令规定的作为义务，缺乏期待可能性。

2.小李伐木的正当化事由（即《责令停止违法行为通知书》确定的“将行洪区内的林木予以清除的法定义务”）正当转移给买方丁。

3.水务部门的《责令停止违法行为通知书》同林业部门的《采伐许可证》效力相同。水务部门和林业部门同隶属于地方政府，相互之间没有隶属关系，行政命令和行政许可具有同等效力。一个是命令性规范，另一个是禁止性规范。在行洪区内，理当以水务部门的命令性规范优先适用。

4.砍伐行洪区内影响行洪的林木，一方面是水务部门的行政命令，另一方面也是实质上有益于社会的行为，不具有可罚性。对于在行洪区影响行洪，对公共财产、生命安全有巨大隐患的林木，而且是经水务部门责令砍伐清障的，不具有实质上的违法性，而是客观上有益于社会的行为。

综上，无论是小李还是丁，都不构成犯罪。

案例 5. 某戊行贿案

戊的丈夫是某领导司机，因该领导涉罪，办案单位传唤戊，向其核实其丈夫单位领导的相关犯罪事实。其间，戊主动交代了自己向领导行贿的事实。

戊究竟是一般的坦白还是特别自首？我们提出了戊应构成自首的辩护意见：1. 从领导的供述中看，其始终作无罪供述，司法机关不可能已经掌握戊的行贿犯罪线索。2. 在戊的首次供述中，有戊主动交代犯罪事实的字样。3. 从供证的先后顺序上看，是戊先交代犯罪事实后，办案单位才向其丈夫的领导核实了相关事实、固定了证据。因此，戊依法应当构成自首。

我们刑辩律师天然地要有质疑精神，没有质疑精神不会成为一名优秀的刑辩律师。不仅质疑权威，质疑既定的条条框框，还要经常质疑自己的既定观点。当然，质疑只是起点，而不是终点，仅有质疑，没有求证，只会陷于混沌。大体而言，我们在查找、论证辩点时要注意以下几个方面：

1. 在横向的事实层面上，要根据案件性质着重审查不同的重点。比如，杀人的实行行为的具体过程是否清楚？事前有无预备、事后有无逃匿？贩卖毒品犯罪的毒品来源、去向，是否属于代买行为？是否用于自己吸食？是否用于抵账？

2. 在抽象的法律适用层面上，要结合相关法律、司法解释、总则内容进行审查。比如，妨害公务罪，要重点审查公务行为的合法性，审查行为人是否明知是执行公务行为及情节是否达到“恶劣”的评价标准。

3. 没有充分依据的辩点尽量不提或点到为止。没有事实依据、法律依据、常情常理依据或者程序依据，辩点就成了空中楼阁，变成了空谈议论或者意见性猜测，于案件处理无益。

4. 有选择地提出有利于辩护方的理论上有争议的观点。法律上尚没有定论的，长篇大论会影响庭审效果。将核心观点提出，简要说明依据和理由，在辩护词当中适当论证，避免纠缠理论争议，更为妥当。

5. 事无巨细，通篇罗列难以取得效果。辩点的提出应层次分明，分类提出，如无罪辩护“一、本案事实不清，理由是1、2、3；二、本案证据不足，理由是1、2、3；三、本案适用法律错误，理由是1、2、3；综上……”或者罪轻辩护“一、被告人有如下法定减轻处罚情节，理由是1、2、3；二、被告人有如下法定从轻处罚情节，理由是1、2、3；三、被告人有如下酌定从轻处罚情节”，将案件的问题“合并同类项”，避免给人杂乱无章的感觉。

以上几个案例，都属于常见的刑事犯罪案件，罪名不同，犯罪事实也毫无相似之处。那种认为刑事案件很简单，每个律师都能上庭说上几句的想法，是对当事人也是对自身经办案件的极大不负责任。

由于刑事案件关乎当事人个人的人身自由和严厉的社会评价，我们刑辩律师在刑事案件当中的角色十分敏感，也十分关键。苦练基本功，扎实办案件，才能把自己培养成一个能力和态度都足够专业，二者相得益彰的专业律师。

从程序和证据角度发现问题、确定辩点

刑辩律师也要讲诚信，刑辩律师具有深厚的基本功并且身体力行，就是刑辩律师诚信的体现。

——作者题记

在侦查活动中，一些侦查机关受“重实体轻程序”观念的影响，程序不规范的问题还是比较多发和常见的，并且具有一定的规律性。辩护律师要心中有数、注意审查。

一、注重对口供的审查

在“口供为王”观念的支配下，以“口供”为中心编织证据体系，是经济便利的选择。从侦查学角度讲，侦查的过程也是对“侦查假说”的查实和查否的过程。但是在锁定具体的犯罪嫌疑人后，在有罪推定、打击犯罪的角色惯性作用下，对原本具有多种可能性的“侦查假说”的排查，常常演变成围绕“锁定具体犯罪嫌疑人”的取证活动。侦查活动从全面收集涉案各方面证据，有意无意过渡到只注重收集有罪、罪重证据，而忽略甚至无视无罪、罪轻证据。这大概就是大部分问题案件的产生根由。

对此，刑辩律师要懂得“主观见之于客观，客观反映主观”的原理。一般而言，公安机关过度依赖口供，侦查机关上述有罪推定的倾向性和证明逻辑，会导致事实和证据之间存在很多问题：证据本身不自恰，证据之间存在矛盾，证据组合不能得出唯一的结论并且不能排除疑问。

虽然当下造成肉体有形伤害的刑讯逼供越来越少见，但仍然存在，有些刑讯逼供或变相刑讯逼供的问题仍然触目惊心。在疲劳审讯等变相刑讯逼供手段之下，刑讯逼供从“有痕”到“无痕”，固定证据、提取证据都更加困难。申请检察机关介入调查、调取同监室人员证言、调取入所体检报告等途径来申请排非，有时也面临各种困难。

在这种现状之下，刑辩律师尤其要重视犯罪嫌疑人、被告人的辩解，注重从事实、证据之间的矛盾入手，通过揭露证据本身的问题、证据和证据之间的矛盾，力求打破侦查机关、指控机关的论证逻辑。

1. 从犯罪嫌疑人、被告人的供述和辩解中寻找辩点

卷宗中有罪供述和辩解的取证过程，犯罪嫌疑人和被告人最清楚不过，通过听取和审查犯罪嫌疑人的辩解去发现其中的问题是第一渠道。有些侦查机关因为不重视犯罪嫌疑人、被告人的辩解而失去及时查找、补充、锁定证据的机会和条件。作为辩护人则必须充分重视他们的辩解，寻迹查找问题、提供线索或补充证据，整合起来进行独立的专业判断。要注重同犯罪嫌疑人、被告人的有效沟通，甚至反复沟通。犯罪嫌疑人、被告人在会见时也一定会有很多问题想得到解答，一问一答中我们对案情会有个大概的判断，这也将是我们在侦查、逮捕和捕后侦查阶段同办案人员沟通的基础。在会见时，辩护人应就与讯问相关的法律规定对犯罪嫌疑人进行充分的讲解，提醒他们注意核对笔录。对侦查机关的非法取证行为，要依法引导其想办法留存证据。这是我们保护犯罪嫌疑人合法权益的应有之义，也可能是将来辩护的基础。直到现在还有很多律师不作区分地将辩护工作的重心全放在庭审阶段，这是不负责任的做法。

如果犯罪嫌疑人、被告人向自己的律师陈述了具体的刑讯逼供或变相刑讯逼供的事实、细节，刑辩律师一方面要详尽记录以备使用，另一方面也要迅速结合案件具体事实和法律规定向犯罪嫌疑人、被告人征询处理意见，直到达成预案。详言之，辩护律师应当结合法律规定就相关事实的性质进行判断和讲解，还应该就是否提出控告、申诉、申请排非及其可能出现的各种后果进行预测，使犯罪嫌疑人、被告人在充分了解的情况下做出自己的决策。

虽然法律规定辩方申请排非只需要提供相关具体线索即可，但实务中这一规定有时不被适用。辩护律师以此为借口而放弃非法取证事实、证据、法律依据的全面调查研究，有脱离现实不切实际之嫌。因此，如果当事人和辩护律师沟通的结论是申请排非，则辩护律师还必须尽可能全面收集非法取得有罪供述的全部细节、证据，使得排非申请依据更加充分。

2.从证人证言、被害人陈述中寻找辩点

对证人证言、被害人陈述的考察，要注意其与被告人之间是否具有利害关系，注意通过还原其证实内容的方法来发现其虚假性。刑事诉讼法尤其是最高人民法院、最高人民检察院关于刑事诉讼法具体适用有关问题的司法解释中，对如何审查判断证人证言、被害人陈述有较为详尽的规定。人的记忆是不可靠的，不仅会受学识、表达能力的限制，还会受记忆本身的限制、私人感情的束缚。电影《十二公民》很好地向我们展示了这个问题：十二位陪审员对一桩有图有真相的案件，最初都感性地认为，行为人实施了杀人犯罪，在随后的层层解剖分析过程中，却将原本似乎确凿无疑的证言内容一一击穿——与案件并无利害关系的人，却出于不同心理、不同原因，做出了与事实不符的证实内容。

在我们办理一起受贿案件的过程中，为了全面了解案情，我们专门旁听了行贿人（被分案处理）的庭审过程。庭审中，控方举出一位田姓证人的证言，证实该人在案发时帮助行贿人去黑市兑换了1000万元港币和600万元美金用于行贿，但行贿人当庭指出该证人在案发时已经是癌症晚期，相关事实是在侦查机关逼迫下编造的。其辩护人还当庭提交了相关病历，证实田姓证人在当时根本不可能去兑换如此金额的现金。在旁听以后，我们专门撰写了旁听纪实，申请我们的当事人的办案法官依职权调取行贿人的庭审记录及相关证据，为法官全面了解案件相关事实提供了途径和渠道。

二、注重对实物类证据收集程序合法性的审查

实物类证据一般是指书证、物证。我国非法证据排除的相关规定中，排除程序上存在问题取得的书证、物证给司法人员预留了非常大的自由裁量空间，规定

只有在“程序严重违法，足以严重影响司法公正且无法补正”的情况下，才能予以排除。因此，对实物类证据收集程序合法性的质疑，往往难以奏效，必须辅之以对全案事实、证据的综合论证。

1.从收集物证的时效方面查找实物证据中的问题

如赵作海案件，该案件事实认定的最大疑点一直是无名尸的身份问题。为什么无名尸的身份一直无法确定？商丘市以及柘城县有关部门对外解释说是因为“无名尸高度腐烂在当时的技术条件下无法进行DNA鉴定”，但实际情况并非如此。在审查起诉阶段，检察机关也两次退回补充侦查要求进行DNA鉴定，也都没有做。如果当时就进行了DNA鉴定，这一错案就能够避免。某中级人民法院曾判决一起故意杀人案的被告人无罪，也是因为公安机关取得了有罪供述后放松了取证的工作，导致杀人的凶器、血衣等物证全部丢失，证据无法复核，被告人一翻供，证据体系立即崩溃。

2.审查笔录类证据查找实物证据中的问题

司法实践中，一些案件在勘验、检查、搜查、扣押、辨认程序中存在的问题也比较突出。比如，有的扣押手续事后补签，尤其在扣押物品数量较大的情况下，侦查人员往往不当面当场进行清点，而是事后进行清点再让被扣押人签字。又如，见证人制度流于形式问题。在勘验、检查、搜查等侦查行为过程中，都要求要有见证人在场，并且要求见证人与本案没有利害关系。实践中，有的侦查人员在调查取证时不严格按照法定程序取证。一般是先取证，后补手续，没有见证人或者见证人虚假。一些案件中还存在“职业见证人”问题，一个见证人总是出现在不同时间、地点的见证文书上。一直以来，我国刑事诉讼法及其司法解释中对程序违法的笔录类证据的排除没有具体、明确的规定，直到《最高人民法院关于适用〈中华人民共和国刑事诉讼法〉的解释》第一百零五条明确规定了辨认活动违法，又不能确定辨认笔录真实性的辨认笔录不能作为证据使用。

3.审查鉴定意见查找实物证据中的问题

案件中的书证、物证往往需要辅之以鉴定意见才能发挥作用。鉴定意见在刑事案件中，因为其专业性和对案件定罪量刑的重要作用，有时会超越有罪供述在证明体系中的地位成为“证据之王”，是名副其实的“法官之上的法官”。但是，鉴定意见真的是“专家”意见吗？不尽然。能够持续、深入更新专业知识的人在任何圈子里都是极少数。比如，刑辩律师本应是刑事辩护领域的专家，但实际上真正可以担得起“专业刑辩律师”称号的也并不多见。因此，对鉴定意见进行充分、专业的质证，最能体现辩护人的专业度，也常常会收到奇效。鉴定的形式要件、鉴定单位和鉴定人的主体资格要件、鉴定程序、结论等，都是需要审查的重要环节。又如，在我们办理的一起“恶势力”案件中，就有这样一起“强迫交易案”，办案单位给涉案车辆作了“价格认证”。当我们提出该认证没有鉴定人的签名、盖章时，公诉机关提交法庭一份情况说明，以价格认证不属于鉴定意见为由，主张价格认证结论不需要有鉴定人的签名、盖章（我们检索了相关判例，价格认证书是否应当有鉴定人的签名、盖章、资格证书确实存在争议）。我们指出，价格认证也是“有专门知识的人就案件的专门问题给出的意见”，不是鉴定意见，那么是属于哪种证据形式？受哪些法律规范约束？在实体上，我们在庭审中围绕无实物鉴定的问题、鉴定（认证）过程、标准等方面，依据国家发改委的相关具体规定进行了有理有据的论证，取得了良好的效果，最终该起事实没有被认定。

此外，当下的鉴定机构管理有很多不规范的问题。鉴定人资质准入门槛低，取得资质后的管理、培训、个人印鉴的使用都非常随意。在我们办理的一起违法发放贷款案中，银行长期合作的某房地产评估机构，竟然是空壳公司，几个鉴定人只是把鉴定资格证书、印鉴放在公司，公司承接评估业务、出具鉴定意见，都是由这个所谓的鉴定机构负责人自己进行。完成鉴定报告文本之后，加盖上并没有实际参与鉴定的、由其代管的鉴定人的印章，就算完成了鉴定报告。在另外一起毒品犯罪案件中，鉴定人出庭时对其检测的涉案毒品的种类、所采用的鉴定方法、鉴定过程一问三不知，张口结舌。

在我们的辩护工作中，对鉴定意见的质疑几乎是100%有效的。其原因就在于，有鉴定资格不一定就是有专业知识的人，名不符实、“专家不专”的现象大量存在。我国一些鉴定机构并不具备中立和公正的基础，创收是其主要追求，给钱就鉴、按要求出鉴定意见并不罕见。专业的鉴定意见，需要你通过学习成为该领域的行家，练就一双发现问题的敏锐之眼和一颗有效质疑鉴定中的问题的专业之心，达到以小博大的效果。除了对各种常见鉴定问题加强学习以外，必要时也需要聘请专家辅助人加强我们的辩护力量。

三、证据规则在刑事证明中的作用不可忽视

1.注重使用“印证规则”

“印证规则”一直被司法部门奉为审查言词证据的圭臬。四川省高级人民法院有一个宋某富故意杀人案，在一审宣告死缓之后，省高院在复核中认为事实不清，证据不足发回重审，最终被宣告无罪。法院的理由就是宋某富供述的犯罪细节和动机与现场勘验检查、尸体检验、证人证言不吻合，且没有目击证人、物证等其他证据能够证明是宋某富杀了受害人，该案仅有被告人供述而无其他证据相印证，不能认定宋某富实施了杀人的犯罪行为。

但“印证规则”近年来则受到学者和实务工作者的广泛质疑。这是因为，“印证规则”在以侦查取证为核心的卷宗主义的当下，“有罪”证据在卷宗中肯定会存在相当的印证证据，而“无罪”证据则很难出现在卷宗当中。由于辩护人取证权受到的种种限制，指望辩护律师在卷宗之外找到证据来印证无罪辩解或者无罪证据，难度很大。因此，即使“有罪”证据存在问题，也很难根据“印证规则”得到排除。即使如此，由于并没有更好的、容易操作且符合司法实务水平和现状的替代规则，“印证规则”当前仍然在实务中被普遍尊奉，具有相当的权威性。

2.注重核对同步录音录像

如果“印证规则”行不通，就要通过瓦解有罪供述本身的合法性来揭露真实性问题。这往往需要通过核对提讯证、同步录音录像来进行。提讯证、同步录音录像是证实犯罪嫌疑人、被告人供述合法性的辅助证据。核对的方法，比如将同步录音录像内容对照卷宗中笔录的内容审查是否存在虚构或实际性篡改；又如，将卷宗中笔录记载的起止时间同犯罪嫌疑人、被告人本人核对，同提讯证上记载

的提审时间进行核对，审查是否存在刑讯逼供或引供诱供，再进行“表演式录音录像”。实际上，同步录音录像要审查的、可审查的远远不止于此。例如，《交警系统执法记录仪使用管理规定》第五条规定，交通警察在道路上执勤执法、处理交通事故时，应当佩戴、使用执法记录仪。根据《公安机关执法办案场所办案区使用管理规定》第四条规定，违法犯罪嫌疑人被带至公安机关后，办案民警应当将其立即带入办案区；除经办案部门负责人批准，起赃、辨认现场或者尸体的以外，不得将违法犯罪嫌疑人带出办案区。第二十四条规定，办案区安装的视频监控设备应当覆盖全区域且有数据存储功能……办案区使用时，应当开启视频监控设备，并由专人值守。如果我们对相关执法过程有异议，就可以据此从犯罪嫌疑人置身办案机关之下开始，申请调取对应的同步录音录像审查过程的合法性。又如，指定居所监视居住期间，检察机关的相关部门必须定期巡查，有巡查记录。侦查终结后，要求有驻监所检察室的工作人员就侦查活动是否合法进行核查。

3.注重分析供证顺序

这涉及先供后证还是先证后供的证明力问题。先取得供述，依供述取得其他证据，是先供后证，又叫援供求证；先取得其他证据，依其他证据取得供述，是先证后供，又叫援证求供。一般而言，先供后证证明力较高，说明犯罪嫌疑人、被告人的有罪供述得到了客观证据的印证，而先证后供则有依据先取得的证据线索引诱甚至非法获取犯罪嫌疑人、被告人有罪供述的可能性，因而证明力较低。但这也不是绝对的。无论是援证求供还是援供求证，都要去审查证据取得的过程是否自然、合法，证据自身的证明力和证明证据之间的印证关系。

四、穷尽法条核查工作

我们认为，发现程序、证据上的问题，相较于发现实体、罪名应用的问题，要容易操作，只要核对相关规定就能做到。侦查机关的执法规范类的法律法规实际上既多且严，大多数刑辩律师远没有穷尽。

综上所述，审查质证是刑辩律师应当掌握的一门基本技能。在审查具体证据时，既要注重穷尽法条检索、对照法条核实证据的合法性，分析证据链条之间的完整性和结论的排他性；又要注重结合犯罪嫌疑人、被告人的供述和辩解审查其有罪供述和无罪辩解，以及其他言词证据的真实性，言词证据与实物证据、笔录类证据的真实性和不同证据相互之间的证明关系和逻辑体系。相对于实体问题而言，证据、程序当中的问题通常都有法条上的直接依据，可以系统地进行提炼和归纳。

非法证据排除的策略与技巧

刑法重理论，是法律中的科学，刑诉重理念，是法律中的宗教。

——陈虎《刑事程序中的深层结构》

非法取证，是造成冤假错案的罪魁祸首。只有严格贯彻执行非法证据排除规则，用程序制裁迫使违法者的实体利益受损，才能实现非法证据排除制度设计的初衷、阻断刑讯逼供的动力。

非法证据排除规则（以下或称排非），包括对非法言词证据的强制排除、对非法实物证据的裁量排除和瑕疵证据的补正排除规则。简言之，强制排除是指对以刑讯逼供手段或冻、饿、烤、晒、疲劳审讯等变相刑讯逼供手段，或采取以亲友等安危相威胁使人遭受无法忍受的痛苦，所取得的供述的排除；以及对以暴力、威胁方法提取的证言的排除。裁量排除是指对物证、书证的取得程序违反法律规定，法庭认为足以严重危害真实性、公正性前提下的排除。瑕疵证据补正排除，是指对违法取得的实物证据，可由侦查机关就违法情况进行解释或者补正，在不能解释或者补正的情况下的排除。

在我国，《最高人民法院关于执行〈中华人民共和国刑事诉讼法〉若干问题的解释》（已失效）在排除非法证据方面做出了首次尝试。2010年最高人民法院、最高人民检察院、公安部等印发《关于办理死刑案件审查判断证据若干问题的规定》和《关于办理刑事案件排除非法证据若干问题的规定》的通知，分别确立了非法证据排除规则的基本框架，对各类证据的审查判断确立了证据规定。2012年《刑事诉讼法》全面吸收了“两个规定”相关内容，以国家基本法的形式确立了非法证据排除规则，具有不言而喻的重大意义，曾让刑事法律人振奋且饱含期待。2017年通过的《关于办理刑事案件严格排除非法证据若干问题的规定》以及“三个规程”（《人民法院办理刑事案件庭前会议规程（试行）》《人民法院办理刑事案件排除非法证据规程（试行）》《人民法院办理刑事案件第一审普通程序法庭调查规程（试行）》），对非法证据排除规则的适用对象、适用范围和适用程序做出了进一步的完善。在排除对象上，将侦查人员通过“威胁”、非法拘禁手段所获取的供述以及受到刑讯逼供行为影响的“重复性供述”纳入排非对象。在程序上，赋予庭前会议以初步审查的职能即“先行调查”原则，规定“控辩双方对非法证据问题不能达成一致意见的，需对非法证据问题展开庭审调查”，即庭审实质审查控辩争议原则，以及无特殊情况对非法证据争议当庭裁决原则，并对二审程序中的非法证据排除程序确立了一些新的规则。

然而，根据学者的实证研究、行业律师交流以及从我们经办的案件情况来看，当下一些案件中仍然存在取证问题，辩护律师的排非申请也面临很多困难。以我们经办或参办的案件为例，近两年来，我们办理的案件以官员行贿、受贿职务犯罪和企业家涉黑恶犯罪、合同诈骗犯罪和金融诈骗犯罪、职务侵占犯罪、非法集资类犯罪以及行贿犯罪案件为主。其中，职务犯罪当事人（包括受贿官员及行贿企业家）要求辩护人就遭受刑讯逼供、威胁、引诱供述提出控告、申诉、申请非法证据排除的，为11：5；涉嫌“黑社会性质”犯罪案件中，由于涉案人数众多，个别犯罪嫌疑人控诉遭受非法取证，如果忽略其中未提起非法证据排除的部分犯罪嫌疑人或被告人，以整起案件计，辩护律师提出排除非法证据申请的案件比率较高。总体而言，言词证据均不同程度存在不记录辩解、实质性变更供述的问题，并以疲劳审讯获取供述的问题较为突出。当然，应当指出，笔者的办案经验并不具有普遍意义，所经办或参办的案件也不能代表刑事案件的主流。

纵观经媒体批露“平反”的典型案例，我们也可以发现一些规律：最终

"平反"的故意杀人犯罪案件，往往存在刑讯逼供问题。但是在再审判决中，没有任何一个判决是以非法证据排除作为立论的基础，而是都对案件的全部证据进行了详尽的综合分析之后得出事实不清、证据不足的无罪结论。明确因非法证据排除规则的适用对相关证据予以排除的案件，多集中于毒品犯罪案件，但其中有相当部分对定罪量刑没有实质影响。因此因排除非法证据据以得出全案无罪结论的案件数量极为少见，如广州中院的郑某文案。

笔者认为，这些规律有其内在原因，那就是一些司法办案人员存在重实体、轻程序的理念。在排非过程中，辩护人想的是通过排非实现被告人利益最大化。对实体正义的追求，是控辩审三方在排非问题上对抗激烈、观点南辕北辙、关于排非的规定常常得不到真正贯彻落实的重要根源之一。在此现状之下，作为辩护人，只有先从实体上论证了指控不成立，排非申请才有微弱的可能发挥其本应发挥的作用。也是在这样的前提下，通过排非获得轻缓量刑，成为大多数刑辩律师启动排非程序退而求其次的真实的目的和现实的选择。

然而，非法证据排除制度在一些现实因素的影响之下，越来越背离制度初衷。一些资深刑辩律师对此也束手无策，对非法证据排除的适用消极悲观乃至不抱希望，从而不再将精力放在查找非法证据的线索、证据等工作上。还有些辩护律师因经验不足、研究不透等因素，提出的排非申请不扎实，甚至走过场，适得其反。根据笔者有限的经验，在排非实务中，刑辩律师应当注意如下几个问题。

一、排非申请要体现辩护策略

某厅级官员甲受贿案二审过程中，笔者通过阅卷发现，一审辩护律师在庭前会议中申请排除非法证据。

法官：辩护人，你申请排非的理由是什么？

辩护人：他的笔录不真实。

法官：被告人，你被刑讯逼供了吗？

被告人：没有。

法官：那你被威胁、引诱了吗？

被告人：也没有。

法官：你的供述属实吗？

被告人：基本属实。

事实上，本案被告人对各起指控事实均如实供述，与《起诉书》认定的基本事实差别不大。本案客观性证据较充分，其中一起贿款放在车库里长达一年多的时间，还有一起房产受贿案至庭审之时房屋仍登记在其家人名下。但该案一审辩护律师不仅在未与被告人进行充分庭前沟通的情况下，自行决定提出排非申请，还匪夷所思地做全案无罪辩护。这使得被告人被认定为“当庭翻供”，取消了被告人庭前签署的认罪认罚协议，失去了量刑利益，并且给被告人未来服刑期间争取减刑造成了困难。这就使得二审全部工作都围绕消除一审辩护律师所造成的影响展开，不仅造成了诉累，还严重侵害了被告人的重大利益。因此辩护律师的辩护策略要符合案件事实，经得起检验和推敲，自己拿不准的时候一定要反复论证、求证，绝不能犯“想当然”的错误，搞“有害辩护”。

二、排非申请要尽可能穷尽非法取证事实，注重法条检索工作

在另一起涉及厅级官员乙的案件的庭前会议中，法官“依法”告知辩护人，其与公诉人共同前往被告人被监视居住的检察机关某某办案区，发现被告人是拿起桌子上办案人的手机先砸自己的头，再去撞墙的，“不是办案人刑讯逼供逼他撞墙，而是他自己撞墙”。这一告知，给了我们非法获取被告人口供的实锤证据：违反了监视居住不得在办案点执行、讯问不得在监视居住地点进行的硬性规定。而侦查机关在其后的庭审阶段，竟然出具《情况说明》，称办案期间始终有四名“执勤人员”“24小时”“贴身看护”，因此不可能出现刑讯逼供等非法取证问题。这起案件曾由我国某知名刑诉法教授承办，但该教授也没有将案件中的诸多程序违法问题向法庭一一呈现。

在一起“恶势力”案件中，辩护人指出辨认笔录中存在没有见证人或见证人为侦查机关工作人员的问题后，公诉人提交了由侦查机关出具的相关《情况说明》，这份情况说明公然称：没有见证人或者是因为辨认在公安机关执法办案区进

行，“地点特殊”，或者是由于辨认人要求保密；虽然有公安机关辅警作为辨认人的情况，但相关辅警并未参与本案办理，与案件无利害关系，因此不属违法。对于这样一份《情况说明》，我们从《最高人民法院关于适用〈中华人民共和国刑事诉讼法〉的解释》《人民检察院刑事诉讼规则》《公安机关办理刑事案件程序规定》《公安机关执法细则》等各角度全方位地进行了反驳。《情况说明》实属对辨认程序违法的确认。由于辨认笔录不具有补正的可能性，见证人不适格又没有依法同步录音录像，辨认过程的真实性得不到证实，涉案辨认笔录不能作为证据使用。

在一起共有七位复核申请人的毒品犯罪案件的死刑复核过程中，我们发现这个案件经过了一审、二审、发回重审、再一审、再二审的漫长诉讼过程，各被告人几乎都更换了数位辩护人，但是，卷宗中存在非常明显的程序问题，即毒品物证的搜查、扣押、称量、保管、送检、鉴定过程中存在重大问题，如在见证人的工作单位一栏中，赫然写明是该案的侦查机关；再如没有在物证查获现场当场进行规范的称量而是拿到公安机关办公场所后再进行称量；鉴定意见中的鉴定标准、过程和结论等内容也都问题重重。全程几乎没有任何程序是严格依照法律规范进行的，而只要对照最高人民法院、最高人民检察院、公安部制定的《办理毒品犯罪案件毒品提取、扣押、称量、取样和送检程序若干问题的规定》即可发现，但没有任何一位辩护律师在任何诉讼程序过程中指出。此外，各省通常还有在本行政区域内适用的指导意见，如江苏省《关于办理毒品犯罪案件适用法律若干问题的指导意见》。

究其实质，大多数辩护律师对法律规范还不够熟悉，既不能敏锐地注意到案件证据、程序当中存在的问题，又不能根据案件需要按图索骥、及时用功、查漏补缺。有的辩护律师连《刑事诉讼法》等基本法律规定都不熟悉，更不知道还有很多细密、具体的法律规范。实体法上，辩护人要对《治安管理处罚法》等常用法律法规有通识；程序法上，辩护人要从《公安机关执法细则》及各类犯罪的具体侦查工作规定和更具体的地方规范性文件入手掌握，注意查找检察机关对侦查机关侦查工作的各项监督工作的具体规定。比如，深圳市就出台了监察机关办理职务犯罪案件的地方性法规。

当然，如前所述，不仅是辩护人，就连有些司法机关或侦查机关工作人员，也不能全面掌握程序性的规范要求，这也是重实体、轻程序的体现。正因如此，导致被告人的合法权益得不到保障，但也给辩护律师非常多的施展空间。司法机关、侦查机关较少主动排非，贯彻落实非法证据排除制度的重任几乎全压在刑辩律师身上，如果辩护律师也不能抓住机会，对非法取证的问题“失职失察”，恐怕就不仅是被告人的悲剧，还是排非制度的悲剧。

三、无罪案件的排非申请要“打组合拳”

退而求其次、依靠非法取证问题换取从轻量刑，也许符合当前我国的整体司法实践和当下法律人认识水平的选择。但是在确属无罪的案件中，这一策略难以适用。必须依靠程序加实体相结合的组合拳，才能说服法官克服“放纵犯罪”的心理压力，升腾起“不枉不纵”的更高追求，给法官指出了一条通过排非实现无罪论证结论的康庄大道。

在厅级官员乙受贿、滥用职权案中，本案受贿人与行贿人被分案处理，本辩护人专程去旁听了行贿人的庭审过程，为了使行贿人的案件审理中发现的重要情况，不因分案处理受到影响，本辩护人专门撰写了《旁听行贿人庭审纪要》，提交给本案的审判组织。这就使得审判人员不忽略与本案有重要联系的重要事实。

在排非工作中，辩护人还要注重就排非程序和可能出现的各种情况、后果，同被告人进行深入的交流，避免各行其是。交流过程中需要注意用语规范，既不能诱使被告人翻供，误导被告人为了对抗而对抗，招致不利后果，也不能对案件事实、证据、各种可能性的分析浅尝辄止、语焉不详，使被告人无所适从。我们的做法是以尊重客观事实为原则，在案件客观事实真假不明的情况下，尊重被告人提出的有辩护空间、根据职业判断具备一定可能性的辩解意见，据以寻找相关线索、穷尽法条检索。

四、排非中，还需要有深厚的解读法条的理论功底

一般而言，程序性法条极少存在认识上的争议，但似乎涉及非法证据排除的法条除外，其中体现出立法者权衡程序正义的理想状态与实体正义的群众诉求之间的冲突，以及当前侦查机关执法水平所处的阶段，不得不赋予法官更大的自由裁量权。

在厅级官员乙的案件中，法院最终决定不排除非法证据的理由是，被告人在审查逮捕和审查起诉阶段均做出了有罪供述。即适用了非法口供排除的例外规则。但我们认为，被告人在审查逮捕和审查起诉阶段均提出了书面的排非申请，有据可查；检察机关办案人讯问时，由侦查人员陪同，未切断联系；讯问笔录未依法告知申请排非的权利、如实供述的后果，且未依法同步录音录像，同属被申请排除的对象；例外规则不适用于应当依法进行同步录音录像但未进行同步录音录像，或者同步录音录像存在剪辑等问题的情况；例外规则也只是对符合法定要求的审查逮捕期间、审查起诉期间的供述笔录不排除，对此前经查明确属非法取证的笔录仍应排除。

虽然法律并未赋予针对人民法院就排非问题的相关裁决的申请复议、单独提起上诉等权利，但是辩护律师仍然可以适时陈述理由、申请复议。在厅级官员乙的案件中，本辩护人就一再申请法庭对不予排非的决定进行复议，也得到了法庭的接纳。

五、排非程序中要注意控辩的举证责任分配问题

刑事诉讼中，控方负有严格举证责任，自不待言。在排非程序中，非法取证的举证责任往往在于辩方。在裁判文书中，经常可以看见“被告人及其辩护人未能举出确实、充分的证据证实……”这样的表述。事实上，被告人及其辩护人难以具备如公诉机关一样的调查取证能力。因此法律规定，申请排除非法证据，被告人及其辩护人，只需要提出相关线索，就完成了举证责任。其后，证实不存在非法取证的问题以及证实取证合法性的举证责任，仍然由公诉方承担。事实上，被告人和辩护人的举证责任，从来都不是严格证明责任，从不需

要达到事实清楚、证据确实充分、甚至排除合理怀疑的证明高度。被告人和辩护人的举证责任，只需要达到“足以使法官对公诉机关的指控事实产生疑问”的程度即可，也不需要如同公诉机关举示的证据那样具备程序上严格的合法性。笔者认为，即使确属非法取得的证据，只要足以对抗指控，也应当纳入证据体系中统筹考虑，至于非法取证的法律责任，另当别论。这是刑事诉讼证明标准的应有之义。只有建立了这样的认识基础，辩护律师取证才不会被“妖魔化”，动辄得咎。

六、注意广义的排非与狭义的排非的区别

笔者注意到，无论是《刑事诉讼法》第五十六条、第五十八条作为排非规则的基本法条，还是其他相关规范性文件中的衍生法条，排非的对象只包括非法言词证据和程序严重违法、法庭认为足以影响真实性的物证、书证。对于侦查机关的勘验、检查、侦查实验、辩论等笔录类证据，以及电子数据、视听资料、鉴定意见，违反法律规定的取证程序或者因证据本身存在法定情形不能用作定案根据的，实质上也属依法排除之对象，但是并不包含在“排除非法证据”这一法定概念的内涵之中。随之而来的问题，如在庭前会议中，一般不就笔录类证据、电子数据、视听资料和鉴定意见提出排非申请。不能因此就误认为，对这些证据的合法性不需要进行严格审查、不予排除。

综上，排非是对抗性非常强的辩护工作，既需要有深厚的功底，也需要有强大的心理素质，考验刑辩律师方方面面的专业能力和专业态度。尤其是在关注度比较高的案件中，对辩护律师的勇气提出极大的挑战。辩护律师手中没有权力，如果再在专业知识储备上不如人、在案件研究上不细致，在方式方法上不讲究，还能靠什么去为被告人争取权益呢。没有专业做支撑，空有一颗愿意为法治献身的心，只能成为无谓的炮灰。在通往看得见的程序正义之路上，我们可能还有很长的一段路要走，唯有树立“刑诉重理念，是法律中的宗教”的理念，这条路才能走得更顺畅。

第二讲　职务犯罪辩护

职务犯罪案件中常见问题梳理

心欲安静，虑欲深远。心安静、则神策生，虑深远、则计谋成。心不欲躁，虑不欲浅。心躁、则精神滑，虑浅、则百事倾。

——邓析《邓析子》

12月9日是国际反腐败日。据新华网报道，一些外国专家、学者接受新华社记者采访时指出，中国共产党和政府近年来的反腐败斗争全面深入、成效显著，反腐败经验值得许多国家学习、借鉴。诚然，我国反腐斗争全面深入，成效显著。没有人可以凌驾于法律之上的立场赢得广大人民群众的支持，政治风气焕然一新。

反腐败是一项政治性、思想性、理论性、学科性很强的系统工程。反腐倡廉建设，是党的建设的基本任务之一，在反腐败斗争中，通过纪检监察机关履行职责，坚持党的集中统一领导，加强反腐败体制机制建设。同时，党和国家也始终注重保障犯罪嫌疑人、被告人的辩护权等基本权利。我们认为，职务犯罪由于其办案机关、办案对象、办案目的所承载的高度政治性，理应成为刑事犯罪侦查、审查逮捕、审查起诉和审判的典范和标杆，更应当严格依法、严肃执法。

在我们办理的案件当中，以受贿罪为首的职务犯罪所占比重最大。经办的职务犯罪案件中，原为厅部级、县处级官员的就有八人。我们指导办理的唐山某区检察院审查起诉的王某某等五人贪污、行贿案，历时三年终获全案无罪判决；我们办理的安徽亳州李某行贿案，也由检察机关撤回起诉并作出不起诉决定。另有一件厅级官员案件，二审中由原有期徒刑十二年六个月减轻至有期徒刑十一年。

这些案例已经证实，只要辩护得当，职务犯罪辩护仍然大有可为。

在为我国反腐败斗争取得的巨大成就欢欣鼓舞的同时，身为刑辩律师，在具体案件的办理中，也不无遗憾地发现由于反腐败斗争的复杂性，在职务犯罪的侦、捕、诉、审过程中难免存在一些争议或比较突出的问题，职务犯罪的办理与其他刑事犯罪案件的办理相比，有一些明显的差异性“特征”，以至于很多著名刑辩律师也公然声称不承办“职务犯罪”案件，因为“没有辩护空间”。尽管职务犯罪案件中的某些问题具有个别性、偶发性，但培根说过，“一次不公的司法裁判比多次不平的举动为祸尤烈，因为这些不平的举动不过弄脏了水流，而不公的裁判则把水源败坏了”。凡此种种，都需要系统梳理、反思，以期总结经验教训，提高办案质量。唯有如此，才能使得案件的办理既能惩前毖后，警示教育党员干部，也能释法说理，不枉不纵，展现我国上下一心，拧成一股绳推进法治建设的决心。

一、职务犯罪案件实体事实认识方面

1. 违反“特别法优于普通法”的基本原则。比如，国有公司委派到非国有公司的国家工作人员，与他人共同出资开办公司，承接所在非国有公司的下游业务并分取利润的行为，由于“实际出资不构成受贿”，不应成立受贿罪。而下游业务并不会与所在非国有公司形成业务竞争关系从而威胁或损害所在企业的利益，也不能构成“非法经营同类营业罪”，不能因为其实际出资企业获得下游业务与其在非国有公司的职务存在关联，就违背“谁出资、谁获益”的经营准则，对“利用职务便利”做扩大解释，也不能在认定“受贿罪”存在问题的情况下，“就低”认定为非法经营同类营业罪，两者都是违背罪刑法定原则的。

2. 将明显不具有时空因果关系的两行为强行关联定罪。比如，在没有任何确定性的征占土地征兆的前提下，某村主任使用其家属姓名承包本村土地，正常缴纳承包费用并实际开展经济作物的种植，数年后因土地被征占而取得征地补偿款的行为，其承包行为和征占土地的行为在时空上明显不具有关联性和因果关系，不能因其为村主任和协助办理征地工作的身份、承包土地时存在一定的征占可能性、利用其家属身份“违规承包”，就认为是“贪污”或“职务侵占”。

3.负有上市审批等职责的人员在履职过程中，利用职务之便实际出资购买“原始股”并获利，认定为受贿存在疑问。[1] 如前所述，“实际出资”，承担风险并获得收益的行为在司法解释中被明确出罪。因为获益较大且确实与职务存在关联性就突破司法解释，使得“行为同质而不同罚”，不利于司法的统一。

4.对超数额标准的“感情投资”一概入罪，“可能影响职务行使”的判断虚化，失去衡平意义。事实上，一方面，由于“感情投资”入罪显著不同于以往被动型受贿需要具备的“牟利意思”要件，2016年4月18日的《最高人民法院、最高人民检察院关于办理贪污贿赂刑事案件适用法律若干问题的解释》具有“准立法”性质，应当根据“从旧兼从轻”的原则限制该解释之前的“感情投资”入罪，确保刑法确定性对公民行为预测可能性功能的保障。另一方面，即使是该司法解释之后，不问情由将确实从无请托事实的“感情投资”一概入罪也有失公道，因为确有一些案件涉案双方是具有特定的情感交往基础的。

5.渎职犯罪中因果关系泛化。只要有损害结果发生、行为人在工作流程中的某个环节中“签了字”，就认定签字行为和损害后果具有“刑法上的因果关系”，认定为渎职类犯罪。在党政军等机关单位，下级服从上级、个人服从集体决策是工作正常运行的保障，没有确实充分的证据指向上级或集体决策确实存在违法违规问题，这就要求下级必须服从。以结果倒推决策程序中某环节工作人员非“抗命”不足以排除犯罪认定，显然违反了党政军等各机关运行的规律，属“期待不可能”。

6.犯罪形态认定不严谨。贪污贿赂犯罪具有财产犯罪的基本特征，财产权属的交付和控制是既未遂分界线，应当得到一体贯彻。比如，在以房产为标的的行贿、受贿事实中，房产作为不动产，交付和产权登记是既遂的两种标准。行为人

---

1 笔者认为，“实际出资者出罪”的定罪原则失之于严谨。对实务中大量存在的确实实际出资“投资型受贿”，应当区分是否与职务有因果关系，以及风险的可控性进行判断。对于确实与职务有因果关系，客观上投资风险可控或风险概率极小，权钱交易性质明显的行为，不应排除受贿罪的认定。但前提应当解决“实际投资出罪”的司法解释造成的“罪刑法定”争议。

未实现对房产的控制的，应属犯罪未遂。再如，股权类受贿犯罪中，双方仅就收受股权达成合意，但行为人实际支付了股权对价且未获得分红的，认定为犯罪且属犯罪既遂不无疑问。

二、职务犯罪案件办案程序方面

1. 指定居所监视居住中存在变相刑讯逼供现象。有的办案单位公然出具“情况说明”，称自己在办案中没有刑讯逼供，因为在指定居所监视居住期间派了“特勤人员”24小时“贴身看护”。

2. 一些案件中存在威胁、引诱取证现象，尤其是以抓捕亲友、查办亲友企业相要挟。有的办案单位竟然将被采取强制措施的妻儿“传唤”到办案所在地，并且录像给在押人员看；在审判法院的要求下，出具“情况说明”称，是“查办案件事实的需要”。

3. 一些案件存在规避同步录音录像要求，先审后录、“表演式录像”现象。在笔者办理案件中，有办案机关以录像未保存为由拒绝向司法机关提供；法官和公诉人在辩护人排非申请的压力下，亲自前往办案地，居然又查看了“未保存的录像”片断。不仅法官和公诉人“共同核实证据”的合法性让人质疑，办案人员公然撒谎也使得侦查工作显失严肃性。在看守所选择式地录音录像，对犯罪嫌疑人的辩解不记录、不同步录音录像现象也仍然存在。

4. 超常规分案处理。例如，在一些“对合犯”尤其是行贿、受贿案件中，将行贿、受贿双方分案处理并不符合“诉讼经济、便利”的原则，反而给法官全面了解案情人为制造障碍。一些职务犯罪尤其是行贿、受贿案件的分案处理显示了侦办单位“底气不足”，行贿、受贿双方不能当庭受审、对质也使得庭审实质化、言词化原则被虚置。

三、职务犯罪案件证明标准方面

1. 非法证据排除规则被架空。例如，在某些案件中辩护人依法提出对被告人所有有罪供述予以排除，审判机关根据其中同样存在违法问题的某环节的笔录，宣布“不予排非”的结论性意见。在二审程序中，被告人和辩护人提出一审中因受到威胁而违心认罪，因此直到二审程序中才提出非法证据排除申请的辩解。对此，二审合议庭对排非的具体事由、具体事实、证据问题不进行深入调查、考察，径行以一审未提出排非请求，二审无新的事实、证据为由宣布“不予排非”决定。

2.证明标准形式化。例如，在实体法意义上，行贿、受贿财物的来源和去向确实不影响行贿、受贿性质的认定。但是，在证据锁链闭合性的意义上，行贿、受贿事实必然需要行贿、受贿款物的客观存在和交换为当然要件，如果行贿、受贿款物的来源、去向的证据不确实、不充分，那么行贿、受贿款物是否客观存在过、转移过就存在疑问，则行贿、受贿事实本身的真实性必然存疑。易言之，“行贿、受贿款物的来源、去向事实不影响行贿、受贿行为的性质认定”，是指行贿、受贿款物是否来源于合法收入或者是否用于捐赠等非个人占有的用途的事实，不影响行贿、受贿行为性质的认定，而不是指行贿、受贿款物的来源、去向的证据不需要取证和查证属实。然而，在实务中一些判决则公然以“行贿、受贿财物”的来源、去向不清不影响行贿、受贿性质的认定作为裁判理由，做出有罪认定，将法律性质问题和证明标准问题混为一谈。

3.将“自证无罪”的证明责任强加于被告人。例如，在私设“小金库”，“小金库”内资金与个人资金混同的情况下，将“对不上账”的数额一概推定为被“侵吞”数额，要求“被告人自证无罪”，将被告人和辩方“提出合理怀疑”的证明责任拔高为“提供确凿证据证明无罪事实成立”。

4.庭审实质化的虚化处理。在一些争议案件中，证人不敢或不被允许出庭。在行贿、受贿双方分别羁押，通过视频互相质证已经由“三项规程”确立为质证方式且十分便捷的情况下，一方面将本应并案审理的同案犯分案审理，另一方面拒绝辩护人提出的视频质证申请，使得同案犯审理“背靠背”，难以全面掌握案情全貌、回避客观公正的法定职责，却没有相应机制予以规范。

5.人为设定“数额标准”。一些职务犯罪涉案人指出，办案人“带着指标办案”，必须完成根据涉案人职务级别设定的数额指标，才能结案。

四、对职务犯罪案件办理的一点建议

1. 严格依法取证，杜绝办案“指标”。根据被调查人的级别设定办案“指标”，虽然体现了以往办案中总结出的一般经验和规律，但也容易为凑数而办错案、假案。

2. 引入测谎技术，避免非法获取有罪供述。据悉，测谎技术已经十分成熟，错误率可控制在万分之几，虽然错误率仍然客观存在，但与人工智能相结合，是可以基本避免这种极低概率所引发的错案问题，从而解决行贿、受贿犯罪高度隐蔽性造成对口供的过度依赖，为避免非法获取口供提供高科技支持和保障。

3. 确保庭审公开、庭审实质化。一些有重大争议的职务犯罪案件庭审限制旁听人数、不进行网络直播，被称为“杀猪式审判”，对司法公信力造成负面影响。

我国的反腐败斗争将始终“在路上”，把反腐败的战功建立在取证扎实、司法公正的基础上，让每一起职务犯罪案件都成为具有示范、标杆意义的法治基石，是所有法律人的真诚愿望。这就需要我们作出更多建设性的努力。

“感情投资”型受贿罪的溯及力问题

法是公民行为的边界，法的确定性是公民自由的保障。

——作者题记

2016年4月18日，最高人民法院、最高人民检察院联合发布的《关于办理贪污贿赂刑事案件适用法律若干问题的解释》（以下简称《4 · 18解释》）第十三条第二款，明确将“感情投资”有条件入罪，被认为具有“准立法”的性质。

根据《刑法》第三百八十五条第一款的规定：“国家工作人员利用职务上的便利，索取他人财物的，或者非法收受他人财物，为他人谋取利益的，是受贿罪。”同时，根据《刑法》第三百八十八条“国家工作人员利用本人职权或者地位形成的便利条件，通过其他国家工作人员职务上的行为，为请托人谋取不正当利益，索取请托人财物或者收受请托人财物的，以受贿论处”的规定，斡旋受贿还必须

以“为请托人谋取不正当利益”为要件。可见，受贿包括主动索要和被动收受两种类型，其中斡旋受贿只能在“主动索要”情形下才能构成犯罪。而根据《4·18解释》，“感情投资”型受贿，一般是指有行政管理与被管理关系的下级或者被管理单位，出于培养、维系与上级或管理单位领导者之间“交情”关系的目的，在没有具体请托事项的前提下，在逢年过节或婚丧等特定时期，给予上级或管理单位领导人员财物或财产性利益。

可知，“感情投资”（无具体请托事由的前提下收受礼金）型受贿，属于被动受贿，能否认定为受贿犯罪行为，第一要看行为人是否“利用职务上的便利”收受，第二要看是否“为他人谋取利益”。二者需同时具备、缺一不可。根据罪刑法定原则，由于“感情投资”型受贿构成犯罪的司法解释超出了之前被动受贿犯罪的构成要件范畴，故该司法解释能否适用于2016年4月18日之前无具体请托事项的收受礼金的行为，将该类行为认定为受贿犯罪行为，小有争议。

一、在《4·18解释》实施之前，无具体请托事项收受礼金不构成犯罪

如上所述，被动型受贿需以“为他人谋取利益”为要件。从法条文义角度看，被动收受和谋利是两个独立的事实，不能认为只要收受就可以同时推定行为人有为他人谋利的意思。

2003年11月13日颁布实施的《全国法院审理经济犯罪案件工作座谈会纪要》规定：“为他人谋取利益包括承诺、实施和实现三个阶段的行为。只要具有其中一个阶段的行为，如国家工作人员收受他人财物时，根据他人提出的具体请托事项，承诺为他人谋取利益的，就具备了为他人谋取利益的要件。明知他人有具体请托事项而收受其财物的，视为承诺为他人谋取利益。”

2008年11月20日发布的《关于办理商业贿赂刑事案件适用法律若干问题的意见》中意图提供准确区分礼金和受贿款的标尺，该意见第十条规定：办理商业贿赂犯罪案件，要注意区分贿赂与馈赠的界限。主要应当结合以下因素全面分析、综合判断：（1）发生财物往来的背景，如双方是否存在亲友关系及历史上交往的情形和程度；（2）往来财物的价值；（3）财物往来的缘由、时机和

方式，提供财物方对于接受方有无职务上的请托；（4）接受方是否利用职务上的便利为提供方谋取利益。“有无职务上的请托”“是否利用职务上的便利为提供方谋取利益”无疑是实然层面的表述，在区分贿赂与馈赠界限时被要求“综合考虑”。

也就是说，在《4 · 18解释》之前，无论是党纪政纪规定，还是司法实践都表明两点，第一，“谋利”是指实然的具体请托事项；第二，无具体请托事项的“感情投资”、收受礼金的行为都被作为党风党纪问题处理。

经典案例一：国家统计局原局长邱某华涉嫌受贿罪、重婚罪一案中，最终被以重婚罪追究刑事责任。邱某华自2003年起先后4次收受礼金，总计约22万元，但最终未被以受贿罪起诉。据报道，原因是：“受贿罪是收钱后为对方谋取利益。而邱某华案中，为他人谋取利益的事实并不典型。”

经典案例二：贵阳市检察院在起诉原贵阳市市长助理、金阳新区管理委员会主任樊某黔受贿一案中，认定其收受的某几位房地产开发商所送的80余万元是礼金，其余1000余万元是受贿款。

二、《4 · 18解释》关于“谋利”的规定

《4 · 18解释》第十三条分为两款规定了受贿犯罪构成要件中“为他人谋取利益”的理解和认定问题。其第二款规定：“国家工作人员索取、收受具有上下级关系的下属或者具有行政管理关系的被管理人员的财物价值三万元以上，可能影响职权行使的，视为承诺为他人谋取利益。”《4 · 18解释》将三万元以上、没有具体请托事项的感情投资等同于“承诺为他人谋取利益”，将原本因不具备基于具体请托事项的谋利要件而不构成犯罪的行为入罪，具备合理性，但与以往理论界和实务界对谋利的认定发生重大变化，考虑到法的确定性、对公众行为的指导和边界性意义，以及刑法谦抑原则，尤其要注意“不利法不溯及既往”原则的适用。即使《4 · 18解释》颁布实施之后，对“感情投资型”受贿的认定也应注意以下问题：

（1）一个人格健全的官员不能离开亲人朋友给予的情感支撑。因缘际会中的

社会交往虽多数因身份位置而引发，但在交往中因相互了解的增多淡化了身份色彩、基于人格认同逐步加深了解、产生深厚情感的情况也普遍存在。情感因素和身份因素在任何一个自然人身上也很难截然分开，那种只要是与官员的交往就是有所图；只要是官员身份就不应该有朋友、有交往的司法观念，有唯身份论、物化官员价值和机械执法之嫌，不符合人性情理。

（2）对于私交基础与职权、职务关系不大，交往密切，时间跨度长且长期始终没有过具体请托事项或者具体请托事项与双方情感密切程度、资金往来数额明显不成比例（此处特指往来密切金额较大而请托事项相对较小的情况）的行为，一概认定为行贿、受贿行为，是客观归罪的有罪推定。

（3）基于官、商经济能力的巨大差异，一方长期单方面付出较多，另一方长期在经济上无所回报、也没有明确具体的请托事项和谋利事实，也不宜一概定罪，仍然要考察双方感情、交往基础。如果给付一方没有收买权力的权钱交易意图，受贿方也不可能单方面形成受贿故意。

三、《4·18解释》的溯及力问题

2001年《最高人民法院、最高人民检察院关于适用刑事司法解释时间效力问题的规定》第三条规定："对于新的司法解释实施前发生的行为，行为时已有相关司法解释，依照行为时的司法解释办理，但适用新的司法解释对犯罪嫌疑人、被告人有利的，适用新的司法解释。"

所以，在《4·18解释》关于"感情投资"型受贿的规定之前，因为有前述《关于办理商业贿赂刑事案件适用法律若干问题的意见》将无具体请托、谋利事实排除在"谋利"认定之外的明确规定，"放长线、钓大鱼"的送和收受礼金的行为，在"大鱼"不具体、不明确的情况下，长线"感情投资"是不能认定为受贿款的。

那么，如果此前一直有"感情投资"，但始终没有过具体请托事项和谋利事实，在《4·18解释》之前不能被认定为受贿犯罪，如果在《4·18解释》实施后，发生了具体请托事项或谋利事实，是否就可以将以前的感情投资款物金额都计算为行、受贿数额呢？我们认为，因为在《4 · 18解释》前的“感情投资”型收受行为中，收送双方主观上的故意都是抽象、概括的，依照上述司法解释“没有具体请托事项和谋利事实的收受不构成受贿罪”的规定，不能将《4 · 18解释》之前发生的感情投资财物数额累计到《4 · 18解释》之后发生的感情投资型受贿罪数额当中。

第三讲　黑恶犯罪辩护

扫黑除恶专项治理工作，也要严格遵循罪刑法定基本原则，不拔高、不凑数。

——作者题记

涉“黑社会性质组织”犯罪辩护要点

2018年1月，中共中央、国务院《关于开展扫黑除恶专项斗争的通知》发出以来，检察机关、人民法院、公安部、司法部、律师协会相继出台了司法解释、通知、通告、办法、意见。各大律师事务所、刑辩律师们也通过各种途径开展专项学习。这是十分迫切和必要的，因为“黑恶”案件可以说是《刑法》中最复杂的罪名之一。

首先，“黑”有“黑”的标准，即四个特征（不包括保护伞特征），这四个特征中的每个特征都需要从其诸多具体违法犯罪行为中去提炼。也就是说，对“黑”的判断，至少包括两个层次的判断：“黑”的四个特征的抽象判断和构成“黑”的具体犯罪事实的具体判断。另外，认定犯“组织、领导黑社会性质组织罪”，至少需要论证四个层次的要件：1. 具体犯罪事实是否成立；2. 在具体犯罪事实中的作用；3. 是否属于“组织者、领导者”；4. 是否符合“黑”的四个特征。

因为复杂，一个涉黑案件的起诉书就可能几十页或上百页，庭审开上一周甚至一个月也是常有的事，判决书常常达到上千页。这就意味着刑辩律师需要投入更多的精力，才能把案件吃透。仅仅靠吃透案情还不足够，还要真正领会掌握相关政策、法律法规和司法解释，还要具备扎实的基本功，对“黑恶”犯罪常见具体罪名如故意伤害、故意杀人、绑架、敲诈勒索、寻衅滋事，“保护伞”利用职务便利实施的包庇、纵容等职务犯罪有深入透彻的研究。可见，“黑恶”犯罪的复杂性，决定着辩护律师需要有最全面的辩护技能，而重大“黑恶”犯罪的有效辩护是刑辩律师辩护能力的试金石。

“黑恶”犯罪的直接法律依据是《刑法》第二百九十四条。该条规定：“组织、领导黑社会性质的组织的，处七年以上有期徒刑，并处没收财产；积极参加的，处三年以上七年以下有期徒刑，可以并处罚金或者没收财产；其他参加的，处三年以下有期徒刑、拘役、管制或者剥夺政治权利，可以并处罚金。

“境外的黑社会组织的人员到中华人民共和国境内发展组织成员的，处三年以上十年以下有期徒刑。

“国家机关工作人员包庇黑社会性质的组织，或者纵容黑社会性质的组织进行违法犯罪活动的，处五年以下有期徒刑；情节严重的，处五年以上有期徒刑。

“犯前三款罪又有其他犯罪行为的，依照数罪并罚的规定处罚。

“黑社会性质的组织应当同时具备以下特征：

“（一）形成较稳定的犯罪组织，人数较多，有明确的组织者、领导者，骨干成员基本固定；

“（二）有组织地通过违法犯罪活动或者其他手段获取经济利益，具有一定的经济实力，以支持该组织的活动；

“（三）以暴力、威胁或者其他手段，有组织地多次进行违法犯罪活动，为非作恶，欺压、残害群众；

“（四）通过实施违法犯罪活动，或者利用国家工作人员的包庇或者纵容，称霸一方，在一定区域或者行业内，形成非法控制或者重大影响，严重破坏经济、社会生活秩序。”

《刑法》第二百九十四条当中的每个词都可能成为重要的辩点。结合司法解释的规定，下面对这个条文中的基本问题做一个梳理。

第一，现行第二百九十四条的背景。我国最早规定“涉黑”犯罪是在1997年刑法当中，也是第二百九十四条。原法条当中，将“组织、领导、积极参加”列为一类人员，量刑档次相同；没有规定没收财产、罚金刑。其后，先后颁布过一系列的立法、司法解释，经过长期的司法实务的检验、扬弃，在2011年2月25日《刑法修正案（八）》中，对原法条内容做了大幅度的更改：将“组织、领导”者同“积极参加”者进行区分，量刑档次也随之变化，以体现罪责刑相适应的要求；增加了没收财产、罚金刑；将“数罪并罚”条款由原第三款调整到第四款，逻辑顺序的变化结束了对“保护伞”能否数罪并罚的争议；明确将“涉黑”的四个特征规定在第五款当中。需要注意的是，按照2018年1月16日《最高人民法院、最高人民检察院、公安部、司法部关于办理黑恶势力犯罪案件若干问题的指导意见》（法发〔2018〕1号，以下简称2018年1号解释），涉黑犯罪还有限制减刑、假释、禁止从事特定职业、剥夺政治权利等从重、从严的刑罚执行政策。

第二，关于“组织”的层级构成。现行第二百九十四条第一款当中，首先规定了“涉黑”犯罪的三层级架构的犯罪主体，这也是“组织”犯罪的题中应有之义。第一层级的主体是“组织、领导者”，即在组织中起纠集、策划、管理、指挥、命令作用的核心成员。第二层级的主体是“积极参加者”，即在组织中听命于组织、领导者，对下执行决策或者直接管理“小弟”，在具体违法犯罪行为中直接进行组织、指挥或者带头起示范作用的“中坚力量”，是承上启下的“中层干部”。第三层级的主体是“其他参加者”，即听从命令、服从指挥的“小弟”。其他参加者中，有很多情况需要注意，下文会详细述及。这三层级架构组织体系是认定“组织”的必要条件。少了任何一级，都不能称其为“组织”。“涉黑”主体中要注意，司法解释特别指出，对于同组织、领导者有特定关系，在“组织”中负责管理人、财、物等重要岗位的人员，属于“骨干力量”。

第三，关于“组织”中不同层级主体的量刑。《刑法修正案（八）》大幅提高了“组织、领导者”的量刑起点，为七年以上，不可谓不高。与此相衔接，“积极参加者”的量刑起点，为三年至七年，“其他参加者”，为三年以下。这仅是“涉黑”一罪，不包括具体犯罪行为的量刑部分。这样悬殊的量刑差距，一方面是打击涉黑犯罪、实现罪责刑相适应，另一方面也是分化瓦解涉黑组织的策略体现。对三层主体的没收财产、罚金刑的区别，除了同样的考虑，还考虑到可以彻底消灭涉黑组织“东山再起”的经济基础。

第四，“保护伞”包庇、纵容的认定。包庇一般是指为涉黑人员通风报信、提供资金供其逃逸、隐匿、毁灭罪证等；纵容一般是指知情不报，对受害人的报案、控告不予查处打击等不作为的行为。

第五，关于“四项特征”是否同时具备的问题。此前的司法解释曾略有反复。但近十余年来，对“四项特征”必须同时具备已无争议，并体现在《刑法修正案（八）》的条文中，表述为：“应当同时具备以下特征”。需要说明的是，四项特征未必都很突出，也未必需要等量齐观。可能只有一项特征很突出，其他三项特征不突出，但只要具备了全部四项特征，就可以认定。此外，“保护伞”特征，是或然性特征，不是必备特征。但“保护伞”特征仍然是大多数涉黑犯罪具备的特征，只是有例外情况。这源于司法实务中确实出现过完全具备其他特征，但确实没有“保护伞”的情况。

第六，关于组织特征。组织特征除前面提及的三层架构要素外，还要有基本成员、基本组织稳定性的特征。司法实务中进行过统计，一般涉黑犯罪从“团伙”到“恶势力”再到“组织”，需要一段较长的时间，平均时间为两年以上。非此，不足以形成重大影响、非法控制。稳定性特征不受临时中断的影响。若组织迫于打击压力，暂时停止违法犯罪活动，从紧密联系变为松散联系、联系方式从地上转为地下，只要骨干成员的基本架构还在、成员之间的意思联络还在，就认为是在组织存续过程中，不影响稳定性特征的认定。

第七，关于“人数较多”。2015年的司法解释曾规定过人数需要在10人以上。2018年1号解释删除了这个硬性规定。这是因为实务中规定得越细，越难以操作，虽然在此前的司法解释已经明确强调，10人包括可不作为犯罪处理的情节显著轻微的人或者未成年人等。指导案例已出现仅有6名组织成员的“黑社会性质组织”。

第八，关于经济实力特征。经济实力特征要注意两个方面：一是敛财的手段具有组织性，体现组织意志、为了组织利益、由组织操纵进行。通俗地讲，涉黑犯罪组织，其建立自己的非法控制、非法秩序的目的，是在其非法秩序下能够插手群众之间的经济纠纷，干扰正常的公司、企业、事业单位或者社会团体的正常生产经营活动，从而实现自己的非法获利，获利用于供养组织成员，用于组织发展壮大。二是经济实力的直接来源是否合法不是评价标准。只要是用于涉黑组织的发展壮大、供组织成员休养生息，都可以认定为其经济实力的体现，包括来源合法的捐赠、来源合法的成员个人经营收入，还包括涉黑组织“以商养黑”设立的合法公司、企业的合法经营所得。

第九，关于行为特征。从相反的方面来讲，非暴力手段能否构成涉黑犯罪的行为特征？比如，跟踪、泼油漆、打骚扰电话、网络“软暴力”等？司法实践中已经验证：软暴力虽然有很大的社会危害性，但一般只会让群众“恨”，但不至于使群众“惧怕”，无法建立起其非法秩序实现其非法控制。只有真刀真枪地打打杀杀，非法拘禁、敲诈勒索、伤害、杀害，才会使群众既恨又怕，才能建立起其非法秩序实现其非法控制。因此，只有“软暴力”，不符合涉黑犯罪的行为特征。仅有一次或几次暴力违法犯罪行为，也不符合涉黑犯罪的行为特征，应当是“多次”“有组织地”实施“违法犯罪活动”，欺压、残害群众，才符合涉黑犯罪的行为特征。

第十，关于社会危害性特征。非法控制“区域”“行业”的认定，也是司法实务的一个难题。针对特定对象、内部管理、较小区域、行业的非法控制，不构成本罪的社会危害性特征。关于重大影响的认定，此前司法解释有过重伤、轻伤几人，直接、间接损失多少数额才能认定为“具有重大影响”的具体规定，但已在2018年1号解释中予以删除。需要我们注意的是，该规定虽然被删除，在辩护中仍然可以作为借鉴参考——既然曾经规定过，就说明这个数字是基本符合刑法社会危害性特征的客观标准的。

以上我们对《刑法》第二百九十四条的要点内容做了基本梳理。为了启发思路，下面从辩护的角度，通过十个主题谈谈涉“黑恶”犯罪的辩护要点问题。

辩护要点一：严格依法辩护

依法行事是社会主体的行为准则。身为法律人，动辄谈“依法”，不免显得有些多余。但是在黑恶犯罪的辩护工作中，强调“依法”，甚至强调“严格依法”，怎么提都不过分。这一方面是黑恶犯罪本身的复杂背景决定的，另一方面也是实务案例中的深刻教训给我们的提示。

对黑恶犯罪的辩护，首先要依政策要求，及时报备、集体研究。这是对刑辩律师的保护，也是基于涉黑恶犯罪复杂性对辩护工作质量的保障。

其次要精研专业知识。只有自身过硬，所有辩护工作都在法律框架内，才能实现有效辩护。刑辩律师自己首先要有证据意识，在辩护工作的各个环节中只有处处留痕，才能自证清白，说得清楚。

最后要根据具体案情具体分析法律、政策的适用问题。“黑恶”性质的认定，具体犯罪行为的认定，数罪还是一罪的认定，犯罪情节的认定，都要思虑周全，面面俱到。

辩护要点二：辩护准备

法庭上的集中展示，取决于法庭之下经年累月的修炼。掌握规则还要熟练运用，很多时候单凭细心并不能达到一定的高度。做好承接此类工作任务的准备工作，加强知识和技能的储备是非常必要的。要深入学习领会、反复研究揣摩相关法律、法规、立法解释、司法解释、政策规定、指导判例。不仅要掌握规定内容，还要了解演进过程、立法目的、司法一般原则。深入了解立法背景可以帮助我们更好地把握罪名的内涵、外延，而演进过程就是司法实务过程中对一些争议问题的碰撞、研究、扬弃的过程。还要研读大量的指导案例：既包括涉黑恶犯罪的指导案例，也包括黑恶犯罪常见具体罪名的指导案例，掌握司法规律、最新动态。这些都可以帮助我们更加精准地研究案件。

学习的目的一方面是遵守，另一方面也不限制突破。对于有争议的问题，即便不完全符合法律的硬性规定，只要是对当事人有利的，所谓法理不容，但情理其中，都应当论述透彻，以期在量刑时得到采纳。

辩护要点三：对组织、领导者的四级辩护要点

如前所述，对“组织、领导者”的审查，需要从四个层级分别展开。

1.“组织”是否符合四个特征。组织的特征往往需要依托具体事实来展开和提炼。事实上，组织的四个特征之间也往往交叉依存。实务中《起诉书》《判决书》中对四个特征的论证与具体事实的认定往往陷于循环论证，用具体事实来论证四个特征，用四个特征来论证具体事实。我们认为，实务中黑恶犯罪的四个特征中，最根本的特征在于其反社会性，反社会性的表现可能各种各样，区别于一般共同犯罪或犯罪集团的根本则在于：是否单纯以追求经济利益为目的。如果各项行为仅以追求个人经济利益为目的，违法犯罪行为大多是隐蔽的、不公开的、秘密的以逃避监管和打击，就不可能造成行业性、区域性的影响和恐慌，不以“立威”为目的，就不具有“坐大成势”的危害性特征，不属于黑恶犯罪。

2. 当事人是否属于“组织、领导者”。黑社会性质组织的组织者、领导者，应当是直接向“骨干”下达任务和命令的人，是组织重大事项的决策者。因与组织者、领导者存在夫妻、朋友、兄弟等特殊关系，格外受到组织成员“敬重”的，不一定是“组织、领导者”。

3. 具体违法犯罪行为是否成立。具体违法犯罪行为的起意、实施、发展、后果，证据是否符合“确实、充分”的定案要求，证据之间有无矛盾，能否形成闭合的锁链。

4. 在具体违法犯罪行为中的作用、地位。具体违法犯罪行为确定成立后，还要审查当事人在其中的具体作用。是否起意？策划？具体实施？要注意“组织、领导者”虽然在黑社会性质组织中承担更重的罪责，但不意味着在具体违法犯罪行为中要承担主要责任。对于成员自行起意、依惯例实施的违法犯罪行为，“组织、领导者”应当负的是“领导责任”，直接实施者、起意策划者、积极实施者才应当承担具体违法犯罪行为的主要责任。

辩护要点四：对积极参与者（骨干）的辩护要点

对于积极参与者（骨干）的辩护，通常不以“组织”的四个特征为辩护重点。

但在“组织”的认定确实存在重大问题时，也坚决不能忽视。

1. 是否能在组织中找到位置。

2. 具体违法犯罪事实是否成立。

3. 在具体违犯罪事实中的地位、作用。

4. 是否受到威胁、胁迫。

5. 犯罪背景、获得报酬。

黑恶犯罪的成员中，大多数文化程度不高、年纪较轻、没有技能或者有前科背景。这种前科背景虽然显示了其主观恶性更深，但也可能由于早期的长期服刑经历使其与社会脱节，失去依靠正当途径工作生存生活的能力和技能，这不能不说与此类人员出狱后的就业制度甚至改造制度等复杂的社会因素有关。还有些成员有需要抚养照顾的家庭成员，为了较少的报酬参与其中。

辩护要点五：对其他参与人员的辩护

对于其他参与人员的辩护，完全可以照搬积极参与者（骨干）的辩护要点进行。除此之外，由于其他参与人员与“组织”的联系不紧密，作用也更轻，参与的方式、次数、程度、时间都各不相同，从主观认识和意志、具体行为各方面详加辨别，判断是否构成“涉黑”犯罪还是十分必要的。如果证据表明有以下情况的，不能认定其构成参加黑社会性质组织罪。如果行为构成其他具体犯罪的，应当以其他具体犯罪定罪量刑，不应与参加黑社会性质组织罪数罪并罚：

1. 认识要素方面是否认识到是“涉黑”组织。要求知道不是一个人在犯罪，知道一伙人聚在一起“不干好事”。

2. 意志要素方面是否自愿接受组织、领导或骨干力量的领导，有无受欺骗、蒙蔽、胁迫参与违法犯罪活动。

3. 参与具体违法犯罪行为的次数少、情节轻。如果认识到是违法犯罪活动组织或团伙，也表达了加入意愿，但没有实施具体违法犯罪行为的，不能轻易认定其构成参加黑社会性质组织罪，否则就是主观归罪。

4. 是否雇佣或利用黑恶势力为自己解决矛盾或为经营行为扫除障碍。同单位犯罪的认定标准类似，没有反映和贯彻组织意志、追求组织利益包括经济利益和非法影响力，不能视为组织行为。依组织惯例实施的行为，或者组织者、领导者没有明确禁止、没有以任何方式表达过反对，客观上为壮大组织“威望”起到作用的行为，视同组织行为。

5. 是否属于情节显著轻微。比如，受雇佣从事劳务工作或辅助工作。仅参与做饭、清扫等纯粹劳务性工作，获取少量报酬的，在具体违法犯罪行为中作用较小的，不宜认定为本罪。又如，在具体违法犯罪行为中作用较小的。再如，临时被纠集参加某次违法犯罪行为的。2015年最高人民法院印发《全国部分法院审理黑社会性质组织犯罪案件工作座谈会纪要》（以下简称《2015年纪要》）规定：因临时被纠集被雇佣参加黑社会性质组织的某次犯罪的，或者雇佣黑社会为自己服务的，不能定参加黑社会性质组织犯罪。这次2018年1号解释删除了这部分内容，扩大了涉黑犯罪的打击范围。但仍然要善于运用《2015年纪要》的解释精神，对那种“一把一结”的，不接受管理、领导的，不能认定是“参加黑社会性质的组织”。要同那种与黑社会性质组织长期、稳定合作的结合形式区别开。

辩护要点六：对恶势力犯罪的辩护

“恶势力”早在2009年《最高人民法院、最高人民检察院、公安部办理黑社会性质组织犯罪案件座谈会纪要》中就作了规定。此次列为打击重点，并且列举了各种“霸”的领域和主要特征，刑辩律师需要对行为动机、性质进行厘定。例如，在征地拆迁过程中煽动闹事的，不见得一定是黑恶势力犯罪，更多是群众为保护自己的合法权益的自救行为，可能在某些方面符合有组织犯罪的特点，甚至可能有些暴力犯罪，但这不属于黑社会，属于不当维权。在法治观念落后地区可能出现错误定性的情况。

从发展规律上说，成熟的黑社会性质组织的发展需要经过预谋的初始期或者个人首创期，由少数人实施的违法犯罪活动慢慢形成一定稳定性的区域或行业影响，形成控制，就基本上具备了“恶势力”的特征，随着“影响力”“控制力”的升级、组织形态的完备、经济实力的提高，逐渐符合“黑社会性质组织”的形态特征。因此，在辩护工作中要注意把握“黑”“恶”与“团伙”的界限，同时恶势力还具有黑社会性质组织的雏形特征。

1. 区分是犯罪团伙还是犯罪集团。犯罪团伙虽然也可能“名声在外”，但通常仍以秘密作案为特征。但是“恶势力”作为黑社会性质组织的雏形，其非法影响力、控制力具有半公开的性质。犯罪集团以实施犯罪为唯一目的，可能具备一定的组织架构，但不以形成非法秩序为目的。

2. 区分是临时起意还是预谋犯罪。如果具体违法犯罪事实仅体现个人意志，是个人报复、泄愤，不能实现组织“恶名”的扩张，就不属于“组织”行为，而是个人行为。一个人或几个人临时起意的违法犯罪行为，不能认定为“恶势力”。

3. 区分是流窜作案还是本地作案。恶势力违法犯罪活动，同黑社会性质组织犯罪类似，借其恶名而呈半公开的嚣张状态，只在其恶名影响所及的范围内实施，具有明显的地域性，故具有“本地作案”的特征。因此，如果违法犯罪呈流窜作案的特征，就不符合恶势力的特征范畴。

辩护要点七：对“保护伞”的辩护要点

中共中央、国务院发出《关于开展扫黑除恶专项斗争的通知》要求：把扫黑除恶与反腐败斗争和基层“拍蝇”结合起来。要严厉查处“微腐败”，加强基层政权建设、组织建设。因此，“保护伞”的违纪与犯罪、罪名、罪数之界分，需要引起重视。

“保护伞”的包庇、纵容，也属于职务犯罪的一种。因此，所有职务犯罪辩护的技巧完全可以套用，如关于主体的审查、职务和职权的审查，非法证据排除的应用等。此外，还要着重审查是否受到威胁、胁迫，而不敢管、不能管，甚至名为提供资助，实际被敲诈勒索等。

辩护要点八：黑恶案件的死刑辩护

当今，“保命”辩护成为刑辩律师的一项神圣又艰难的重任。赔偿、和解与自首、立功相类似，一般对身负命案的“组织、领导”者的“保命”诉求意义不大。此外，就“组织、领导黑社会性质组织罪”做无罪辩护，即使辩护成功，对身负命案的组织者、领导者的意义也不大。《刑事审判参考》第1160号牛某某等人绑架、敲诈勒索、开设赌场、重婚案，经过发回重审后认为不符合黑社会性质组织犯罪的四个特征，认定不构成组织、领导、积极参加黑社会性质组织罪，但仍然以绑架罪判处被告人死刑，并获得最高人民法院的核准。

以上，意味着在重大的、负命案之罪责的黑恶案件中，想实现辩护的成功，需要做出更多、更大的努力。

一要注意审查组织、领导者之间的位次区分。

二要注意审查其在重大致命犯罪行为中的作用。同样要与其他起主要作用者的作用进行全方位比较，或者提出一些合理怀疑。

三要注意同类案件之间的比较。同更加恶劣的犯罪事实中，没有判处死刑的主犯的罪质进行比较，要求同罪同罚。

辩护要点九：黑恶案件的财产刑辩护

黑恶案件的财产刑辩护成为必争之地。黑恶案件中需要追缴的应当是用于违法犯罪活动或者维系犯罪组织的生存、发展的“合法”或非法财产。非法财产即直接来源于违法犯罪行为摄取的资产；“合法财产”包括以该经济实体的“公司”形式、合法经济行为、以合法经营行为“漂白”非法收入取得的财产，这类财产形式上似乎合法，但其取得与黑恶势力的违法犯罪影响分不开。“遇事共同筹资、获利坐地分赃”“利润主要用于成员各自家庭生活消费”，不符合该财产特征。

注意由“恶”转“黑”的时间节点的确定对涉案财产处理的影响。在“恶”转“黑”的组织形成、发展过程中，构成黑社会性质组织的时间起点之前的资产不算，要在构成黑社会性质组织后的发展中积累的资产才能算。

对此，《2015年纪要》第二条第一款规定：黑社会性质组织存续时间的起点，可以根据涉案犯罪组织举行成立仪式或者进行类似活动的时间来认定。没有前述活动的，可以根据足以反映其初步形成核心利益或强势地位的重大事件发生时间进行审查判断。没有明显标志性事件的，也可以根据涉案犯罪组织为维护、扩大组织势力、实力、影响、经济基础或按照组织惯例、纪律、活动规约而首次实施有组织的犯罪活动的时间进行审查判断。确实不存在明显的标志性事件的情况下，可以按《2015年纪要》的规定，将首次实施有组织犯罪活动的时间作为起点。

1. 黑社会性质组织的非法财产，应当来源于有组织的敛财，而不能来源于纯粹个人的合法或非法犯罪所得。即便是合法获取的收益，用于维系组织发展的，也属于非法财产。

2. 灰色地带收入的性质。比如，利用黑恶势力影响力，办理入学、就业等，受益人给予的资金，也属于黑社会性质组织的非法财产。

3. 组织成员的家庭财产不应计入非法所得。但组织成员的个人财产与组织财产混同除外。对于数额较小的组织成员的资产，全部计入非法财产明显不妥当。组织成员家庭成员的收入，也应当进行区分。

4. 钱归谁管理不能成为有效抗辩理由。多数黑社会性质犯罪都由个人管理组织财产，要审查钱是否用于组织活动。比如，"包二奶"、发工资、按组织意志支配。当前一般而言并不直接给钱，传统的分配方式很少见，多数是"按劳取酬"，或者表现为更隐蔽的利益分配形式。不管形式如何变化，只要符合维护组织运转的特征，就属于非法财产。

以最高人民法院公布指导案例为视角谈"涉黑"犯罪实务问题

随着中共中央、国务院《关于开展扫黑除恶专项斗争的通知》（以下简称《通知》）发出，"扫黑除恶"的号角已经响彻中华大地。"扫黑"与"打黑"的一字之差，体现了党和政府将采取雷霆手段，不仅要"扫黑（黑社会性质犯罪组织）"，还要"除恶（尚未达到黑社会性质犯罪组织的恶势力）"，体现出更全面、更深入消除黑恶势力对人民群众的威胁和滋扰的决心。在新形势下，对以往黑社会性质组织犯罪的处理过程中已经发现过、论证过的问题加以系统总结和学习，从而给办案部门、辩护律师提供借鉴，避免出现各种性质的违法和偏差，具有紧迫性和必要性。

一、“黑”和“恶”的界限问题应坚持“黑社会”的四个标准

根据《刑法》第二百九十四条的规定，认定黑社会性质组织犯罪要符合组织特征、经济特征、行为特征和非法控制特征四个标准：

1. 组织特征。组织者、领导者对所有组织成员实施的违法犯罪承担责任，是由黑社会性质组织的组织特征决定的。即使“组织成员以组织名义实施违法犯罪时原本未经组织者、领导者授意，属于‘越权’行为，但因其以组织名义实施，能扩大组织的影响力，符合组织利益，且因得到了组织者、领导者的认可或默许，体现了组织意志”，视为组织犯罪。即使不是为了组织利益，因其犯罪行为的附带后果能扩大组织的影响力和势力，客观上符合组织利益，除非经组织者、领导者明确反对或制止，可视为组织犯罪。

《刑事审判参考》指导案例第1160号认为：黑社会性质组织应当具有一定规模，人数较多，组织成员一般在10人以上。

2. 经济特征。2009年《最高人民法院、最高人民检察院、公安部办理黑社会性质组织犯罪案件座谈会纪要》（以下简称《2009年纪要》）关于经济特征的规定为，所获经济利益用于违法犯罪活动或者维系犯罪组织的生存、发展。“遇事共同筹资、获利坐地分赃”“利润主要用于成员各自家庭生活消费”，不符合该特征。

黑恶势力的经济特征通常以该经济实体的“公司”形式、合法经济行为，以合法经营行为“漂白”非法收入等作为新型掩盖体，应着重判断表面合法背后的深层次经营手段、商业机会的取得方式，来区别“合法经营”还是“合法外衣”。

3. 行为特征。《2009年纪要》《2015年纪要》进一步规定，黑社会性质组织的行为应具有以下几个特征：组织性、违法性、危害的严重性、行为的暴力性。没有以暴力、威胁手段获取某种商业机会，或者暴力、威胁手段不明显、不足以对被害人形成身体或心理强制，不符合该特征。

《刑事审判参考》第1157号案例指出，“符某友等人……没有直接对开发商、承建商或其他提供劳务者使用暴力或以暴力相威胁……与其说开发商、承建商的心理受到强制，不如说是不胜其烦”，因此，本案在行为特征方面，与黑社会性质

组织应有的行为方式存在明显区别。

应当指出的是，随着打击力度加大，黑恶势力近年来得到遏制，但一些黑恶势力活动逐渐趋于隐蔽，用“软暴力”和非暴力，如言语恐吓、跟踪滋扰等取代“硬暴力”，以逃避打击。实务中应当注意辨别、判断行为对被害人造成的心理强制的程度。

4. 非法控制特征。《2009年纪要》规定及《2015年纪要》补充指出危害性特征，即非法控制特征，“是黑社会性质组织的本质特征，也是黑社会性质组织区别于一般犯罪集团的关键”，并列举了通过实施违法犯罪活动，或者利用国家工作人员的包庇、纵容，在一定区域内或者行业内形成非法控制或重大影响的八种情形：

1. 对一定区域内生活或一定行业内从事生产、经营的群众形成心理强制、威慑，致使（多名）合法利益受损的群众不敢（通过正当途径维护权益）举报、控告的；

2. 对一定行业的生产、经营形成垄断（可以操控、左右、决定与一定行业相关的准入、退出、经营、竞争等经济活动），或者对涉及一定行业的准入、经营、竞争等经济活动形成重要影响的（有较大干预和影响能力，或占有较大市场份额、通过违法犯罪活动或以其他不正当手段在该行业内敛财数额巨大）；

3. 插手民间纠纷、经济纠纷，在相关区域或行业内造成严重影响的；

4. 干扰、破坏他人正常生产、经营、生活，并在相关区域或行业内造成严重影响的；

5. 干扰、破坏公司、企业、事业单位及其他社会团体的正常生产、经营、工作秩序，在相关区域、行业内造成严重影响（上述3、4、5项中的严重影响，是指具有致人重伤或致多人轻伤，通过违法犯罪活动或以其他不正当手段敛财数额巨大、造成直接经济损失达100万元以上、多次引发群体性事件或引发大规模群体性事件等），或者致使其不能正常生产、经营、工作的；

6. 多次干扰、破坏（包括拉拢、收买、威胁、打击、报复或得到国家工作人员的包庇、纵容）国家机关、行业管理部门以及村委会、居委会等基层群众自治组织的工作秩序，或者致使上述单位、组织的职能不能正常行使的；

7. 利用组织的势力、影响，使组织成员获得政治地位（当选各级人大代表、政协委员），或者在党政机关、基层群众自治组织中担任一定职务（具有组织、领导、监督、管理职权的职务）的；

8. 其他形成非法控制或者重大影响，严重破坏经济、社会生活秩序的情形。

《2015年纪要》还指出，八种情形一般不会单独存在，往往是两种以上并存、交织。

《刑事审判参考》第1159号指导案例中，以“由于侵害对象特定，王某娜犯罪团伙不足以争霸一方或者严重破坏当地塑板行业的生产经营秩序，未在行业内占有较大市场份额、形成垄断、有较大的干预能力”，判定其不具有黑社会性质组织的危害特征。

《刑事审判参考》指导案例第1155号中评论观点认为：“黑社会性质组织与犯罪集团、恶势力团伙最显著的区别在于，黑社会性质组织实施违法犯罪活动的目标不仅是攫取经济利益，同时也追求对经济、生活秩序的非法控制，之后再通过由其掌控的非法秩序来实现经济利益的最大化。也就是说，是否追求非法控制是区分黑社会性质组织与犯罪集团、恶势力团伙的关键标尺。”在该案例中，“焦某涛等人是因为中央花园项目才聚集在一起，但他们并不是依靠非法手段获得该项目征地拆迁业务，而是受项目部雇佣从事暴力拆迁活动……其既没有对当地经济、社会生活进行非法控制的意图，也没有以非法控制为目的实施相应的违法犯罪活动，实际上并不具有真正意义上的黑社会性质组织的行为特征”。

应注意由“恶”转“黑”的时间节点的确定。任何事物都有从无到有，发展壮大的过程。在不符合“四个标准”之前，只能称为“恶势力”而不属于严格的“黑社会性质组织”。判断组织何时具备法定要件、“升级”为独立构成犯罪的“黑社会性质组织”的时间节点，非常困难，但又为实务所必须。

对此，《2015年纪要》规定：黑社会性质组织存续的起点，可以根据涉案犯罪组织举行成立仪式或者进行类似活动的时间来认定。没有前述活动的，可以根据足以反映其初步形成核心利益或者强势地位的重大事件发布时间进行审查判断。

没有明显标志性事件的，也可以根据涉案犯罪组织为维护、扩大组织势力、实力、影响、经济基础或者按照组织惯例、纪律、活动规约而首次实施有组织的犯罪活动的时间进行审查判断。

确实不存在明显的标志性事件的情况下，可以按《2015年纪要》的规定，将首次实施有组织犯罪活动的时间作为形成起点。“首次实施有组织犯罪活动”应体现出组织利益、意图。《刑事审判参考》第1154号案例中，“……该起犯罪是因个人恩怨而纠发，既不涉及组织利益，也无法反映追求非法控制的意图。况且，当时史某钟只是刘某广恶势力团伙的一名成员，尚未创建由其自己领导的犯罪组织，因此，不能据此认定涉案黑社会性质组织始于2004年10月，该起犯罪也不能认定为黑社会性质组织的犯罪，二审法院予以纠正是正确的”，可资借鉴。

此外，由于黑社会性质组织作为“组织”应具备的稳定性，“较长时期内持续存在并持续、多次实施有组织的违法犯罪活动”成为本罪成立的必然要求。这就涉及“持续过程中断了怎么认定”的问题。《刑事审判参考》第1155号案件中，对较长时期内暂停实施违法犯罪活动的，黑社会性质组织是否持续存在的认定提供了标准：暂停违法犯罪活动期间，组织成员、结构一般不会发生变化，故认定（持续存在）比较容易。对于因被羁查、打击、成员被抓等原因被迫中断形成“溃散”假象，但组织构成、成员仍基本稳定，非法影响具有延续性，仍然应认定为在“持续”中。只要不是时聚时散或者频繁地大面积更换，就可以视为“骨干成员基本固定”。

主犯、从犯的界定以及罪责承担问题。在我国刑法中，对任意共犯的责任区分主要体现在总则部分关于主从犯的划分，而对必要共犯的责任区分主要是靠分则来解决。《刑法》第二百九十四条第一款按照组织、领导、积极参加、参加者的地位、作用设置了不同幅度的法定刑，是典型的必要共犯。因此，准确区别、认定参加者的不同等级地位对定罪量刑、罪责刑相适应具有重要意义。

骨干成员的认定。骨干成员一词最早出现于2000年司法解释。黑社会性质组织中的骨干成员，即在该组织中最主要的、最核心、最重要、起支柱作用的，但上不属于组织者、领导者，下不属于其他参加者的成员。根据《2015年纪要》的规定，“骨干成员，是指直接听命于组织者、领导者，并多次指挥或积极参与实施有组织的违法犯罪活动或者其他长时间在犯罪组织中起重要作用的犯罪分子，属于积极参加者的一部分”。

在《刑事审判参考》第1153号案例中，认定骨干成员的标准，即“多次指挥或积极参加”“虽未达到多次但加入组织多年，且在带头大哥的直接管理下，分别负责一部分组织事务，各自带领和管理一伙小弟，在组织中发挥着承上启下的重要作用”。

考察其他参加人员是否构成参加黑社会性质组织罪。在司法实践中，对参与实施了个别违法犯罪事实的情况下，究竟单纯实施了个案，还是属于“黑社会成员”身份下实施的具体个案，因为涉及是否数罪并罚的问题，存在争议。《2009年纪要》《2015年纪要》采用正面明确、反向列举的方式，在坚持“主客观相一致”“认识意志因素相结合”的前提下，对黑社会性质犯罪案件的主犯、从犯的界定进行了明确。

在《刑事审判参考》第1151号指导案例中，要求审判时要按照两份纪要的规定，审慎地结合以下两个方面来判别被告人是否有参加黑社会性质组织的行为：第一，是否参与了黑社会性质组织的违法犯罪活动。第二，与涉案黑社会性质组织之间有无相对固定的从属关系。如果与黑社会性质组织没有任何从属关系，如只是临时受邀或基于个人意愿参与某起犯罪，即便其参与了有组织的违法犯罪活动，也不能将其认定为黑社会性质组织的成员。换言之，如果在黑社会性质组织中找不到可以对应的位置，就说明被告人与该犯罪组织没有从属关系；如果与黑社会性质组织的某一成员之间没有服从与被服从、管理与被管理关系，就不能认定该人有参加黑社会性质组织的行为。

在该案中，法院经审理后没有认定文某权领导参与了黑社会性质组织，仅认定其参与了属于黑社会性质组织实施的容留他人吸毒犯罪，以及其个人实施的寻衅滋事犯罪。主要理由是：文某权虽然出面经营以陈某东为首的黑社会性质组织扩充经济实力经营的娱乐城长达七年，“客观上为陈某东黑社会性质组织的发展提供了重要的帮助、支持，但其主观上并没有为黑社会性质组织存在、发展服务的意图”，文某权未曾介入陈某东黑社会性质组织的决策、指挥、协调、管理等内部事务，也未参与其他有组织的违法犯罪活动，相关同案被告人均否认自己是文某权的下属，且有其他证据表明文某权借助该犯罪组织势力是经过陈某东事先默许的，文某权与该黑社会性质组织之间并不存在相对固定的从属关系。

二、“保护伞”的罪责

《关于开展扫黑除恶专项斗争的通知》要求：把扫黑除恶与反腐败斗争和基层“拍蝇”结合起来，深挖黑恶势力“保护伞”。各级纪检监察机关要将党员干部涉黑涉恶问题作为执纪审查重点，对扫黑除恶专项斗争中发现的“保护伞”问题线索优先处置，发现一起、查处一起，不管涉及谁，都要一查到底、绝不姑息。专家指出，这次扫黑除恶的着力点，除了打击黑恶势力本身之外，还要打击基层的腐败，查处“微腐败”，加强基层政权建设、组织建设。因此，“保护伞”的违纪与犯罪、罪名、罪数之界分，需要引起重视。

《刑事审判参考》第1163号指导案例确立两项规则：包庇黑社会性质组织，或者纵容黑社会性质组织进行违法犯罪活动的行为人归案后如实供述有关黑社会性质组织的犯罪活动的，不能认定立功情节。公安机关的内勤人员对黑社会性质组织的犯罪行为知情不举报的，属于不依法履行职责（根据人民警察法相关规定，人民警察的入罪标准高于其他人员）。

值得注意的是，时任公安部领导强调，各级公安机关要牢固树立“四个意识”，坚决打掉一批职业赌博公司等犯罪团伙，依法严惩一批涉赌犯罪分子，严肃追责一批赌博活动的幕后“保护伞”，深挖打击一批“地下钱庄”和“非法支付机构”，彻底整治一批赌博重点地区。这表明“扫黑除恶”斗争将从各种黑恶苗头、症状入手，主动出击；对“保护伞”的清查，也将从“小赌小恶”抓起。

三、以往黑社会性质组织犯罪侦办过程中的经验教训

1. 邀功型立案、破案问题。“扫黑除恶”要结合“打早打小”进行正确理解。符合四项特征，构成涉黑犯罪，应当坚决肃清，依刑事诉讼法进行侦、审、判。

而对于尚属于“犯罪集团”“黑恶势力”甚至仅属于“流氓团伙”的，要依据其实施的具体犯罪行为的性质，或给予行政处罚，构成犯罪的，依其触犯的具体罪名给予处理。严防为了扩大战果、报功邀赏，将不符合四项特征、社会危害性未达到一定程度的小团伙、小集团立为涉黑案件。

2. 管辖问题。涉黑案件多具有地域性，由于“保护伞”的存在还具有地方保护性。为了免受“保护伞”的影响，实现精准打击，应当对达到一定规模的案件实行报请异地侦办制度。

3. 不当扩大打击面问题。涉案犯罪组织控制和影响仅限于一座酒店、一处娱乐会所等空间范围有限的场所或者人口数量、流量、经济规模较小的其他区域，如小型农贸市场中的“菜霸”，一般不认定为对“一定区域”形成了控制和影响。

4. 强制措施不当问题。涉黑案件依法可以采取指定居所监视居住强制措施。而实务中在该措施中实施的违法取证行为不时出现。应采取措施加强监督、制约，防止侵害犯罪嫌疑人的权利，实现依法、文明办案。

5. 刑讯逼供、逼证问题。由于涉黑人员具有一定的反社会性、抗压性、犯罪性质恶劣引人痛恨，应采取监督措施，确保侦查人员不因口供获取困难，或出于印证的需要采取各种刑讯逼供手段，甚至应采取措施确保涉黑人员不因受到憎恨而遭受牢头狱霸的霸凌。

6. 分案处理问题。《2015年纪要》的规定中，明确了分案的基本原则和一般性要求：对于被告人人数众多，合并审理难以保障庭审质量和庭审效率的黑社会性质组织犯罪案件，可分案进行审理。戴长林法官等人就该纪要的理解与适用做出特别说明：在审判实践中分案审理只能是例外情形，凡有条件并案审理的涉黑案件不得随意分案（《刑事审判参考》总第107集，第149页）。

7. 其他侦、诉、审常见问题。比如，侦查机关倾向性引诱取证的问题，技侦证据的保存、质证问题，涉黑案件财物处理程序规范化问题，以及注意保护涉案证人及侦查、批捕、起诉、审判等司法办案人员，辩护律师人身权益免受打击报复性侵害等，都应思虑周全。

四、刑辩律师在为此类案件提供法律服务中应当注意的问题

对罪行极其严重的组织者、领导者的“保命”辩护，尤其是身负命案者，将特别艰难。从刘某甲、刘某乙等人组织、领导、参加黑社会性质组织案（《刑事审判参考》指导案例第1158号）中，坚定明确了对身负命案的主犯，因罪行极其严重、恶劣，其以“保命”为目的自首、立功、赔偿恐怕难以奏效（指导案例第1161号）。

即使拿掉了“涉黑”罪名，也难“保命”。《刑事审判参考》指导案例第1160号中，最高人民法院认为牛某贤等人“涉黑”事实不清、证据不足，不核准死刑、发回二审法院重审后，仍以绑架罪等其他犯罪再次报送核准死刑，最高人民法院经再次复核，核准了被告人牛某贤的死刑。由此可见，在对重大“涉黑”案件“头目”进行“保命”辩护时，还需要辩护人根据案件的不同情况，另辟蹊径。

注意特殊人员“涉黑”性质的排除规定。根据《2015年纪要》的规定，以下人员不属于黑社会性质组织的成员：

1. 主观上没有加入意愿，仅受雇在涉黑组织开办的公司、企业、社团工作，未参与或仅参与少量黑社会性质组织的违法犯罪活动的人员；

2. 因临时被纠集、雇佣或受蒙蔽为黑社会性质组织实施违法犯罪活动或者提供帮助、支持、服务的人员；

3. 为维护或扩大自身利益而临时雇佣、收买、利用黑社会性质组织实施违法犯罪活动的人员。

房地产企业涉黑案中的几个问题

早在2018年1月扫黑除恶战斗号角吹响之时，我们就在多次授课中提出，要审慎区分企业财团的某些特质与黑社会性质组织违法犯罪四个特征的异同。现在看来，实务中反映出的问题远比最初的设想更为复杂。其中，房地产企业因其在房地产开发建设过程中某些突出特征，与黑社会性质组织的四个特征似乎最为“纠缠不清”，企业合规建设缺失带来的刑事法律风险，对企业和当事人而言绝对

是灾难性的。

根据我国相关法律规定，组织特征、行为特征、经济特征、社会危害性特征，共同组成黑社会性质组织犯罪的四个特征（保护伞特征具有一定的可选择性，但通常仍被认为属于黑社会性质组织的特征之一）。

一、房地产企业人员及组织架构与“黑社会性质组织”的组织特征

房地产公司一般有一定人员规模，有上下多层级且比较稳定的组织架构。此外，基于“打仗亲兄弟、上阵父子兵”的理念，某些企业还具有家族经营的特点，亲戚、同学、“老表”等私人关系或者多年在企业内工作的“骨干员工”，往往会发展成为固定的骨干力量。这种层级性、区分亲疏远近的管控关系，从表象上看与黑社会性质组织的组织特征具有某种重合性：企业负责人对应黑社会性质组织犯罪的“组织者、领导者”，具有亲缘关系的骨干员工对应黑社会性质组织犯罪中的“骨干力量”，其他有意无意参与过某些违法犯罪行为的员工对应“积极参加者”“一般参加者”，亲缘关系也是管控企业的重要抓手之一。

但是，企业的经营管理架构、管理关系和员工关系显著区别于黑社会性质的组织特征。一是企业经营管理架构的建立、更改和维系，是以常规经营决策的上传下达为主要内容，而黑社会性质组织则以违法犯罪为基本活动。二是企业经营管理架构的层级划分建立在对人的资历、能力的考察或者对具有亲缘关系的人的特别信赖基础之上，有稳定的薪资激励、职位提升制度体系，而黑社会性质组织的层级架构虽然也可能受到亲缘关系的影响，但基本是建立在不同成员在违法犯罪中所表现出来的“能力”基础之上。三是企业经营管理中的员工个人素质、职责、薪资紧紧依附于企业经营业务本身，而黑社会性质组织的成员不具备白领或蓝领工作的基本素质、技术水平，而以其逞强斗狠、为非作恶与黑社会性质组织相互依存，根据其在违法犯罪中的作用和地位获得利益。四是企业员工或亲属关系均以其具有一定业务能力或工作能力为依托，而黑社会性质组织的基本成员一般以刑释人员、无业人员为主体，“光脚的不怕穿鞋的”，对群众形成“威慑力”。

二、房地产开发过程中的违法犯罪行为与“黑社会性质组织”的行为特征

在项目开发建设的过程中，“钉子户”问题常常是摆在开发商面前的难题。针对“钉子户”的强拆行为，常伴随“软暴力”，可能构成强迫交易罪、寻衅滋事罪，甚至诬告陷害罪。

事实上，上述行为均以推进项目开发建设、获得经营收益为目标，完全不具有黑社会性质组织违法犯罪行为特有的“建立、扩大非法控制和影响”的意图。针对“钉子户”的强拆、软暴力行为，目的特定、对象特定，归根结底也是围绕着经济目的展开。一方面，“钉子户”配合拆迁大多以更高的拆迁补偿款为条件，这种条件的合理性实难评判。虽然法律规定开发商不得违法越权强拆“钉子户”，但漫长的司法程序与开发建设法定期间要求之间的矛盾也是显而易见的，这些问题都颇有复杂特色。另一方面，相对于已经签署拆迁补偿协议、等着入住回迁房的被拆迁群体，从数量对比上看，被强拆的“钉子户”数量也是极少数。将“钉子户”认定为“被欺压、残害的百姓”，可谓只见树木，不见森林，不免偏颇。此外，这些“钉子户”“软暴力”的存在，本身也一定程度上说明涉案房地产公司的各被告人并未在当时对当地形成非法控制和影响——如果已形成了一定的非法控制和影响，就不会有“钉子户”的存在，仅靠恶名就可以使“钉子户”土崩瓦解。

三、房地产企业的经济实力与“黑社会性质组织”的经济特征

经济特征与房地产企业涉黑案件的财产处置紧密相关。黑社会性质组织的经济来源既可以是违法犯罪活动，也可以是合法经营活动。这就给辩护带来了两难：除非摘掉“黑”帽子，企业的财产必然被作为“以商养黑”“以商护黑”的经济实力予以处分；而摘掉“黑”帽子常常成为司法机关力所不逮的问题。也有以涉黑房地产企业在经营、开发过程中的某一环节中掺杂了违法犯罪行为为由，将整个企业的经营所得、经营利润都扣上“违法所得”的帽子，连“黑社会性质组织”成员家属的股份所对应的份额也在所不问。

事实上，多数房地产企业均以利润为唯一追求，并不符合“黑社会性质组织”以经济基础反哺组织、以黑护商、以商养黑的特征。抹杀房地产企业经营行为中大量的智力、人工、成本等投入，仅因过程中有掺入部分违法犯罪行为，就认定全部经营投入和所得为非法所得，就此宣判房地产企业“涉黑”“死刑”，显然与事实、法律宗旨相悖。

四、涉黑房地产企业及其人员违法犯罪行为的社会危害与“黑社会性质组织”的危害性特征

即使以上几项特征均难以将围绕特定房地产开发项目开展的、掺杂刑事犯罪的经营性行为与黑社会性质组织罪的相关特征区分清楚，仍可通过“黑社会性质组织”中的“黑”字，认识到其反社会性质。“黑社会性质组织”具有较其他违法犯罪行为更严重的社会危害性，根本因素就在于其反社会性，体现为欺压、残害群众，依靠暴力和软暴力建立对区域、行业的非法控制和影响。如果房地产企业的违法犯罪行为紧紧围绕房地产项目的开发建设的经济目的展开，应当认定其不具有建立对某地域实施非法控制或对某行业进行非法垄断的意图，即不具备“黑”的本质特征。首先，一定范围的行业垄断结果是多数做大做强的企业不可避免的窠臼。其次，房地产企业涉嫌的全部违法犯罪行为（典型的如贿赂、串通投标、强拆中的违法犯罪）一般都紧紧围绕某个项目的开始而开始、结束而结束，不具有对某区域的长期、稳定的“非法区域控制”，“行业垄断”的目的和结果，不具有延展性。与涉黑犯罪的行为和对象所具有的随意性，以暴力为主实施欺压、残害群众违法犯罪行为的职业性，制造非法影响以“坐大成势”的目的有质的区别。

一言以蔽之，只有具有非法控制意图的行业垄断和区域控制才能叫“黑社会性质组织”的行业垄断和区域控制。房地产公司的违法犯罪行为围绕特定的房地产开发建设展开，项目结束即行为结束，显然不具有在某区域或某领域建立长期稳定的“非法垄断和控制”的意图和目的。不能仅以个别项目中有串通投标等违法犯罪行为，就认定为非法“行业垄断”的手段，这种排挤竞争对手的行为有特

定的罪名相对应，内容已经能被罪状充分涵盖。

五、房地产企业中的政商关系和黑社会性质组织“保护伞”特征

房地产企业经营中的巨大利益常常引发房地产商之间的激烈竞争，能否得到一块好地，有时还需要获得有关部门的支持，便可能伴生贿赂问题。一些重要项目的开发建设，有时也是有关部门的重点项目，开发建设得到政府各有关部门的全力配合。一旦房地产企业“涉黑”，背后的腐败问题就会被揭露出来，有关部门的支持配合就有了“保护伞”的嫌疑。

其实，这些开发建设过程中执法、司法机关与房地产商之间的“贿赂”、“包庇”和“纵容”关系，与黑社会性质组织与其“保护伞”之间的关系仍有本质区别。首先，“保护伞”与黑社会性质组织之间通常具有利益共同体关系，双方就像一个家庭的家庭成员一样，彼此有长期、稳定的利益联结，对未来有着共同的目标和期许。其次，普通的房地产商与有关政府官员或者执法、司法人员之间的贿赂关系，仅仅是针对具体请托事项的权钱交易关系，或者是谋求“关照”的“感情投资”；对方对房地产商的包庇或者关照，完全建立在已经给予的贿赂款物基础之上。易言之，从双方关系的紧密程度来看，“保护伞”对黑社会性质组织并不是偶尔、个别为之的保护，而是长期的、稳定的、基于共同利益的保护，区别于“一次一结”的权钱交易关系。此外，不可否认的是，一些政府及其有关部门在房地产项目开发过程中给予的配合和支持，甚至是包庇和纵容，很多时候是出于落实当地政府政令政策要求的职责考虑，因为该项目的开发建设虽然由特定房地产开发商承建，但同时被列入当地某级政府的重要政府工作任务。在这种情况下，不能仅凭有贿赂、包庇和纵容，就认定一方为另一方的“保护伞”，贿赂仍然是开发商谋取竞争优势、实现开发目的的手段；有关部门的包庇和纵容也不是为了帮助某个势力的发展壮大，而是为了确保重点项目的顺利完成、政令政策得到贯彻落实。

六、房地产企业“涉黑”案件具体事实的罪与非罪

虚开增值税专用发票犯罪是我国司法实务中罪与非罪争议集中多发的罪名之

一。尽管当前虚开增值税发票犯罪属于对税犯罪而非对票犯罪基本已成定论，但在房地产企业涉黑案件中，仍然存在不严格审查犯罪危害性即税款流失的风险或结果的问题。

寻衅滋事罪也存在被滥用的迹象。寻衅滋事罪来源于流氓罪，虽然当前罪名中已没有相关罪状描述，但是在司法解释当中明确规定了本罪需以“无事生非”“逞强要横”为动机，即“流氓动机”，单纯追求经济利益、事出有因的一般不以寻衅滋事罪论处。有的案件将基本相同的事件分别以寻衅滋事罪、故意毁坏财物罪、非法侵入住宅罪等罪名定性起诉，逻辑混乱。这样的混乱还有很多，不再赘述。

“扫黑除恶”斗争是符合党、国家和人民根本利益的，成果令人振奋。同时，最高司法机关“不拔高、不凑数”的要求也一再被强调。房地产企业“涉黑”案中的问题具有一定的类型化特征，归纳起来不外乎竞地过程中的贿赂问题，竞标时的串通投标或其他排挤竞争对手的问题，强拆中的软暴力、暴力及得到当地执法机关的包庇、纵容三类违法犯罪问题，加上房地产企业乃至一切成熟经济实体自身具有的依据公司法和劳动法建立的组织架构和房地产经营的资本积累，就表象上看，与“黑社会性质组织”四个特征都具有某种相似性，但绝对不至达到分不清的程度。

参照我国刑法对单位犯罪的认定，只有不以违法犯罪为主体业务的单位的犯罪行为，才有可能构成单位犯罪，反之不构成单位犯罪。考察一家经营过程中涉嫌违法犯罪的房地产企业及其高管和工作人员，乃至其他企业财团是否“涉黑”的问题，也应当依据违法犯罪与企业常规经营的比重，企业的常规经营是否倚仗“黑”势力，或者涉嫌“以商养黑”。对于以合法常规经营为主体，在个别环节掺杂有违法、犯罪行为，通常不具有“以黑护商”“以商养黑”的实质，即使没有完全按照法律设定的规则来谋取经济利益，但目的仅限于经济利益，谋取竞争优势和项目开发建设的推进完成，不具有反党、反社会的根本属性的，不能以“黑社会性质组织”犯罪论处。

第四讲　《刑法修正案（十一）》热点罪名实务研究

刑事辩护需要强大的知识储备，有时还需要我们突破知识瓶颈迅速掌握新领域新专业知识要点。不要聘请不学习、不虚心的律师。

——作者题记

《刑法修正案（十一）》热点罪名实务研究之
侵犯商业秘密罪十年无罪案例研究报告

我国刑法关于商业秘密的构成与民事上商业秘密的概念完全相同，需同时具备秘密性、实用性、利益性及管理性。侵犯商业秘密罪是侵犯知识产权罪当中的一个罪名，是一种破坏社会主义市场经济秩序，破坏社会生产力发展机制的刑事犯罪。此外，部分技术性商业秘密还具有一定的人身依附性，以及使用权可以转让、没有固定的保护期限、内容广泛等特点。

一、近十年来侵犯商业秘密罪的概况

笔者检索获取了自2010年1月1日至2020年7月4日共260篇侵犯商业秘密罪裁判文书。

案例来源：ALPHA案例库

检索罪名：侵犯商业秘密罪

检索区间：2010年1月1日—2020年7月4日

案件数量：260件

采集日期：2020年7月4日

（一）整体情况分析

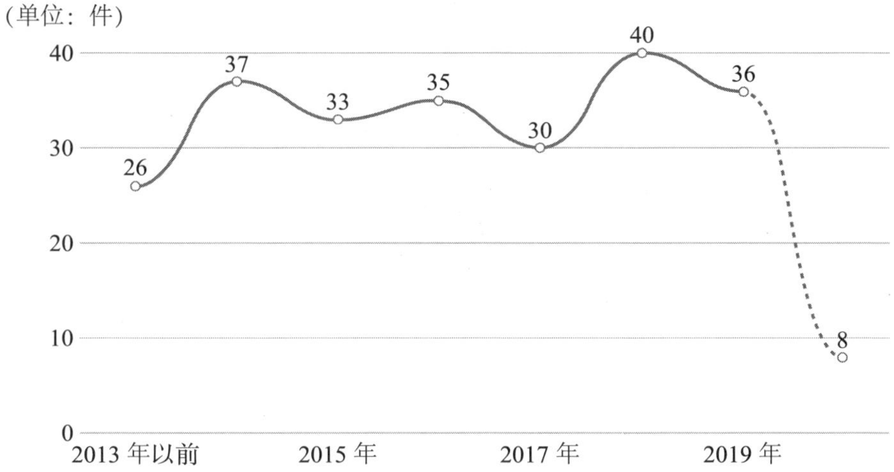

图2–1　2010年至2020年侵犯商业秘密罪案例数量的变化趋势

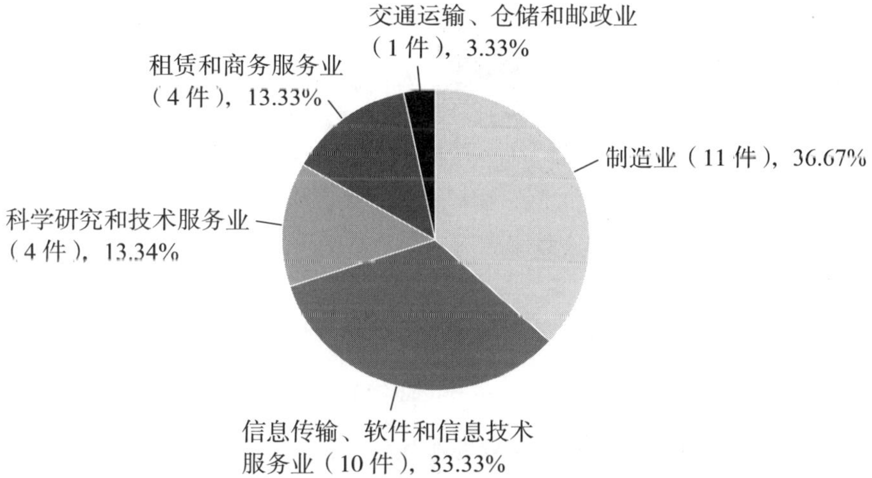

图2–2　各行业侵犯商业秘密罪案件数量分布

涉案行业分布主要集中在制造业，信息传输、软件和信息技术服务业，科学研究和技术服务业，租赁和商务服务业，交通运输、仓储和邮政业。

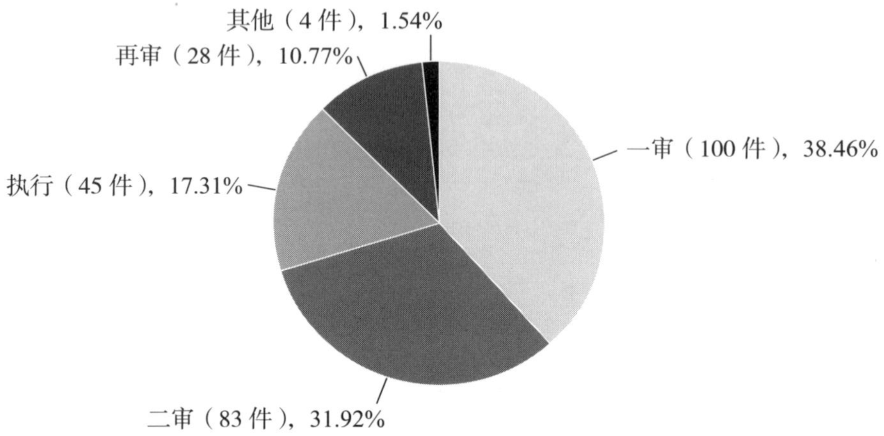

图2-3　侵犯商业秘密罪案件审级示意

一审案件有100件，二审案件有83件，再审案件有28件，执行案件有45件。

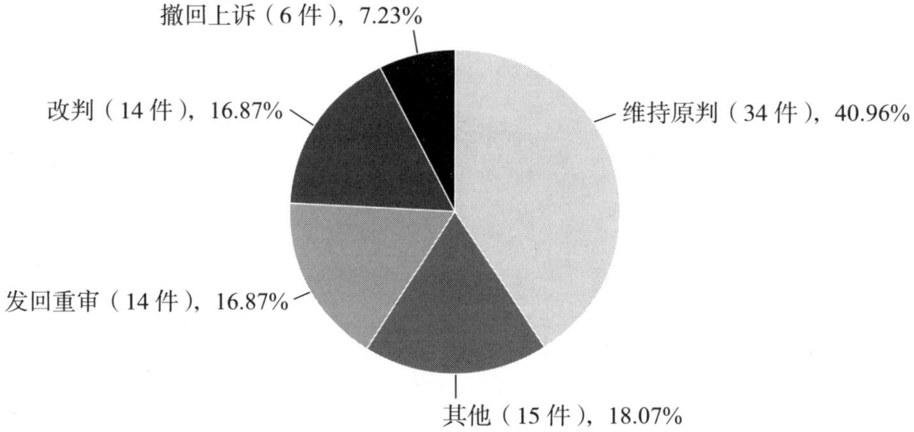

图2-4　侵犯商业秘密罪案件上诉情况示意

二审维持原判的有34件，占比为40.96%；其他的有15件，占比为18.07%；发回重审的有14件，占比为16.87%。其中，主刑为有期徒刑案件67件，缓刑案件24件，附加罚金刑的案件有69件，含没收财产1件。

（二）无罪判决分析

在以上样本库中，共检索到无罪判决5份。

1.（2003）深宝法刑初字第1545号，向某祥等人侵犯商业秘密案（以下简称向案）。公诉机关指控，向某祥等人将在原被害人潘某基开办的树某五金首饰厂工作期间掌握的生产爪链技术用于离职后重新就职的上海流某饰品厂。

2.（2014）滨汉刑初字第66号，张一某、缪某侵犯商业秘密案（以下简称缪案）。公诉机关指控，被告人缪某将其在参与联某公司研究生产三乙基铝项目时取得的工艺流程图、设备图和技术参数等提供给被告人张一某，张一某利用该技术获益。

3.（2015）厦刑终字第590号，李某某侵犯商业秘密案（以下简称李案）。原判认定，被告人李某某系百某公司鞋帽部经理，负责鞋类商品的进出口业务。其丈夫曾某某成立伟某公司后，李某某将其在百某公司掌握的七家客户介绍给伟某公司做鞋类产品的业务。

4.（2019）京02刑终425号，北京捷某公司及郭某侵犯商业秘密案（以下简称捷某公司案）。原判认定，被告人郭某于2010年年底入职被害单位青岛捷某公司，掌握模具的秘点技术信息。2013年，被告人郭某提议将上述模具技术申请为专利，并提供专利申请所需材料，供新入职单位北京捷某公司的专利申请。

5.（2017）苏02刑终38号，蒋某辉侵犯商业秘密案（以下简称蒋案）。原判认定，上诉人武某军通过不正当手段从大某公司获取冷芯盒射芯机的相关技术信息，上诉人蒋某辉明知前述情况仍与上诉人武某军一起将该技术信息用于双某公司生产冷芯机。

通过分析无罪判决，可以发现侵犯商业秘密罪无罪理由基本上围绕着侵犯商业秘密罪中商业秘密的秘密性、实用性、利益性及管理性四性特征，是否存在法定损害结果，是否存在侵犯商业秘密的特定手段展开，对“商业秘密”“损害结果”的鉴定意见的争议尤其值得注意。

二、关于商业秘密的认定

商业秘密是一种技术信息与经营信息。技术信息与经营信息，既可能以文字、图像为载体，也可能以实物为载体，还可能存在于人的大脑或操作方式中。

（一）商业秘密的特征

商业秘密具有“秘密性”和“不为公众所知悉”的特征。原国家工商行政管理局发布的《关于禁止侵犯商业秘密行为的若干规定》第二条指出，不为公众知悉是指“不能从公共渠道直接获取”。《最高人民法院关于审理不正当竞争民事案件应用法律若干问题的解释》第九条第一款规定，有关信息不为其所属领域的相关人员普遍知悉和容易获得，应当认定为《反不正当竞争法》第十条第三款规定的“不为公众所知悉”；第二款规定，具有下列情形之一的，可以认定有关信息不构成不为公众所知悉：（1）该信息为其所属技术或者经济领域的人的一般常识或者行业惯例；（2）该信息仅涉及产品的尺寸、结构、材料、部件的简单组合等内容，进入市场后相关公众通过观察产品即可直接获得；（3）该信息已经在公开出版物或者其他媒体上公开披露；（4）该信息已通过公开的报告会、展览等方式公开；（5）该信息从其他公开渠道可以获得；（6）该信息无须付出一定的代价而容易获得。

可见，商业秘密是指没有公开披露过、不能从公共渠道获得、不为公众所知悉的事项。也就是确定了商业秘密相对秘密性的概念，仅限于一定范围内的有限的特定人所有（知悉）、不为其所属领域的相关人员普遍知悉和容易获得。“知悉”和“获得”不能仅仅是一知半解，而应是全部获得。涉案技术信息经过权利人的创造性劳动说明是需要付出一定代价才能获得。

一般常识或者行业惯例不属于商业秘密。所属技术或者经济领域的人的一般常识或者行业惯例；仅涉及产品的尺寸、结构、材料、部件的简单组合等内容；进入市场后相关公众通过观察产品能直接获得；在公开出版物或者其他媒体上公开披露；无须付出一定的代价而容易获得的情形，都属于“所属领域的相关人员普遍知悉和容易获得”。

新颖性意味着与以往不同、不为公众知悉。例如，捷某公司案中，“北京捷某公司、郭某将涉案模具技术申请专利，经初步审查后被国家知识产权局公告公开并授予专利权，也说明涉案模具技术具有新颖性（不为公众知悉）”。

商业秘密还需具有“实用性”特征，即具有直接的、现实的使用价值，权利人能够将商业秘密直接运用于生产、经营活动。

（二）商业秘密的鉴定

商业秘密的秘密性是肯定性命题，“不为公众所知悉”是否定性命题。如果具备鉴定的条件，是否属于商业秘密应当委托专业权威部门进行鉴定。据以定案的鉴定结论必须进行当庭质证并听取双方意见后，结合其他证据进行全面审查判断后决定是否采信。

在蒋案中，法院认为：“在现场勘查，工作台上的滑槽与曲柄外端上的滚动轴承的组合，其设置位置、基本组成和工作原理简单明了，并非隐秘、封闭，工作台被顶起时即可看到，无须‘借助起吊设备’就能够拍到……相关公众无须通过复杂的拆卸等反向工程技术手段即可容易地获得该技术信息；产品进入市场后，相关公众无须付出一定的代价，仅通过观察产品即可直接、容易地获得该技术信息；鉴定人员能够多次进入生产车间现场拍得照片，可见相关企业也未采取保密措施，说明该技术已‘使用公开’。”

在向案中，“非公知技术点”爪链生产技术认定的《司法鉴定书》，形式上存在重大瑕疵：没有加盖司法鉴定机构的司法鉴定专用章，没有完整的司法鉴定人签名，没有司法鉴定复核人签名，仅有鉴定专家组组长一人签名，鉴定专家组成员中的两人鉴定资质不明；在实质内容方面，辩方提交的由五位专家出具的《专家意见书》以及模具专家丁某聚当庭的证言，都认为鉴定书所列的“非公知技术点”均为模具行业的“非公知技术”。该司法鉴定书未获采纳。

三、关于商业秘密的管理性特征

刑法要求权利人要对技术采取保密措施。我国参加的国际公约《与贸易有关的知识产权协议》（TRIPS 协议）指出，法律要求权利人采取的保密措施在合理的范围即可。最高人民法院、国家市场监督管理总局对商业秘密的管理性也一致解释为：权利人采取保密措施，包括口头或书面的保密协议等其他合理措施。

由于技术性商业秘密具有一定的人身依附属性，要求员工不得离职，或离职后不得到同行业就职实际是竞业限制问题。竞业限制必须严格依法进行。不得以保护商业秘密为由，任意剥夺公民的劳动权。在民事诉讼案件中，如果用工方没有签订书面保密协议及支付保密费，要求侵权补偿的诉讼请求大都被驳回。

在向案中，辩护人认为，向某祥等四名被告离职后，因涉案企业并没有签订保密协议、支付保密费，根据权利义务对等原则，所谓“保守商业秘密的特别要求和措施”对他们没有任何法定约束力。法院认为，“商业秘密保密义务乃是一种约定的合同义务而非法定义务。潘某基及树某五金首饰厂从未与向某祥等四名被告人签订过任何有关厂内技术信息的保密条款或保密协议，甚至未签订过劳动合同，也未支付过任何保密费用。因此被害人未支付任何对价，与该四名被告人并未形成有关保守技术秘密的合同关系，在此情况下，向某祥等四名被告人没有义务为树某五金首饰厂的任何技术信息保密”。

在捷某公司案中，终审判决指出，“按照三方协议，在被收购的情况下，青岛捷某公司原职工郭某等人均由齐某带领入职新平台北京捷某公司，对郭某等人而言，认为所有技术都归新平台理所当然”。原判认定郭某未履行保密义务有误。

需要注意的是，原国家科委《关于加强科技人员流动中技术秘密管理的若干意见》第七条规定，不支付补偿费的，保密协议条款无约束力的规定，现已失效。在检索到的21件涉及保密协议的侵犯商业秘密罪案件中，绝大多数都签订了保密协议并支付了保密补偿费用。在仅有的3件签订保密协议，但未支付保密补偿费用的案件中，法院仍然判定侵权人不因未获得保密补偿费用而不承担保密义务。其中隐含的是否支付保密费用听从双方保密协议中的约定之意，似与《劳动合同法》第二十三条规定的，对负有保密义务的劳动者，用人单位可以约定竞业限制条款，并约定按月给予劳动者经济补偿的文义不符——“并”在条文中显然体现了权利义务对等原则，是强制义务——如果约定竞业限制，就应当约定经济补偿条款。[1]

1 《劳动合同法》第二十三条规定，用人单位与劳动者可以在劳动合同中约定保守用人单位的商业秘密和与知识产权相关的保密事项。对负有保密义务的劳动者，用人单位可以在劳动合同或者保密协议中与劳动者约定竞业限制条款，并约定在解除或者终止劳动合同后，在竞业限制期限内按月给予劳动者经济补偿。劳动者违反竞业限制约定的，应当按照约定向用人单位支付违约金。

四、侵犯商业秘密的特定行为

具有人身依附性的侵犯商业秘密犯罪，在利诱之下主动流动（主动跳槽）和被动流动（邀请跳槽）实现和完成居多，可以据此分为直接侵权和间接侵权。直接侵权是指合法知悉商业秘密内容的人披露、使用或者允许他人使用商业秘密的行为，包括公司、企业内部的工作人员，曾在公司、企业内工作的调离人员、离退休人员以及与权利人订有保守商业秘密协议的有关人员。间接侵权是指明知或应知前述第一种至第三种违法行为，而获取、使用或者披露他人商业秘密。

1. 直接侵权。如在蒋案中，法院认为，“被告人武某军通过非法手段获取大某公司包括秘点1、2技术信息在内的技术资料。被告人蒋某辉明知被告人武某军所获得的大某公司的冷芯盒射芯机的相关技术图纸是商业秘密，并且在采取了相关保密措施的情况下，仍与被告人武某军一起将该商业秘密用于双某公司生产冷芯机。被告人蒋某辉、武某军的行为均侵犯了大某公司的商业秘密”。

2. 间接侵权。如向案中，公诉机关指控被告人林某章以利诱手段获取、使用权利人的商业秘密。法院认为，“林某章是在了解到向某祥等四名被告人与树某五金首饰厂并未签订劳动合同的情况下聘请该四名被告人到上海其所经营的工厂工作”，林某章不具有间接侵权故意。

有非法获取的手段行为，也不能免除“商业秘密”的论证和证明责任；无论是直接侵权还是间接侵权，都必须考察行为人是否有侵权的故意。

例如，捷某公司案中，涉案的三方协议中，约定“将与之（涉案技术）相关的所有技术资源”和项目资源统一整合到一个新的企业平台上进行市场开发和运作，“与之相关的所有技术资源”的约定，词语外延不明确，“不能排除北京捷某公司、郭某认为涉案模具技术已经转让给北京捷某公司的可能性”，不能认定被告人、被告单位具有侵权的故意。

五、商业秘密的利益性特征

商业秘密能为权利人带来经济利益。这里的经济利益，仅限于积极的经济利益，即能使权利人增加财产或者财产上的利益。**如果行为人实施了盗窃商业秘密**

等行为，但该行为本身并没有造成权利人重大损失或者获取一定利益，不成立侵犯商业秘密罪。

（一）损失的计算

在刑事诉讼中，损失一般是指被害人由于犯罪人的犯罪行为而遭受的物质损失。在司法实践中，商业秘密的“重大损失”的计算大致有以下三种方式：

1. 商业秘密权利人因侵权行为遭受的实际损失。应在考虑研制开发成本、利用周期、成熟程度、市场前景等直接因素的基础上，综合考虑竞争优势地位的丧失、商业信誉的下降等。**这种损失的计算以侵权人未再向他人泄露为前提。**

2. 将商业秘密出卖给他人的，以其出卖收入加上买受人使用后的获利额为损失额。这是一种以正常许可使用的费用推定损失额的计算方法，但并不意味着侵权人就此取得了该商业秘密的合法使用权，也不能简单地将商业秘密的自身价值等同于损失。

3. 以侵权人因侵权行为获得的利益作为损失。《反不正当竞争法》规定：被侵害的经营者损失难以计算的，赔偿额为侵权人在侵权期间所获得的利润。只有在对被害人的损失无法计算的情况下，才能以侵权人获得的利润为损失额。

在向案中，法院认为，“树某五金首饰厂属来料加工企业，这种企业性质决定树某五金首饰厂只能以收取加工费的方式获得营利，其所受的经济损失也只能是加工费的损失；而且作为来料加工企业，树某五金首饰厂的进口原料和出口制成品均属海关监管货物，其数量、价格均有据可查，其加工费如有损失也就容易计算，不存在损失难以计算的问题”。

侵犯商业秘密犯罪行为给权利人造成的损失的计算标准，同商业秘密民事侵权之诉中的损害赔偿额的计算不同。《最高人民法院关于审理不正当竞争民事案件应用法律若干问题的解释》第十七条规定，对损害赔偿额的确定“可以参照确定侵犯专利权的损害赔偿额的方法进行”。而根据我国《专利法》第七十一条第一款、第二款、第三款的相关规定，“侵犯专利权的赔偿数额按照权利人因被侵权所受到的实际损失或者侵权人因侵权所获得的利益确定；权利人的损失或者侵权人获得的利益难以确定的，参照该专利许可使用费的倍数合理确定。对故意侵犯专利权，情节严重的，可以在按照上述方法确定数额的一倍以上五倍以下确定赔偿数额。权利人的损失、侵权人获得的利益和专利许可使用费均难以确定的，人民法院可以根据专利权的类型、侵权行为的性质和情节等因素，确定给予三万元以上五百万元以下的赔偿。赔偿数额还应当包括权利人为制止侵权行为所支付的合理开支”。可见，商业秘密的民事损害赔偿额的确定还可以有两种方式：参照商业秘密许可使用费的倍数合理确定，即以报酬为准计算，以及由人民法院根据商业秘密的类型、侵权行为的性质和情节等因素，确定给予3万元以上500万元以下的赔偿。而刑事案件中的损害赔偿“实际损失”标准仅包括直接损失和权利人必然失去的现实利益。

（二）对损失鉴定的审查

在计算侵权人所获得的利润时，不能简单地以销售额为获利额，也不能以已生产的产品总价款乘以平均利润率为获利额。一般情况下，以销售额乘以平均利润率为获利额较为妥当。**在审查《审计报告》《评估报告》等鉴定意见类文书时，不仅要注意审查形式合法性，还要审查实质合理性**。界定企业经营获利，一般应由国家注册会计师对企业进行财物审计获得，在有审计结论的前提下，如有必要再采用评估方式。未经审计手续采用的评估方法来认定相关公司的获利情况，不符合财会原则。

在向案中，公诉机关为证明树某五金首饰厂因被告人的侵犯商业秘密而遭受1160万元人民币的经济损失，主要向法庭提交了一份由深圳市某资产评估有限公司出具的《“关于侵犯宝安区某镇塘尾树某五金首饰厂商业秘密”获利的资产评估报告书》（以下简称《评估报告书》）。在该评估报告书中，形式合法性、实质合理性都存在诸多问题。一是使用了替换的计算方法，明确注明“本次评估只考虑了侵权方的获利，未考虑被侵权方的损失”，这有违侦查机关之委托，也有违有关法律法规的规定。该鉴定还存在评估方式采用错误的问题。二是评估机关对被评估对象不做了解核实，采用其他不同领域、不同经营方式、不同审查成本的企业信息作为评估的基准数据，自然得不出公正真实的评估结论。三是该评估报告书未对评估重要资料进行查证，“本报告使用的技术权属证明文件及有关市场说明材料均由深圳市公安局刑警大队提供，由于条件所限本公司未对其做独立调查”。而深圳某分局刑警大队提供的相关资料，有大部分是由在本案中有利害关系的树某五金首饰厂提供，其评估结果的可信度值得怀疑。四是该评估报告认为树某五金首饰厂经济损失难以计算，因此用上海流某饰品厂（以下简称流某厂）和上海宏某五金饰品有限公司（以下简称宏某公司）的获利来替代。二者显然不具有相互替代的充分前提。

另有（2014）滨汉刑初字第66号福某德公司侵犯商业秘密案中，公诉机关将福某德公司营业总利润的数额作为联某公司的经济损失数额予以认定。法院认为，其一，根据北京市司法局出具的证明记载，做出《专项审计报告》的中某华会计师事务所未在该局核准登记，未取得该局颁发的《司法鉴定许可证》。其二，《评估报告》的鉴定人邓某某在出庭接受询问的过程中陈述：其并非该份评估报告的制作人，该份报告由未在评估报告书中签字的陈某知制作，其在报告做出后负责审核报告制作程序是否合法。

在李案中，证明涉案损失的《司法会计鉴定报告书》也存在诸多问题。例如，其一，以李某某负责的整个鞋帽部的交易额来计算平均利润率确有不当。李某某负责的鞋帽部客户众多，各家利润不一，把不相关的其他客户利润计入缺乏客观性、合理性。其二，涉案客户与伟某公司的交易发生在2010年、2011年，鉴定的时间为2009年、2010年，与伟某公司实际交易的时间不符。其三，鉴定报告未体现汇率对利润率的影响。其四，鉴定报告体现百某公司的利润与伟某公司上报税务机关的毛利润不符，前者高于后者。因此，以李某某在百某公司期间负责的鞋帽部所有的经营利润为基础来计算利润率，鉴定对象不当，认定造成损失的依据不足。

在蒋案中，关于蒋某辉及其辩护人、武某军及其辩护人提出的大某公司与双某公司产品价格相差巨大，一审计算权利人损失有误的辩护意见，法院认为，“如涉案技术信息构成商业秘密，双某公司生产、销售相关产品的数量就代表着大某公司失去了相同数量的交易机会。一审以大某公司生产、销售相关冷芯盒射芯机的产品利润乘以双某公司产品销售总数所得之积作为损失的计算方式，具有合理性，更符合刑法条文中对于权利人损失的界定。故该上诉意见不成立，本院不予支持”；关于蒋某辉及其辩护人、武某军及其辩护人提出应以零部件利润作为损失计算依据的上诉意见，法院认为，“法律规定，侵犯商业秘密行为的损害赔偿额，可以参照确定侵犯专利权的损害赔偿额的方法进行；侵犯发明、实用新型专利权的产品系另一产品的零部件的，根据零部件本身的价值及其在实现成品利润中的作用等因素合理确定赔偿数额的做法，只适用于确定侵权人因侵权所获得利益的计算，而非权利人所受损失的计算。故该上诉意见没有法律依据，本院不予支持”。

六、生效民事裁决对刑事案件相关事实的效力

生效民事裁决在相同证据的情况下，对刑事案件中同一事实的法的适用应当统一。生效民事裁决确认的事实如存在问题应依相关程序予以纠正，在被撤销前，有关生效民事裁决基于相同的证据，对同一事实的认定就具有法律效力，对后续其他的裁决有约束力。

在捷某公司案中，法院认定，生效民事裁决已确认北京捷某公司、郭某等人侵犯青岛捷某公司商业秘密的事实，也即确认了涉案模具技术属于商业秘密，涉案模具技术的归属属于知识产权的确权问题，已经生效的民事裁决虽未在主文直接确认有关模具技术的归属，但认定北京捷某公司及郭某等人侵犯青岛捷某公司商业秘密本身就隐含了上述前提，即涉案模具技术属于青岛捷某公司。

但因民事诉讼遵循的“谁主张、谁举证”原则，同刑事诉讼“控方承担证明责任”举证基本原则的差异，以及民事诉讼“高度盖然性”证明标准，同刑事诉讼“排除合理怀疑”证明标准的本质差异使然，同等情况下，法的适用统一性原则应当允许存在例外。

综上，本文学习总结了实务中侵犯商业秘密案件的一些共性焦点问题。需要指出的是，由于商业秘密本身的秘密性、价值属性，决定着实务中本罪可能涉及各个商业领域的专业知识，对鉴定类证据具有一定的依赖性。辩护工作中要注重

钻研专业领域知识，研究鉴定类证据的合法性问题，核查鉴定类证据当中的专业性问题，积极采取申请鉴定人出庭接受质证、申请专家证人就专门问题提供咨询意见，或出庭说明情况等质证手段，是必要也是有益的。

《刑法修正案（十一）》热点罪名实务研究之非法吸收公众存款罪争议点梳理

继“套路贷”“职业贷”入刑后，《刑法修正案（十一）》不仅明确对非法讨债行为进行严厉惩处，还将采取暴力、“软暴力”等手段，“职业催收高利贷”规定为犯罪，加大打击民间高利贷次生违法犯罪的力度。非法吸收公众存款罪在犯罪构成不变的前提下，法定最高刑由十年有期徒刑提高到十五年，使人多、钱多、案卷多的非法吸收公众存款案件的罪刑之争再一次引发关注。

就非法吸收公众存款罪而言，除去理论上对非法吸收公众存款罪扩大化的争议，由于《刑法》第一百七十六条并未对“非法”“公众”“存款”以及“变相吸收”等概念作出界定，使实务中非法吸收公众存款罪的认定颇具争议，比较集中于**本罪与民间借贷的界限、单位犯罪之罪与非罪、共同犯罪成员之间的责任区分、未直接参与吸存者的罪罚问题以及如何界定不特定对象的范围、犯罪数额的计算、退赃等情节对量刑的影响几个方面**。

在笔者经办的非法吸收公众存款犯罪案件的辩护工作中，也不外乎从以上角度出发提出辩护观点，多能获得判决认可。为系统总结类罪实务要点问题，根据笔者有限的实务经验，参阅文献著述、实务判例及ALPHA大数据检索，对非法吸收公众存款罪在实务当中的常见问题梳理如下：

一、非法吸收公众存款罪与民间借贷的界限

民间借贷的空间已经逐渐压缩，甚至有边缘化倾向。金额大、人数多就可能涉嫌犯罪。对于“涉众”特征不明显或有争议的非法吸收公众存款案件，通常偏重考察是否通过媒体、推介会、传单、手机短信等途径向社会公开宣传，对集资

参与人与被告人之间的关系背景、借贷形成原因等方面，进行实质考察。

例如，（2017）湘1225刑初25号刑事判决书中查明，集资参与人李某某、宋某某（系李某某好友）是在核实了被告人廖某所承包工程项目属实的情况后，才决定借款给廖某。借款后，二人在被告人廖某承包工程的工地做事，“前为借贷，后为合伙”，为特定对象。

二、单位犯罪之罪与非罪

在非法集资类犯罪中，辩称案涉行为属单位犯罪，意图减轻涉案自然人之罪责，或者公诉机关指控涉案单位构成单位犯罪，但未被人民法院判决支持的情形十分多见。不被采纳的理由主要为：

（一）以实施违法犯罪活动为主要活动，不构成单位犯罪

例如，（2019）川0411刑初66号刑事判决书认定：被告单位攀枝花怡某康养服务有限公司在设立后，便以实施非法集资犯罪活动为主要活动，系被告人母某友等人非法集资的工具，依法不以单位犯罪论处。

（二）擅用公司名义不构成单位犯罪

例如，（2017）陕0829刑初14号刑事判决书认定：被告人贾某某以他人名义作为股东、成立公司，在公司成立后，虽以公司名义向外吸收存款，但并未召集股东会，属擅自所为，故不宜以单位犯罪论处。

（三）个人盗用单位名义不构成单位犯罪

例如，（2016）冀0183刑初第157号刑事判决书认定：被告人张某注册成立三某果蔬种植专业合作社后，超越公司经营范围，以让群众投资入股合作社的名义，以高回报率为诱饵，通过各村镇代办员向社会公众募集资金，违法所得由其个人和家庭成员所有，个人为非法获利赚取利息使投资款项未能追回，明显体现了被告人以实施犯罪为主要活动，且被告人个人盗用合作社名义实施犯罪，应依照刑法有关自然人犯罪的规定定罪处罚。

（四）一人公司不构成单位犯罪

例如，（2017）川1381刑初216号刑事判决书认定：二被告人成立的一人公司不具有独立承担决策和执行的行为意志和能力，不具有独立的公司人格，只有二被告人（自然人）才有实施非法吸收公众存款犯罪的目的和动机，因此依法应当由二被告人承担刑事责任。

三、共同犯罪中主从犯的认定

对资金有管理、操作权，对普通工作人员有管理职责，属于非法集资活动中的实际管理者、经营者，或者直接面向公众“开展吸存业务”的具体操作者，一般认定为主犯。同为主犯或同为从犯，仍可进一步区分主、次。

（一）帮助行为和从中获益是判断构成共同犯罪的双重标准

例如，本人知晓自己的身份信息被用于公司设立登记，又明知公司进行非法集资等违法犯罪行为，仍配合进行公司登记的，被认为是违法犯罪行为的“帮助行为”。但根据《最高人民法院、最高人民检察院、公安部关于办理非法集资刑事案件适用法律若干问题的意见》，构成非法集资共同犯罪必须满足以下条件：一是为他人向社会公众非法吸收资金并提供帮助；二是从中收取代理费、好处费、返点费、佣金、提成等费用。没有从中收取代理费、好处费、返点费、佣金、提成等费用的帮助行为，不构成非法集资共同犯罪。见（2015）乐中刑初字第117号刑事判决书。

（二）财务人员的主从犯的认定

对公司资金进行管理的财务人员，参与非法集资重大事项决议的财务负责人或者主管人员，在犯罪过程中起重要作用，一般应当认定为主犯。其他财务工作人员，根据主管人员指示开展财务工作，对集资款项并不具有自主支配的权力，一般以从犯论。见（2017）川0108刑初739号刑事判决书。

（三）中途离职人员之罪责

参与过非法集资，出于逃避责任追究等考虑，在案发前已离职，反映出行为人对非法集资活动的非法性质具有明确认识，故应认定其具备共同犯罪故意和行为，对其入职后、离职前的非法集资行为承担法律责任。此处需注意审查是否已过追诉时效。见（2018）津0116刑初80041号刑事判决书。

（四）中途加入非法集资共同犯罪的认定

明知系非法集资违法犯罪活动，仍加入并参与其中，或者虽加入时不明知系非法集资违法犯罪活动，在工作中能够认识到是非法集资违法犯罪活动仍参与其中的，应当对其参与运营后的非法吸收公众存款数额承担法律责任。见（2019）冀0682刑初15号刑事判决书。

四、未直接参与吸收存款者的罪罚问题

实务中，对业务人员、行政人员、后勤人员或者技术人员，非“一线”的一般员工的罪责问题认定存在一定争议。

1. 主观上认识到所在单位实施的是非法集资违法犯罪行为，不接触非法集资核心业务，客观上从事的并非非法集资客观要件的直接关联行为的“中性业务工作”，对违法犯罪活动仍具有支持作用，**实务中认为仍然具有刑事违法性，属于非法集资得以运营的辅助行为，仅在量刑时酌予考虑**。见（2019）冀0407刑初125号刑事判决书。

2. 主观不具备违法性认识，客观上实施的并非非法吸收公众存款罪客观要件的直接关联行为，无罪辩解与客观事实、证据相符的，不认为是犯罪。见（2019）冀0624刑初147号刑事判决书。

3. 虽然在非法集资单位挂有虚名或虚职，但**确实没有参与公司日常行政事务管理和具体活动的，不构成犯罪**。见（2017）粤1302刑初1474号刑事判决书。

五、不特定对象的认定

司法解释虽然对“公众”“亲友”“单位内部人员”进行了规定，但实务中仍然不容易把握。

（一）以发展会员方式变相向公众吸收存款

比如，在正常推销会员服务后，面向已成为本公司稳定会员的消费者吸收存款的行为，是否为“变相向公众吸收存款”？我们认为，要区分吸收存款的意图产生于会员稳定之前还是稳定之后。如果在消费者主动成为会员之后，因生产经营需要产生吸收存款的意图，且仅以现有会员为对象吸收存款的行为，应当认定为对象特定，不构成非法吸收存款犯罪。反之，如果以吸收存款为目的，先通过正常的会员制度吸引消费者购买会员服务成为相对特定的会员客户，再向其吸收存款的，仍属于面向公众变相吸收存款。见（2019）川0411刑初66号刑事判决书。

（二）放任向社会公众扩散的认定

在吸收资金时宣称只允许特定范围的人，如村民、企业内员工入股，但实际吸收资金的范围已经超出“设定”范围，应认定为“明知吸收资金的信息向社会公众扩散而予以放任”，被告人的行为应予定罪。见（2017）鲁0683刑初439号刑事判决书。

（三）面向工友、亲友、熟人的借款

客观上用于生产经营或确有生活需要，集资借款的对象特定、范围有限，不属于面向社会公众，不具有吸收存款、破坏国家金融秩序的主观故意，其行为没有达到破坏国家金融秩序的程度。见（2019）皖0223刑初68号刑事判决书。

六、犯罪数额及赃款去向对罪刑的影响

《最高人民法院关于审理非法集资刑事案件具体应用法律若干问题的解释》（法释〔2010〕18号）第三条第四款规定：“非法吸收或者变相吸收公众存款，主要用于正常的生产经营活动，能够及时清退所吸收资金，可以免予刑事处罚；情节显著轻微的，不作为犯罪处理。”

（一）犯罪数额属于专业问题，不得由司法人员自行计算

由于非法吸收公众存款数额的认定关系到被告人的定罪量刑，这类案件也往

往牵涉众多银行账户流水清单及票据等，公、检、法三家的办案人员均不具备此类专业技术水平，由办案人员自行计算难免存在计算错误的情形，故需委托第三方有资质的专业机构进行审计，方能得出最准确的数额。见（2016）粤02刑终185号刑事判决书。

（二）对审计报告的审查

由于非法吸收公众存款等涉众型犯罪的复杂性，在侦办、起诉甚至审判阶段，涉案金额、人数以及退赃、本利计算等问题常常难以达到精确性要求。审计报告常常只能就现有证据进行专业分析。有鉴于此，司法机关通常对涉案金额不做精确要求，仅在定罪量刑时酌予考虑。在其他涉及财物价值不明确，但基本定罪事实可以确认的案件当中，没有精确的财物数额，但定罪并酌情量刑的情形也多有所见。见（2016）鲁0831刑初27号刑事判决书。

（三）共同犯罪行为人犯罪数额的认定

与犯罪集团定罪量刑基本原则类似，非法吸收公众存款罪涉案犯罪嫌疑人、被告人通常人数众多，处罚仍遵循全案主犯对全部涉案犯罪事实负责、从犯对其参与的犯罪数额负责的原则。需要注意的是除全案主犯外，跨区域的非法集资行为，常常还涉及各区域犯罪事实的主、从犯罪责问题。亦即在集团式非法集资行为中为从犯，仍可能在区域犯罪行为中为主犯，主从犯具有相对性。见（2016）鲁0831刑初27号刑事判决书。

（四）赃款去向对定性的影响

非法吸收公众存款罪与集资诈骗罪的主要区分是主观上是否具有非法占有公众存款的目的。如果集资后并不用于生产经营活动，肆意挥霍了集资款，或者故意隐匿集资款、拒不交代去向致使不能返还的，实务中将被认定为集资诈骗罪。见（2016）粤02刑终185号刑事判决书。

（五）被告人本人、亲友以及单位内部职工集资额的扣除问题

“针对特定对象吸收资金”不是非法集资犯罪行为。因此，被告人本人及亲友、内部职工的集资款，不应以非法集资性质论。被告人之间具有管理和被管理关系、层级关系的，被管理者、下一层级被告人及其亲友的集资金额，不应在管理者和上一层级被告人的集资金额中扣除，但应在本人的集资金额当中扣除。见（2015）乐中刑初字第117号刑事判决书。

（六）案发前归还的利息是否计入本金

鉴于本案案发前已有部分集资参与人本金已全额归还，该部分人所获利息又没有追缴在案，且现有证据没能确认该部分人及所获具体利息，也没有排除现有集资参与人所获利息大于现尚未归还本金这一可能性，故对现有集资参与人本金尚未归还的，其所获利息不宜予以折抵本金。见（2015）乐中刑初字第117号刑事判决书。

（七）集资款用于正常生产经营活动且退赃，免罚

被告人非法吸收的款项，主要用于正常的生产经营活动，案发前后被告人进行了退股、退款，被告人实际吸收资金的对象绝大部分是本村村民，被告人的行为未造成重大损失和严重后果，犯罪情节轻微，可对被告人免予刑事处罚。见（2017）鲁0683刑初439号刑事判决书。

七、结语

司法活动有其自有规则，法的确定性决定着公民自由的边界。非法吸收公众存款罪，《刑法修正案（十一）》调高了其法定刑，对案涉各种问题的关注必将更为激烈。**根据“重法不溯及既往”的溯及力原则，是否适用修订后的罪刑规范需以法定刑高低为衡量标准。对于法定刑提高后，但属于《刑法修正案（十一）》实施前的行为，理当按照从旧兼从轻的原则，适用《刑法修正案（十一）》实施前的行为时法。**

我们知道，当前一些判决还存在说理不透彻的问题，证据引述或焦点阐述常有人为剪裁或选择的痕迹。而无罪判决大都会将控、辩观点详加引述，辅以审判人员精心组织的论证过程，得出无罪的结论。

阅读无罪判决仿佛身临“控辩审”的辩论现场一般，省去了很多程序性过程的枯燥，径自找到核心焦点反复琢磨。针对热点罪名的生效判决的学习和分析，尤其是对无罪判决的研究，大有裨益。

第五讲　其他常见犯罪辩护要点

作为刑事辩护律师，应当对常见犯罪及常见犯罪中的多发问题了然于胸，作为工作的基石。在此基础上，再因案而异。

——作者题记

单位犯罪无罪辩护要点及错案赔偿问题的提出

我国单位犯罪的概念在1987年1月22日第六届全国人大常委会通过的《海关法》第四十七条第四款规定中首次出现。1988年1月21日全国人大常委会《关于惩治贪污罪贿赂罪的补充规定》和《关于惩治走私罪的补充规定》正式将单位确立为刑事犯罪主体。

一、单位犯罪的基本特征

根据我国《刑法》第三十条的规定，单位犯罪，是指公司、企业、事业单位、机关、团体为单位谋取非法利益或者以单位名义，经单位集体研究决定或者由负责人员决定，故意或者过失实施的犯罪。可见，我国单位犯罪与自然人犯罪相比，具有法定性、单位意志和利益整体性三项基本特征。

（一）单位犯罪的法定性

单位犯罪的法定性特征包括犯罪主体法定性和单位犯罪罪名法定性两个方面含义：单位犯罪主体法定性是指单位需为依法批准设立、成立或者注册登记的，具有独立承担行为能力的公司、企业、事业单位、机关、团体；单位犯罪罪名法定性是指在刑法分则条文当中有专门关于单位犯罪的规定的，才能构成单位犯罪。实务中，单位犯罪主体法定性问题存在较多争议。

1. 无法人资格不构成单位犯罪。例如，（2013）温平刑初字第235号刑事判决书认定：平阳县昆阳镇某街副业队系无法人资格的普通合伙企业，不属于单位犯罪的犯罪主体，不构成单位犯罪，应以自然人犯罪追究行为人的刑事责任。

2. 村民委员会、居民委员会以及社区组织等不能构成单位犯罪。例如，（2019）粤5203刑初117号刑事判决书认定：村民委员会是村民自我管理、自我教育、自我服务的基层群众性自治组织，不属于《刑法》第三十条列举的范围。

3. 单位内部设立的部门和机构需具有独立的承担责任的能力。例如，（2017）鄂0822刑初56号刑事判决书认定：林某平、程某、闻某送现金及轿车的行为，给予对象系康某公司，康某公司作为被告单位的二级单位具有独立法人资格，具备独立的刑事责任能力。

4. 团体需为经法定登记备案的合法团体。例如，（2018）湘1023刑再3号再审刑事判决书认定：因查明太某经管会未经县编办登记注册，它不属于公司、企业、团体等法人单位和团体组织，不构成单位犯罪。

5. 单位名称变更的，应当确认犯罪主体为变更前实施犯罪行为的登记主体，但要以变更后的单位为被告单位。例如，（2016）冀0304刑初38号刑事判决书认定：关于主体身份。某港务局引航公司于1994年5月成立，于2015年1月注销。而2014年5月某港引航站才注册成立为事业单位法人。因此本案中公诉机关指控所涉及的事实均系某港务局引航公司所为，而非某港引航站所为。

6. 需以单位名义做出。例如，（2015）乐中刑初字第117号刑事判决书认定：涉案公司之间并不具有法律规定总公司与分公司或子公司的关系；本案非法吸收公众存款犯罪活动不是以天某公司名义实施的，不构成单位犯罪。

（二）单位犯罪的意志的整体性

单位实施的危害行为，不论以作为还是不作为形式呈现，都是单位领导集体或负责人员的领导、组织、决策、指挥行为与直接责任人员的实行行为构成的有机整体，二者缺一不可。

例如，郭某文生产、销售伪劣产品单位犯罪判决书［最高人民法院公报案例，摘自最高人民法院司法观点集成（第三版）刑事卷2第633页］提到：郭某文提出“系单位犯罪”，经查，光某蓄电池厂只是在郭某文要求帮忙的情况下，在郭某文签订的购销合同上加盖了公章。该厂对郭某文生产、销售伪劣产品纯属其个人行为，故“系单位犯罪”的上诉理由不能成立，不予采纳。

再如，林某华等走私普通货物案（《刑事审判参考》指导案例第18号）指出：本案被告人用来进行走私的四个公司中，宏某公司是林某华与其妻兄共同注册的有限责任公司，属于《刑法》第三十条所指的“公司”，但该公司实际由林某华个人出资、控制，走私的决定是林某华基于个人意志所做出的，违法所得亦归林个人所有，依解释规定不符合单位犯罪的条件；此外，宏某公司虽不是为走私而设，但1997年以后，该公司就是以进行走私为其主要活动，不能以单位犯罪论处。

（三）单位非法利益的整体性

司法实践中，单位犯罪中的非法利益并非一定得到实现。无论是否实现，都应以为了单位的利益，故意或过失所实施的危害社会（行为），而非为了个人，作为单位犯罪与个人犯罪的分水岭。

例如，（2017）浙02刑初119号王某诈骗罪一审刑事判决书认定：王某以单位名义实施诈骗，但违法所得并非归该单位所有，不构成单位犯罪。

（2015）乐中刑初字第117号刑事判决书认定：没有确实、充分的证据证明星某融资公司向社会公众吸收的资金主要或全部用于“天府 · 某城”，不宜认定天某公司构成单位犯罪。

（2017）鄂0822刑初56号刑事判决书认定：账外暗中收取费用的主体并非沙某县住房和城乡建设局，故公诉机关指控该单位犯单位受贿罪的依据不足。

（2010）杨刑再初字第5号刑事判决书认定：徐某某除要求购货单位以支票形式支付车款外，再以现金形式返利，未经景现公司讨论决定，亦无证据证实景现公司事后获取上述返利款。故景某公司犯非法经营罪罪名不能成立。

二、单位犯罪重点罪名的无罪辩护要点

（一）合同诈骗罪

合同诈骗罪，是指以非法占有为目的，在签订、履行合同过程中，采取虚构事实、隐瞒真相的手段，骗取合同相对方财物的行为。认定单位构成合同诈骗罪，必须有确实、充分的证据证实犯罪行为出自领导层并经由决策程序决意实施，违法所得归属犯罪单位。

1.非法占有目的审查。例如，（2016）川刑终357号刑事判决书认定：政某公司和张某将保证金主要用于政某公司的经营，无隐匿、挥霍、转移资金的行为；政某公司和张某在明知合同不能履行时，未逃避责任，多次积极与广东五某公司协商并书面承诺赔偿损失；政某公司在拥有巨额资产的同时负有巨额债务，资金紧缺是政某公司面临的客观现实也是公司经营中必然出现的阶段性现象，因此不能及时归还保证金系事出有因，不足以认定拒不归还或具有非法占有的目的。

2.“虚构事实、隐瞒真相”的审查。例如，（2017）鄂01刑终1280号刑事判决书认定：鑫某公司确实未经天某公司同意或者追认就以天某公司的名义与三某公司签订了施工协议，也在《协议书》上加盖了伪造的天某公司公章及其法定代表人印章，其行为看似符合冒用他人名义签订合同的情形，但因鑫某公司与天某公司、木某公司之间名义上是联合开发，实际上为土地使用权转让。根据《协议书》的约定，鑫某公司可以以天某公司、木某公司名义从事合作范围内的对外招投标和发包工程项目，而不需要天某公司、木某公司另外授权。故鑫某公司虽然实施了冒用他人名义签订合同的行为，但不能证明其主观上具有非法占有之故意，其行为尚不构成刑事诈骗行为。

3.注意审查不能返还资金或不能继续履约的客观原因。仍以鑫某公司合同诈骗案为例，判决书认定：鑫某公司收到该500万元履约保证金后，全部用于支付公司所欠工程款、货款、塑钢窗工程款、报销、设计费、税款、社保费等，并未用于非法活动或个人支出，于2015年1月4日与天某公司签订《合同解除及清算

协议书》，鑫某公司将未退还三某公司剩余保证金人民币300万元列入移交清单之中，愿意退还上述保证金。

4.注意审查单位负责人个人“隐匿”对单位犯罪认定的影响。仍以鑫某公司合同诈骗案为例：上诉人李某作为鑫某公司的实际负责人虽然离开武汉，失去联系，有躲避债务之嫌，但本案涉嫌单位犯罪，鑫某公司的法定代表人李某某自李某离开公司后负责公司的日常经营和管理，且多次与三某公司商谈退还保证金事宜，并于2014年11月19日、21日向三某公司王某退还了履约保证金共计人民币200万元……可以证明鑫某公司及其法定代表人并未回避、失联，也不能以李某的失联来推定鑫某公司逃匿。

（二）非法吸收公众存款罪

非法吸收公众存款罪，是指违反金融法规规定，非法吸收或变相吸收公众存款，扰乱金融秩序的行为。其客观方面表现为行为人实施了向不特定的群体吸收存款的行为。

1.注意审查集资对象是否具有不特定性。例如，（2000）苍刑初字第492号刑事判决书认定：被告单位苍南县龙港镇某村民委员会在村民的要求下，以预收街道设施费的名义向本村23岁以上男性村民收取集资费，其集资对象是特定的，此行为的客观要件与非法吸收公众存款罪的客观要件不符。故被告单位的行为不构成非法吸收公众存款罪。

2.注意区分单位犯罪与个人犯罪。例如，（2019）川0411刑初66号刑事判决书认定：被告单位攀枝花怡某康养服务有限公司在设立后，便以实施非法集资犯罪为主要活动，系被告人母某友等人非法集资的工具，依法不以单位犯罪论处……公诉机关对被告单位构成单位犯罪的指控不成立。被告人及辩护人关于本案应构成单位犯罪或者无罪的辩护意见，均不予采纳。

3.注意划分审查非法吸收公众存款单位犯罪中各层级人员主从犯责任。例如，（2019）冀0407刑初125号刑事判决书认定：被告人李某作为单位犯罪的其他责任人员，在共同犯罪中起次要作用，系从犯，故依法从轻、减轻处罚或者免除处罚。

（三）单位行贿犯罪

根据《刑法》第三百九十三条的规定，单位为谋取不正当利益而行贿，或者违反国家规定，给予国家工作人员以回扣、手续费，情节严重的，构成单位行贿罪。应当注意审查是否符合“权钱交易”特征，即是否谋取不正当利益。最著名的案例当属物某集团单位行贿再审无罪案。

物某集团给付赵某30万元的时间与赵某担任泰某公司监事、董事提供劳务的时间并不相符，二者之间缺乏关联性。物某集团给予赵某30万元好处费，属于违反国家规定，在经济活动中账外给予国家工作人员手续费的情形。但具有以下情节：（1）没有第三方参与股权收购，不存在排斥其他买家、取得竞争优势的情形，双方的交易没有违背公平原则。（2）在没有第三方参与情况下，并非为谋取不正当利益。（3）转让价格等均系多次讨论研究决定，物某集团没有获得不正当利益，国某总社的利益亦未受到损害。（4）赵某仅起到沟通联络作用，没有为物某集团谋取不正当利益。

物某集团向李某3公司支付500万元一节：1. 张某中只是被动接受了陈某1的要求。2. 梁某在股权转让过程中没有为物某集团提供帮助，物某集团也没有因此获取任何不正当利益。3. 股权转让后，物某集团支付500万元系被李某3索要，并没有为谋取不正当利益而行贿的主观故意。

（四）对单位行贿罪

要注意审查是否有对职务行为的收买特征。行贿、受贿犯罪虽然不是严格的对合犯，受贿罪不必然有对应的行贿罪（例如，行贿人被索贿且没有谋取不正当利益的，不构成行贿罪），但受贿罪事实中必定有行贿人和请托事项的存在。

例如，（2015）饶中刑二终字第18号刑事判决书认定：上诉单位现某路桥公司以及上诉人刘某甲在主观方面，没有对单位行贿和单位受贿的故意，其参与招投标的目的，是创造利润保证国有资产的增值。在客观方面，其在招投标过程中作为平等的民事主体与其他单位参与市场竞争；虽然通过金钱买卖了公司的投标资质，但是在此过程中不存在金钱与权利的交易。在客体上，虽然违反了财务规章制度，但是没有侵犯职务行为的廉洁性和不可收买性。

（五）单位受贿罪

没有公权力的事业单位不构成单位受贿犯罪主体。例如，（2016）冀0304刑初38号刑事判决书认定：1. 单位受贿罪的主体包括事业单位，但没有公权力的事业单位或某项业务不具有公权力时，不能构成单位受贿罪的主体。引航站就是没有公权力的事业单位。2. 引航机构引航船舶并收取费用的行为系经营行为。为节省成本增加了引航员的工作难度和风险，因此多收取的引航费，虽没有收费依据，但不构成单位受贿犯罪。

三、单位犯罪无罪辩护一般要点

1. 因超过追诉时效无罪。例如，（2015）镇刑初字第188号刑事判决书：被告单位某公路局2003年向国家工作人员李某、周某行贿40万元。2015年1月13日公诉机关立案侦查，犯罪已过十二年之久，且公诉机关未提供诉讼时效中断或延长的证据，故某公路局的犯罪已超过追诉时效，应终止审理。

2. 刑事合规证据排除单位犯罪故意。例如，（2016）川1321刑初166号刑事判决书认定：南某县药业公司按照市场经济营销管理模式制定了营销纲要，明文规定禁止药品销售人员有任何形式送礼及行贿等商业行为，一经发现公司将终止劳动合同，责任由销售人员自己承担。被告人邓某甲违反公司营销管理规定，以个人药品销售提成的劳务报酬向邓某乙、杨某某、范某进行商业行贿行为，不是单位行贿。

3. 存疑有利于被告人／被告单位。例如，王某梅、王某斌、陈某平走私普通货物、虚开增值税专用发票案（《刑事审判参考》指导案例第336号）指出：以单位名义实施走私犯罪，没有证据证实违法所得被实施犯罪的个人占有或者私分的，应当根据有利于被告人的原则，认定为单位走私犯罪。

4. 未经公司决策程序，不构成单位犯罪。例如，（2017）甘11刑终12号刑事判决书认定：本案上诉单位的法定代表人李某平违规擅自将其公司的资质借给被告人黄某科、金某虎使用，二被告人既不是公司的股东，也不是公司的管理者、决策者和法定代表人。二被告人为了谋取自身的不正当利益给他人行贿，不属于单位行为意志的表示，不符合单位犯罪的法定构成要件。

5. 以单位名义进行，违法所得归个人所有的，不是单位犯罪。例如，（2015）泰兴刑初字第78号刑事判决书认定：被告人徐某、任某明知不符合条件而基于个人因素接受请托，违反规定发放贷款，是两被告人的共同个人意思表示，并非单位意志的体现，板某支行不构成单位犯罪，故对此辩护意见，本院不予采信。

再如，（2015）乐中刑初字第117号刑事判决书认定：虽然星某融资公司是依法成立，具有独立法人资格，但该公司实际由周某个人出资购买、控制，其购买星某融资公司主要用于向社会公众吸收存款，故星某融资公司不构成单位犯罪。辩护意见与法律规定不符，本院不予采纳。

四、单位犯罪错案的危害及国家赔偿问题的提出

我国《刑法》第三十一条规定："单位犯罪的，对单位判处罚金，并对其直接负责的主管人员和其他直接责任人员判处刑罚。本法分则和其他法律另有规定的，依照规定。"本条是我国单位犯罪以双罚制为主、单罚制为辅的法条渊源。我国《刑法》分则中，共规定了147个双罚制单位犯罪罪名、16个单罚制单位犯罪罪名；在147个双罚制单位犯罪罪名当中，有37个罪名规定了对单位判处罚金刑、110个罪名规定对单位和相关责任人员均判处罚金刑。

（一）我国单位犯罪错案国家赔偿的立法现状

2012年，我国《国家赔偿法》修正颁布，明确了"法人和其他组织"取得国家赔偿的权利，但就单位犯罪刑事错案的国家赔偿，却只字未提：一是没有将单位犯罪主体纳入国家刑事赔偿的对象当中来。根据《国家赔偿法》第十八条的规定，违法对财产采取查封、扣押、冻结、追缴等措施的"受害人"而不是"受害人或受害单位"，有取得国家赔偿的权利。二是没有将罚金刑列入赔偿范围。"查封、扣押、冻结、追缴等措施"，显然不包括对单位犯罪主体所判处的罚金刑。

（二）单位犯罪错案多发的危害

本文所举单位犯罪错案共24件，主要来自“北大法宝”、ALPHA系统的检索结果，少量（3件）为人民法院公报案例和其他公开途径收集。

1. 单位犯罪错案主要类型。24件单位犯罪无罪案例中，在一审判决中宣告无罪的12件，在二审判决中宣告无罪的10件，在再审判决中宣告无罪的2件。

2. 单位犯罪错案主要涉及罪名。24件单位犯罪无罪案件中，单位受贿罪3件5人，单位行贿罪4件5人，合同诈骗罪2件2人，非法吸收公众存款罪4件8人，非法占用农用地罪1件1人，滥伐林木罪1件1人，其他类9件9人。

（三）单位犯罪错案与自然人犯罪错案的比较

单位犯罪错案引发的国家赔偿责任，较自然人犯罪错案国家赔偿，更具复杂性。因为单位犯罪以双罚制为主、单罚制为辅，一旦发生错案，不仅涉及涉案单位中代替单位承担刑事责任的自然人（直接责任人、主要负责人）因错案受到侵害的权利的赔偿问题，还应包含单位本身的相关受损权益。尤其是公司类单位主体中的主要负责人、直接责任人，往往也是公司有效运转的轴心，与公司一荣俱荣、一损俱损。

（四）单位犯罪刑事赔偿的展望

我国当前财产权损害的刑事赔偿标准和方式只有“返还财产”“给付相应的赔偿金”“恢复原状”或者“给付拍卖所得的价款”几种。而且立法强调，“对财产权造成其他损害的，按照直接损失给予赔偿”。既没考虑到间接损失，更没有惩罚性机制。有违市场经济中的等价交换原则，也难以真正实现制裁的目的。公司法人负有纳税义务却不享有权利保障，显失公平。仅赔偿直接损失、不考虑企业资本的特定功能、采取限额赔偿的标准，显失公平。对纳税人赔偿请求权主体因错案遭受的停业损失、可期待利益损失、致第三人财产损失等均不予置评、理赔，显失公平。不足以防止对企业和企业家的挟私擅权，不符合党和国家关于切实保障企业和企业家合法权益的要求。

法者，治之端也。如果说“错案是公正司法的伤疤”，国家赔偿就是一个国家的良心。唯有以错案为鉴，在立法、制度机制、实务操作各具体层面，确立我国单位犯罪错案国家赔偿制度，才能真正实现我国的营商环境的优化，企业和企业家权益保障法治化。

诈骗类犯罪辩护及代理的几个问题

在司法实践中，诈骗类犯罪在全国刑事犯罪案件中占有极高的比重，也是刑辩业务比较集中的一个罪名。最高人民法院2001年1月21日下发《全国法院审理金融犯罪案件工作座谈会纪要》（法〔2001〕8号），对金融诈骗罪“非法占有目的”作出了明确规定，“非法占有目的”对诈骗类犯罪的定罪意义几无争议。但是，诈骗类犯罪主观非法占有故意的事实认定、证据规格、推定原则等实务问题仍然存在诸多争议，引起与民事欺诈、经济纠纷界限不清的问题。实务中对此类争议案件的主观要素大量依靠刑事推定、法官的内心确认，定罪标准混乱，引起控辩的尖锐分歧。

围绕这一分歧，立法机关、司法解释机关、理论界、司法和辩护实务界都有比较多的专门论述。应当肯定的是，近几年的辩护工作中，我们可以体会到司法机关对一些确实存在疑难的争议突出的案件的处理，态度更趋于慎重，证据规格更加严格，对辩护人意见的重视程度也有大幅度的提高，无罪判决或者无罪化处理的案件大量涌现。笔者收集到的近五年来的合同诈骗无罪案件就逾50件，可见合同诈骗类案无罪率之高。

一、“刑民交叉”的概念问题

所谓“交叉”，一般是指方向不同的几条线或条状物互相穿过部分重合的间隔穿插。基于“交叉”的书面意义，“刑民交叉”似乎是一个案件既具有刑事犯罪性质，也具有民事纠纷性质，在某一点或某一部分有所重合。而我们日常使用的“刑民交叉”，一般意义上是指一个案件有刑事犯罪性质和民事纠纷性质的定性争议，难以界定究竟是属于刑事犯罪，还是属于民事纠纷。我们知道，刑事犯罪对法益侵害达到了犯罪程度，因而超出了民事争议的范畴进入刑事犯罪的领域，已经发生了质变。可以“先刑后民”，可以“刑民并行”，甚至不排除“先民后刑”，但绝对不能“以民代刑”。换言之，如果一个案件属于刑事犯罪的范畴，那么就只能在刑事犯罪的领域去研究和解读。

二、刑、民的界分——非法占有故意的认定标准

根据《刑法》第二百二十四条的规定，合同诈骗罪是指以非法占有为目的，在签订、履行合同过程中，骗取对方当事人财物，数额较大的行为。对于合同诈骗罪的行为人而言，签订合同的着眼点不在于合同本身的履行，而在于对合同标的物或定金的不法占有。判断行为人的行为是否构成合同诈骗罪，认定有无非法占有目的是关键。

非法占有目的既可以存在于签订合同时，也可以存在于履行合同的过程中。如何在司法实践中判断行为人的主观目的，应当根据其是否符合刑法所规定的具体行为，并综合考虑事前、事中、事后的各种主客观因素进行整体判断。《刑法》第二百二十四条列举了四种判断非法占有目的的情形：

1. 以虚构的单位或者冒用他人名义签订合同的；

2. 以伪造、变造、作废的票据或者其他虚假的产权证明作担保的；

3. 没有实际履行能力，以先履行小额合同或者部分履行合同的方法，诱骗对方当事人继续签订和履行合同的；

4. 收受对方当事人给付的货物、货款、预付款或者担保财产后逃匿的。

结合司法实践，除了上述四种情况之外，具有以下情况的也可认为行为人具有非法占有为目的：

1. 为了应付对方当事人索取债务，采用“拆东墙补西墙”的方法又与其他人签订合同筹措资金，以后次骗签合同所获得货物、货款、预付款、定金或者保证金归还前次欠款的；

2. 起初确实只是为了解决一时资金困难，采取欺骗手段与对方当事人签订合同以暂时获取周转资金，但在有能力归还资金的情况下却故意久拖不还的；

3. 收到对方货款、预付款、定金或者保证金后，不按合同约定内容履行合同，如组织约定货源、提供约定服务等，而是用于炒股或其他风险投资的；

4. 通过签订合同获取对方当事人交付的货物、货款、预付款、定金或者保证金后，挥霍浪费，致使上述款物无法返还的；

5. 根本没有履行合同的能力或者故意夸大自己履行合同的能力，骗取对方当事人的信任与自己签订合同，合同签订后又不积极努力设法创造履约条件履行合同以避免对方经济损失的。

以上是应然层面的法律规定。事实上，非法占有目的是存在于行为人内心的思想，司法中准确地证明行为人的内心真实意思并不现实。诈骗犯罪的非法占有目的这一属性使得对它的证明无法达到绝对可靠和绝对真实的程度（高铭暄《诈骗罪的主观目的认定》）。而刑事推定、司法官的内心确信减轻了控方的证明责任，增加了辩方的证明难度，在诈骗类犯罪中被普遍应用于对主观责任的证明过程中。对于刑事推定的概念的具体应用，实务界也掌握得不是很清晰。实际上刑事推定要建立在大量、确凿的基础事实之上，基础事实的证据规格、证明标准是不能降低的，否则刑事推定就是建立在沙石之上。刑事推定、内心确信的质量还依赖于法官和检察官的业务素质，这也可能使得辩方难以信服缺乏有效论证的推定结果（判决）。

根据主客观相一致的原则，结合在经济活动中发生纠纷的事实本身的复杂性，在具体判断非法占有目的的有无时必须依据行为人的行为特征、其自身的条件以及其他已存在的客观情况进行综合分析。

三、行为人非法占有目的不足及认定

被害人（单位）明知，没有陷入错误认识，没有证据证实被告人有非法占有目的的。我们的一起无罪案件，（2013）樟刑初字第89号，在本文中编为案例一。在这一案件中，我们立足控方证据，紧紧围绕控方不持异议的，骗取农机补偿款的被害单位——农机站，为完成积极获取国家补贴资金的工作任务而认可、支持被告人甲采取以28名农户名义申领补贴资金这一事实，深入论证了代表国家审核补贴申请、发放补贴款的被害单位积极促成了补贴的申领和发放，不存在一方虚构事实、隐瞒真相，另一方因受骗而陷入错误认识的问题，不符合诈骗犯罪的特征。本案中，被告人的行为是在所谓被害单位的积极授意下进行，资金也确实用于补贴对象，只是应要求变通了申领方式。被告人在蒙冤二年半后终获无罪释放。

为合同履行提供担保的。比如案例二，被害人是小额贷款公司，被告人乙向其提供了厂房、土地的使用权作为贷款抵押，取得了贷款，后因经营问题无法归还贷款，小额贷款公司以被告人乙在办理贷款过程中提供了虚假账目为由，向公安机关报案，后诉至人民法院。本案中，因抵押物客观真实存在，虽抵押权的实现存在一定困难但并非不可能，行为人乙主观上不具有非法占有目的，客观上也没有致使被害人承受实际损失。辩护意见获得采纳，起诉书指控的5000余万元诈骗犯罪事实未予认定，最后仅以伪造公司企业印章罪，判处有期徒刑十个月。值得一提的是，2018年，提供足额抵押排除非法占有目的以司法解释的形式被正式确立下来。

双方有长期的业务合作或者资金关系，互相对对方的资金状况非常清楚，被害人是否陷入错误认识事实不清的。比如案例三，被告人丙与“被害人”李某有长达十余年的长期、稳定的资金拆借关系，累计已借款几千万元，此前均能按期归还。后因李某身患重症，急于索回借款，并要求丙提供抵押物。丙于是将自己新购门市房一套，作价300万元与其签订了抵押合同。由于该门市房的所有权证尚未颁发，行为人伪造了一本内容为真、形式为假的房产证交给被害人，并且提供了真实的担保人作为补充担保。随后被害人也了解到房产证系伪造的事实。一年后，被告人丙为解决其经营困境，将其所有的门市又抵押给第三人，用作借款担保。李某知情后报案。本案中，李某与被告人丙之间有长期的资金往来关系，对行为人的资金状况、经营现状及还款能力均有所了解和预期。在其后的借款合同履行期间，丙应李某的要求追加提供门市进行担保，虽然提供了假房产证，但房产证证明内容和抵押合同仍然成立（未经法定登记而未生效）。至此，没有诈骗的问题。至于丙将真实房产证二次抵押，根据行为与责任同在的原理，也不能倒推借款时或者提供担保时就产生了非法占有的目的，且二次抵押也不足以损害李某的担保利益。更何况，行为人还提供了人保。

资金用于购买保值增值、风险小或基本没有风险的不动产或金银等财产，并且没有转移、隐匿行为的。比如案例四，丁与王某之间是十几年的朋友关系，双方各自经营公司。后丁准备投资某项目，邀请王某进行保底投资（提供资金，享受固定比例的高额回报，但不承担风险，名为投资实为借贷），被害人王某派驻了财务总监到丁的公司进行考查，在对项目进行充分了解后，便给丁打款3000万元。后因各种原因，项目未能如期开展，该款在推进项目过程中使用了一千余万元，丁购房使用了一千余万元，归还个人欠款及向他人出借款项几百万元。王某遂报案。本案中，第一，从双方长期的朋友关系、王某投资前的充分了解、磋商过程可见，王某的投资本身不存在被丁虚构事实、隐瞒真相、骗取资金的问题；第二，从项目的开展过程来看，行为人确实投入了大量的资金用于推进项目，表明其积极履行合同的意愿；第三，虽然丁有用涉案款项购房的事实，但其始终辩解买房是为了王某的投资款保值增值，且其始终主张以房抵债。至于其归还个人小额借款及消费的行为，所占比重极小，也不能体现出其具有非法占有的目的。

有证据证明有还款的意愿、能力的。比如案例五，戊属于中小城市的"富二代"，父母比较溺爱，其所有的挥霍行为都会由其父母埋单。后为了改变戊的挥霍习惯，其父母开始断绝其资金来源。于是戊通过不断地租赁车辆，再以车辆抵押换钱的方式，获得钱财用于归还前次车辆抵押贷款、赎回车辆再归还租赁公司，以及用于挥霍。其父母仍然帮助其偿还了大部分的贷款，将车辆归还租车行。终有一次，父母警告戊不会再为其代为偿还贷款。戊既不相信，也无法约束自己，且戊与赵某有一笔债权，于是认为自己还有这笔债权足以保障贷款的归还。后戊不能归还贷款，车辆被扣，租赁公司报警案发。经查，戊在案发前确曾多次向赵某索要债权，但赵某拒绝归还。考虑到成长背景、戊对赵某债权的真实性和索债事实的存在，法院认定其不具有归还车辆及贷款的主观目的，证据尚不确实，事实存在疑问。

对于诈骗案件，需要论证的一般都是不具有非法占有目的的问题。证据的不确实、推定的依据不充分、有相反的证据，等等。由于诈骗类犯罪往往发生在纷繁复杂的经济纠纷当中，经济活动的这种长期性、复杂性，有些公安机关办案人员采取掐头去尾的办法，只截取在相互交织、联系的多个事实、多个背景、长长锁链中的一个片断——具备“虚构事实、隐瞒真相”特征的事实片断，靠口供确定非法占有目的，或者干脆靠推定、内心确信来认定非法占有目的，而人为割裂该节事实的前因、背景、人物和经济活动之间的复杂关系。

在办理这类案件的过程中，立足基本事实，进行充分的扩展还原是必要的，将抽离的拼图放回他归属的版块当中去，才能充分地论证行为人是否具有非法占有的目的。那种仅通过“虚构事实、隐瞒真相”的片断事实，就推断行为人具有非法占有故意的做法是客观归罪，“以刑代民”，对当事人甚至当事人的企业、事业的打击是毁灭性的。

涉毒死刑辩护经验谈

五被告人被控贩卖毒品，一号被告人涉嫌贩卖冰毒40千克，二号、三号被告人是30千克，四号被告人是25千克，我们的当事人是四号被告人。其家属找到我们时，已经是庭审结束以后，判决作出之前。家属得知法院可能要将四号被告人同一号被告人一起判处死刑，才多方找到我们。家属说，庭审时辩护人几乎没提出什么有力的辩护意见。为什么四号和一号会被判处死刑？就因为四号是累犯吗？

《起诉书》中认定的第一起犯罪事实，是四号被告人去广州购毒10千克后，为了躲避公安机关的缉捕，把毒品丢弃在一个小区里，后来该毒品也未能查获扣押。这一经过有同案两名被告人的供述相印证，但没有任何证据证实里面装的确实是毒品。没有人打开包装检验，而且该毒品没有扣押在案，毒品的性质、重量完全凭当事人的口供，客观性无法考证。毒品是否是冰毒？纯度如何？此次系四号被告人第一次从上手处购买冰毒，有没有上手用其他物品代替冰毒交付的可能性？认定该10千克物品为毒品，且为冰毒，证据不足。以假充真的情况在贩毒案件中并不罕见，否则就不会有《最高人民法院关于适用〈全国人民代表大会常务委员会关于禁毒的决定〉的若干问题的解释》第十七条（现已失效），对以假毒品进行犯罪的定性：不知道是假毒品而当作毒品走私、贩卖、运输、窝藏的，应当以走私、贩卖、运输、窝藏毒品犯罪（未遂）定罪处罚。

另外，四号被告人在贩毒过程中，是前三名被告人的下线。是上线罪责更重，还是下线罪责更重？一般看哪一方对毒品交易的“贡献”更大。在同一宗未实际流入社会的毒品交易当中，上线同一手毒品犯罪分子直接交易，再转手其他下线的中间商，虽然在单笔交易的获利上看，赚取的差价较少，但从毒品流转的作用上看，没有上线也就无法完成毒品交易。

毒品犯罪，以流入社会的毒品数量为量刑的基本依据，流入社会的毒品数量越多，对应的刑事责任越重。本案中也是如此，虽然从获利数额上看，四号被告人加价较多，但从总体流入社会的毒品数量上看，四号被告人经手流入社会的毒品数量为14千克，而经一号被告人、二号被告人、三号被告人之手流入社会的毒品数量为40千克、30千克。

最不利的因素是，四号被告人系累犯。四号被告人的前罪罪名是掩饰、隐瞒犯罪所得罪，该罪名属于盗窃、诈骗等犯罪的下游犯罪，并且四号被告人是在前罪执行完毕之后仅差11个月满5年的情况下，濒临构成累犯的法定期限的“末期”实施了后罪，其恶性在累犯中是最轻微的。《刑法》规定，对累犯，应从重处罚，而不是“加重”处罚。其他主犯较四号被告人贩毒数量分别多出15千克、5千克的事实显然大于四号被告人的累犯情节。这一条实际附属于上一条，都是关于累犯对量刑的影响问题。虽然死刑立即执行和死缓不是两个不同的刑种，死缓只是死刑的一种执行方式，但显而易见这两种方式之间有着生与死的距离（差别）。综合全案事实，四号被告人虽然犯有贩毒重罪，但相较其他三名主犯的犯罪事实较轻，贩毒数量差距悬殊；四号被告人虽系累犯，但累犯情节相对较轻，相比较而言，无论如何不应比贩卖15千克的毒品罪责更重，社会危害性更大。

起诉书还提到四号被告人将毒品500克作为报酬送给五号被告人。500克相对于40千克，数量差距较大，但也有其问题。首先，数量应为400克。四号被告人始终供述将剩下的0.5千克取出400克，给了随其一同运输毒品的五号被告人。

而五号被告人对此事实供述反复，且在该人处搜缴的毒品种类、数量都超过四号被告人赠予的数量，不能排除该人从其他人手中买来毒品同四号被告人赠予的毒品混同的可能性。因此，四号被告人赠予他人的数量应认定为400克。其次，赠予的性质不同于贩卖。因为被赠予人没有贩卖毒品的故意，仅有同四号被告人共同运输毒品的犯罪故意，并取得共同运输毒品的犯罪报酬，是二人共同犯罪、共担风险的利益分配问题，不应将此笔毒品数量计入四号被告人贩卖毒品的数量之中。五号被告人同四号被告人一同运输，二人在共同运输环节构成共同犯罪，运输结束后四号被告人分给五号被告人毒品的行为，其性质属于分赃。

此外，四号被告人具有法定立功情节正在查办。四号被告人到案后，多次同办案单位、看守所管教、辩护律师联系，提供抓捕上线的线索，积极要求协助公安机关抓捕其他大毒枭，有立功线索尚未查实的，判处死刑应当特别慎重。

这一案件几乎涵盖了毒品犯罪的大部分辩点：孤证不能认定贩卖事实；毒品未在案时毒品的数量、性质问题；运输毒品共犯分赃问题；毒品上下线的罪责问题；毒品累犯应当如何把握从重处罚的幅度问题；毒品立功对死刑的影响问题；以贩养吸如何认定贩毒数量的问题等。

案例二比较简单。毒枭乙，贩毒5千克，案件本身没有太多争议，唯有一起立功事实没有得到认定。乙到案后带领公安机关前往某在逃毒贩住处抓捕未果，后该在逃毒贩就在该住处被其他公安机关抓获。

第一，被告人具有积极立功的态度，表现出其极大的认罪、悔罪决心。另外，被告人积极配合侦查机关侦查和司法机关的审判活动，认罪伏法，还多次提供了有价值的立功线索，属于《刑法》第六十八条规定的有效线索，虽未直接将在逃毒贩抓获，但这并非线索不真实所致。未能依举报线索查实犯罪的责任不能归于被告人。将此不利责任由被告人承担，违背了立法设计立功制度的初衷。

第二，《刑法》第六十八条规定的立功表现是指：犯罪分子有揭发他人犯罪行为，查证属实的；或者提供重要线索，从而得以侦破其他案件的。也就是说，从法条字面理解，犯罪分子揭发他人犯罪行为，只要满足查证属实的要求，即可构成立功。本案被告人揭发另案毒贩的主要犯罪事实并带领公安机关进行抓捕，所提供的信息均经查证属实，只不过最终该另案毒贩是经其他公安机关根据其他嫌疑人的立功线索查证属实并被抓捕归案的。

《最高人民法院关于处理自首和立功若干具体问题的意见》规定：检举揭发的线索经查确有犯罪发生，或者确定了犯罪嫌疑人，可能构成重大立功，只是未能将犯罪嫌疑人抓获归案的，对可能判处死刑的被告人一般要留有余地，对其他被告人原则上应酌情从轻处罚。根据该意见的精神，类比本案被告人的特殊情况，被告人揭发的他人犯罪事实已经查证属实，且已抓获归案。即使不认定为立功表现，也应当按照最高人民法院少杀、慎杀的原则，对被告人的判决留有余地。

涉毒犯罪死刑辩护的成功，首要以同案犯的横向（不同案件相同克数刑种刑期）的比较、纵向（同案主犯之间罪刑轻重）的比较，也可以将非同案的上线，克数显著高于本犯但并未判处死刑的判例找出来呈交法庭，力求同案同判。除此之外，就只能从程序方面着手。

程序辩护其实是一些浅显的技术问题。质疑所有证据的取得程序，只要拿出程序法条细细比照就可以，即便如此绝大部分律师也未必能很好地精准辩护。在涉毒死刑辩护中，要想引起共鸣、成功地说服中院、高院或者最高人民法院的法官，其实还需要在辩护中融入厚重的人文关怀。

在一些数量惊人的涉毒重罪辩护工作中，辩护律师往往会面临来自社会公众、被害人一方甚至自己内心深处的“纠问”。

《合理怀疑》一书中，辛普森梦幻辩护团的重要成员之一，著名教授、律师德肖维茨披露：辛普森案审理过程中的某个晚上，德肖维茨和他的妻子参加波士顿交响音乐厅的一场音乐会期间，一位女士走过来朝德肖维茨吼道：“你没资格听音乐。你不在乎正义。你只在乎胜诉。”德肖维茨答道：“你只对了一半。当我作为刑事被告的代理人（辩护人）时，我确实在乎胜诉——通过所有公平的、合法的、道德的方式。而这正是我们在这个国家试图达到的正义——通过双方对胜诉的追求，这被称为对抗制。”

公众很难理解“胜诉不是所有，而是唯一”（文斯 · 隆巴迪）。除非他们是被告人。毒贩给社会造成了复杂的问题，有人称之为社会肌体的“毒瘤”，但是他们也有受到公正司法审判的权利。即使要割掉“毒瘤”，也要按照程序进行消毒，进入无菌的手术室，使用消毒过的医疗器械，由专业的手术医生和护士确保健康的组织不被误切。

涉毒犯罪高死刑率的必要性已经受到越来越多的质疑。有大量的因各种各样的原因、困境、无知而偶然犯罪的被告人被判死刑系因唯“克数论罪”，造成我国涉毒犯罪的死刑率较高。更重要的是，重刑化并没有起到扼制毒品犯罪的作用。此外，涉毒案件中取证合法性问题也比较突出。一些重刑涉毒被告人控诉遭受刑讯逼供，或被以立功、自首、轻缓刑的许诺“欺骗”，甚至被“敲诈”。

毒品犯罪有高度的隐蔽性、流动性、即时性、无痕性、缺少人证的特征。除了种植或制造类涉毒案件，也很少有明确具体的犯罪结果和犯罪现场。在对涉毒犯罪高压打击的态势下，涉毒犯罪具体形式多样、种类较多，跨国性、地区性强，大毒枭有集团化、组织化甚至武装化的趋势，毒品犯罪分子通常具有很强的反侦查意识。

对侦查机关而言，采用常规侦查手段侦破毒品犯罪非常困难，很多情况下只有“人赃俱获”，当场缴获毒品和毒资才能证实犯罪。侦查方式单一、证据相对单一，证据获取手段具有特殊性，导致证据链条薄弱、证据问题集中等成为涉毒犯罪证据的突出特征。针对毒品犯罪的以上特殊问题，缉毒部门侦破涉毒案件的手段也具有极强的特殊性：技术侦查、特情侦查、犯意引诱、异地调查等侦查措施在涉毒案件中被普遍适用。

作为物证的毒品，在涉毒案件的定罪量刑中具有核心作用。如果没有缴获毒品，那么意味着毒品的种类、含量、重量“有没有”“是什么”“有多少”的问题无法证明。可以说，在办理毒品犯罪案件时，毒品这种实物是具有“唯一真实证明力”的证据。

如果没有缴获毒品，其他证据再多也发挥不了证明作用。而在“人赃俱获”的情况下，毒品物证的提取、保管、鉴定又成了重要的研究对象。在一起涉毒死刑案件二审中，我们通过对物证链条的解剖，找到了一审十几名律师都没发现的严重程序问题，粉碎了物证取得过程的合法化假象，通过当庭交叉询问侦查人员、鉴定人，揭露出物证毒品扣押、提取、送检、鉴定过程中的重大问题，辩护成功，两名被告人未被核准死刑。

在涉毒案件中，翻供的现象也比较普遍。对翻供和刑讯逼供的审查，一定要借助体检报告、同监室证人证言，尤其是同步录音录像。很多人知道向看守所调取体检报告，但有时体检报告上记录了嫌疑人入监时有一些外伤，但会解释为自己磕碰形成，将举证责任又转移给辩方。其实在嫌疑人最初进入侦查机关之时，在侦查机关专门设立的办案区就有体检、录指纹、检查身体、拍照等必经程序；进入办案区，除了卫生间，所有场所都必须配备监控视频设备，不允许出故障，出现故障应立即暂停并及时更换处理，还要记入笔录。同步录音录像中的内容，也有一些未按照嫌疑人自主供述如实记录的情况。有实质性变更的，应以同步录音录像中的供述为准。

毒品犯罪案件中涉毒物证的搜查、扣押、称量、保管、送检、鉴定等程序也是审查的重点，《最高人民法院、最高人民检察院、公安部关于办理毒品犯罪案件毒品提取、扣押、称量、取样和送检程序若干问题的规定》（公禁毒〔2016〕511号，2016年7月1日施行），对相关毒品物证的保管链条提出了极高的要求，不仅影响到物证的鉴真问题，也将对涉案毒品的鉴定对象的同一性形成影响。对毒品物证的鉴定则是涉毒案件辩护的另外一个重要突破口。《司法鉴定程序通则》中明确规定，鉴定意见中应当载明鉴定过程。即鉴定依据的鉴定标准、采取的鉴定方法、实施的步骤、使用的检验室、检验器材的标准、检验的过程和结论得出的依据理由等都应当如实记录清楚。在我们办理的一起涉毒死刑案件的庭审中，出庭的鉴定人对其使用的鉴定方法、依据的鉴定标准、鉴定的具体细节竟都无法陈述，这种当庭揭露成功使得合议庭对鉴定的可采性产生重大疑问。

总之，在涉毒案件的辩护中，尤其是对涉毒死刑案件的辩护中，严格甚至严苛地死磕程序，是常用的有效辩护手段。基于我国司法“程序正义”的普遍觉醒，基于各级人民法院对“警察职业证人”“沉默蓝墙”的内心确信，这种手段每每奏效。从制度设计上来说，检察官天生不信任警察，法官天生不信任检察官和警察，而律师，天然不信任警察、检察官、法官，所以律师群体把每个案件的公平正义的实现普遍寄希望于主审法官个体的良知。这种不信任，制度层面的术语，叫作“相互监督、相互制约”或“控、辩、审”三角对抗制。

违法发放贷款罪的辩护路径

根据《刑法》第一百八十六条的规定，违法发放贷款罪是指：“银行或者其他金融机构的工作人员违反国家规定发放贷款，数额巨大或者造成重大损失的，处五年以下有期徒刑或者拘役，并处一万元以上十万元以下罚金；数额特别巨大或者造成特别重大损失的，处五年以上有期徒刑，并处二万元以上二十万元以下罚金。银行或者其他金融机构的工作人员违反国家规定，向关系人发放贷款的，依照前款的规定从重处罚。”

《最高人民检察院、公安部关于公安机关管辖的刑事案件立案追诉标准的规定（二）》（公通字〔2010〕23号）第四十二条［违法发放贷款案（刑法第一百八十六条）］规定：“银行或者其他金融机构及其工作人员违反国家规定发放贷款，涉嫌下列情形之一的，应予立案追诉：（一）违法发放贷款，数额在一百万元以上的；（二）违法发放贷款，造成直接经济损失数额在二十万元以上的。”

实务中，违法发放贷款罪多由两种途径案发：一是贷款到期后无法收回，形成不良后果，倒推追溯责任源头；二是侦查机关查处贷款合同当事人其他犯罪行为时发现贷款发放中的违法违规问题线索。

其中，尤以前者为高发。笔者以亲办案件为例，拟对本罪司法实务中尤其是辩护实务中的一些要点问题，浅要解析，权作参考。

案情简介：本案由贷款单位白树林集团（化名）破产引发。白树林集团以经营钢铁原材为主，原系当地著名“明星企业”“纳税大户”。2013—2014年因钢材价格跳水而资金链断裂，被破产清算。企业负责人以涉嫌合同诈骗罪、骗取贷款罪被立案羁押。集团尚欠建设银行等三家银行贷款近2亿元人民币未偿还，经倒查，三家银行在贷款发放过程中均存在审批问题，被公安机关另外立案侦查。

起诉书指控事实：被告人马某身为某银行风险总监、被告人李某某身为银行公司银行部经理，为违法向涉案企业发放贷款，授意评估部门提高评估价格，并使用价值虚高的抵押物办理抵押登记，违法向涉案企业发放贷款1亿元。

主要证据：（1）被告人及评估部门负责人供证一致，并有两份评估日期、文号相同的评估报告为证。（2）银行涉案其他工作人员的证言。（3）该笔贷款相关资料。

在这一案件中，辩护人主要提出了以下辩护观点。

一、存在两份评估报告不等于被告人有渎职行为

根据起诉书的指控，认定涉案银行副行长马某，公司经理部负责人、中层干部李某某构成违法发放贷款罪的基本事实是“为违法向涉案企业发放贷款，授意评估部门提高评估价格，并使用价值虚高的抵押物办理抵押登记”。为此，控方专门提交了另行聘请的北京某评估公司做出的涉案抵押房产、土地的评估报告，意图证实涉案的评估结果属于“虚高”。

而辩护人了解到的事实是：当评估公司提交第一份按照“成本法”做出的评估报告时，因为评估结果不符合“不得超过贷款额度的70%”的银行规定，马某指示李某某同评估部门协商，能否重新出具一份评估报告，后评估部门按照“市场法”的评估方法，重新出具一份评估报告。该两份评估报告经层报独立审批人、信审会、行长、上级主管银行，均获得批准。于是，就评估报告的问题，辩护人提出以下观点：

银行对评估报告有权进行审查，意味着马、李二人同评估公司的沟通有职责依据。首先，该行的《授信业务实施细则》中规定：银行有义务对评估报告进行审查。既然是审查，就有职责就发现的问题与评估公司进行沟通、要求重作。这一点对击破侦查、起诉的指控逻辑非常关键。其次，使用“成本法”，以2002年购买的成本价值作为2012年贷款审批时的土地和房产的价值，明显不合理。最后，“成本法”“市场法”的区别，导致结论具有差异性，这种差异是正常的、基本合理的。

关于“市场法”的评估结果是否“虚高”，不在银行工作人员的审查范围。首先，银行的审查只能是形式审查，因为银行不具有实质审查的专业能力和职能，

形式审查可以发现以“成本法”评估涉案土地和房产的价值是错误的，但却无法发现以“市场法”评估的涉案土地和房产的价值本身是否有问题，或者是否虚高。其次，虚高不是一个严格的法律概念。高出多少是虚高？虚高多少才需要纠正？不影响贷款收回的虚高是否有纠正的必要？答案都是否定的或者至少是不明确的。要求被告人对此做出准确的判断明显强人所难。

本案中，两份报告都是审批的参考和依据，被告人没有徇私舞弊或玩忽职守的行为。独立审核人、信审会、总行，都是贷款是否得以审批的关键环节，在这些环节，两份不同依据、不同结论、差异巨大的评估报告都呈报审议，并没有将“成本法”的报告予以隐匿，意在使审批人全面考察抵押物价值、谨慎客观地做出判断。

此外，评估报告间没有相互证伪的效力。侦查机关另行委托的北京某评估公司做出的评估报告，不能证实与其结论不符的涉案的评估报告的评估方法和结论就是错误的。即使涉案评估报告确实虚高，银行工作人员也不具有专业鉴别能力。银行工作人员对评估报告的审查，应当限于形式审查，要求银行工作人员像评估公司的专业评估人员一样，去发现和纠正评估报告的结论，是不合理也是没有法律依据的。

二、案涉其他相关问题

价值协议取代评估报告，中断了评估报告与贷款发放之间的因果关系。起诉书认定，二被告人授意工作人员使用了价值虚高的评估报告向有关部门办理抵押登记，才使得贷款得到顺利发放。在这一环节，不仅评估报告和价值虚高的问题得到了合理解释，已如前述；即使是办理抵押登记环节，也同样存在可辩之处：在办理抵押登记时，并没有实际使用涉案的两份评估报告，而是另行签订了一份价值协议，作为办理抵押登记之用。故此，即便评估报告存在问题，因为价值协议的介入，也中断了评估报告与贷款发放的因果关系（有效的抵押登记是发放贷款的前提条件）。

1. “国家规定”的范围。作为行政犯，本罪要求违反“国家规定”。根据《刑法》第九十六条，国家规定之含义最低也是指国务院部委层级颁布的特定文件，而大多数银行在贷款业务中适用的规范性文件中只有《商业银行法》《担保法》（现为《民法典》合同编），连《贷款通则》都不属于“国家规定”。但是通过案例检索我们可以发现，实务中存在大量的扩大解释“国家规定”从而入罪的情况，是违背罪刑法定原则的。

2. 单位犯罪的构成及其对本案的影响。涉案两名被告人被认为是共同犯罪、同为主犯。而共同犯罪成立的前提只能是故意。但本案中没有任何事前的预谋、事中的共犯合意，二人就是依法依规上令下行。如果构成犯罪，也只能是单位犯罪。

3. 本案中还存在变相逼取证人证言的问题。向证人核实案件事实是一种侦查措施，但无限次地对提供稳定证言的证人使用这种侦查措施就可能存在不同程度的威胁、强迫的意味。本案中评估单位负责人一共做了八次笔录，前七次都坚定称自己的两份评估报告是依据专业知识做出的，没有任何问题；最后一次改成“为了迎合银行的要求，否则就饭碗不保，得不到继续合作”。他作为评估部门负责人，具有“出具证明文件重大失实罪”的重大嫌疑，相当于“污点证人”，而事实上他确实没有被追诉。在证人证言比较稳定的情况下，多次向证人取证直至满足需要，那么该证据的合法性就可能受到质疑。类似的证据规则还很欠缺。

综上所述，涉案两被告人在1亿元贷款的发放过程中，没有违法违规的行为，不构成犯罪。那么在这个案件之中，是否完全不存在违法违规之处呢？答案是存在的。在贷前调查环节，银行工作人员没有认真审核贷款人提供的财务资料。案发后查明，贷款人提供的财务资料均系伪造。

需要追问的是，两名被告人作为中层、高层领导，对此应不应负责？根据合理信赖原则，上级主管领导通常只需要对下级工作人员的工作报告进行形式审查，不需要也不必要重复进行下级工作人员的基础调查工作，再对其报告的真实性作出判断。在上级主管领导没有明显失误、违规的前提下，不应对下属的违法或不当行为负责。至此，可以明确，在整个贷款的审批过程中，确有不尽职尽责之处，但与两名被告人无涉。

三、判决结果

法院认为："经查二被告人虽然要求提高了土地、房产评估报告，但该报告在贷款过程中并未实际发生作用，且两份报告以不同的方法做出，不能判定其价值是否虚高，此行为与贷款发放之间没有因果关系。为白树林集团办理转贷的行为，虽然违反了授信要求和银行内部的相关程序规定，但在抵押和担保均没有改变的前提下，不会给银行的资金安全带来风险，不属于违反国家规定，不应认定为违法发放贷款的事实。故公诉机关对该1亿元贷款属于违法发放贷款罪的指控不能成立，辩护人关于此起事实没有违反国家规定，不构成犯罪的辩护意见予以采纳。"

信访能否构成敲诈勒索罪

利用刑罚手段规制不法信访者，实务界和法律界均有非常大的争议。依法信访和不法信访，乃至滥用信访权利，其分界点如何判断，其法律效果、法律责任如何，理论界和实务界都缺乏系统论证。尤其是对信访者以敲诈勒索罪论处的做法，争议颇大。

其中，以两种对立观点较为突出：一种认为，信访一概不应构成敲诈勒索犯罪；另一种认为，有的信访可以构成敲诈勒索犯罪。持无罪论观点的主要理由为：信访是行使权利的行为，排除可罚性；信访诉求区别于刑法上的非法占有目的；信访不属于刑法上的胁迫；敲诈勒索侵犯的客体是复杂客体，包括人身权利和财产权利，而政府等信访对象不具有人身权利。经典案例：江苏省高院再审改判无罪的李某敲诈勒索罪案。持有罪论观点的主要理由为：以信访相要挟，迫使地方政府满足个人要求的，符合敲诈勒索犯罪的犯罪构成，应当以敲诈勒索罪定罪量刑。中国裁判文书网可查到此类案例。

信访行为究竟是否构成敲诈勒索犯罪？笔者认为：所有信访行为都不构成犯罪的观点和所有信访都可以构成犯罪的观点都有偏颇之处。对于无争议事实基础，或者经各级相关部门层层研究、处理作出终局决定的情况下，仍然滥用信访权利，缠访闹讼者，或者以行使监督权为名行勒索之实者，其行为主观恶性、客观表现、社会危害都符合敲诈勒索罪的本质特征。

一、有争议事实，正常行使信访权利，哪怕行为有所失当，也不能构成犯罪

（一）从主观上看，基于争议事实主张自己利益的，不具有刑法上的非法占有目的

所谓非法占有目的，是指没有合法根据，意图将他人所有的财物占为己有的排除他人占有的目的。而基于争议事实，认为自己应当享有某些合法权益，并向政府相关部门主张权益的，其主观上的出发点是为了维护自己的合法利益。行为人主观上出于善意的故意（明确债权、主张债权），造成一定的损害是为了避免更大的损害（侵害自己的相关权益比如债权）。

争议事实客观存在，行政主体和行政相对人之间具有了准债权债务关系，或者是不确定的债权债务关系。虽然这种债权债务具有不确定性，而且可能经审查债权债务关系不能成立，行政相对人对审查处理决定不服，仍然认为自己享有相关债权的，其主观上仍然是为了主张债权，为了维护自己的合法利益，而区别于刑法上的非法占有目的。

基于这种争议的债权债务关系而主张债权的行为，属于排除犯罪性的行为。排除犯罪性的行为，是指某种行为在外观上似乎具有严重的社会危害性，而实质上却是为保护国家、公共利益、本人或他人的权益而实施的对社会有益的行为，或者虽对社会造成了一定的损害结果，但却不具有犯罪构成的行为。

合法的信访不能达到非法的目的。通过信访途径意图实现的某种诉求是否合法，是一个复杂的问题；不具有合法依据但信访人误认为有合法依据，只要信访途径正当，就应当出罪，因为信访工作本身就应当具有释法说理的功能。如果少数政府部门工作人员不加审查地满足信访人的要求，致使信访人的不合理诉求得到满足，那么受到追究的不应是信访人，而应是作出不适当行政行为的政府工作人员。

（二）从手段要件上看，基于争议事实行使或者声称将行使信访权利，不是敲诈勒索罪的暴力、胁迫手段

宪法规定的五种监督权利，即批评权、建议权、申诉权、检举权、控告权，从某种意义上均可以看作信访权的法律渊源。所谓信访权，是指公民、法人或其他组织依法享有的通过法定的形式，按照法定的权限和程序向国家和政府表达意志的自由。我国目前的信访活动大致可以分为三类：一是参与类信访，是指对国家工作人员提出建议、意见及批评的信访事项；二是求决类信访，是指因公民切身利益遭受侵损而寻求救济的信访事项，此类信访大到拆迁、征地补偿、失业保障，小到社区水电煤的维修等；三是诉讼类信访，是指应当通过司法渠道予以解决或者已经进入司法程序甚至司法已经做出终审裁判的信访案件，这类信访是信访制度面临的主要难点之一。信访权在性质上具有双重性：一方面，它是法律赋予公民的一项基本权利，具有实体内容；另一方面，它又是一项信访人寻求救济的程序性权利。无论是实体权利还是程序性权利，信访权都应该被看作公民的基本权利。在社会生活实践中，存在一些无法纳入行政诉讼和行政复议范围的行政机关行为失当、失职等情况，需依赖信访救济，发挥信访的作用。当行政诉讼和行政复议遭遇种种困扰无法进入程序时，便转入信访渠道处理。

行使权利的行为排除违法性。一般来说，依照法律、法规所实施的行使权利或者履行义务的行为，属于法令行为。法令行为有效取决于三个条件：1. 是依照有效的法律法规所实施。2. 内容是行使法律、法规所赋予的权利或履行义务。3. 行为的实施必须在法定限度之内。满足以上条件的行使权利的法令行为，具备合法性、有效性，排除非法性。

如果说信访给政府带来了一定程度的压力，是一种对法益的间接侵害，这种侵害属于社会相当性行为，在法律允许的限度内，或者说，是法律和政策带来的合理压力。社会相当性行为是指一个在历史发展中形成的社会生活的一般原则范围内从事的行为。理论上，社会相当性行为可以分为两类：一是允许危险范围内的行为，如驾驶飞机、汽车、运行工业机器设备，参加体育对抗比赛等，只要行为人在相关业务正常危险范围内遵守有关规则行事，即使发生了法益损害结果，

他的行为也不具备构成要件该当性。二是不直接侵害法益的行为，即不直接对法益发生危害，因而本质上不为规范所禁止，从而也就不可能具备构成要件该当性。如男女一方解除婚约的行为。

综上，依法行使法律赋予的信访权的行为，排除违法性，不是刑法上的胁迫；公民依法行使信访权，或声称将要行使信访权，即使该行为一定程度上给政府施加了压力、给政府工作人员带来了否定评价，基于主观上不具有非法占有目的、客观上有行使信访权利的法律依据，因此不构成刑法上的胁迫，江苏高院再审改判无罪的李某敲诈勒索案即属适例。

二、无争议基础事实，滥用信访权利，可能构成犯罪

（一）什么是滥用信访权

信访要遵守合法合理原则。从现代法学本身角度观察，任何权利的行使都要遵守合法合理原则，尤其是涉及与政府的法律关系时，这一原则显得尤为重要和关键。信访人只有在合理原则的指导下行使信访权，才能使其权利依法得到有效的救济，反映的问题才会得到及时的反馈。

《信访工作条例》规定，信访人对复核意见不服，仍然以同一事实和理由提出投诉请求的，各级党委和政府信访部门和其他机关、单位不再受理。也就是说，只有信访人的信访事由经终局裁定后，信访人仍无理缠访的，才属于滥用信访权利。

《信访工作条例》对信访人所做的限制性要求是，信访人提出信访事项，应当客观真实，对其所提供材料内容的真实性负责，不得捏造、歪曲事实，不得诬告、陷害他人。信访人在信访过程中应当遵守法律、法规，不得损害国家、社会、集体的利益和其他公民的合法权利，自觉维护社会公共秩序和信访秩序，不得有下列行为：（1）在机关、单位办公场所周围、公共场所非法聚集，围堵、冲击机关、单位，拦截公务车辆，或者堵塞、阻断交通的；（2）携带危险物品、管制器具的；（3）侮辱、殴打、威胁机关、单位工作人员，或者非法限制他人人身自由，或者毁坏财物的；（4）在信访接待场所滞留、滋事，或者将生活不能自理的人弃留在

信访接待场所的；（5）煽动、串联、胁迫、以财物诱使、幕后操纵他人信访或者以信访为名借机敛财的；（6）扰乱公共秩序、妨害国家和公共安全的其他行为。

违反《信访工作条例》，以不恰当的方式信访，情节严重的，可能构成寻衅滋事罪。本文不予详述。但这不属于敲诈勒索罪的客观行为表现。

（二）没有基础争议事实，假借名目，以信访相要挟的，可能构成敲诈勒索罪

敲诈勒索罪是指以非法占有为目的，对被害人使用威胁或要挟的方法，强行索要公私财物的行为。其主体是凡达到法定刑事责任年龄且具有刑事责任能力的自然人，主观要件是具有非法占有公私财物的主观目的，客观要件是采用威胁、要挟、恫吓等手段，迫使被害人交出财物的行为。其客体是复杂客体，不仅侵犯公私财物的所有权，还危及他人的人身权利或者其他权益。

信访，是指公民、法人或者其他组织采用书信、电子邮件、传真、电话、走访等形式，向各级党委、人民政府、县级以上人民政府工作部门反映情况，提出建议、意见或者投诉请求，依法由有关机关、单位处理的活动。

因此，个别行为人，恶意利用信访制度，无端编造信访事由，或者夸大事实进行上访，或者经终局处理，没有新的事实、新的理由持续上访；或者没有基础争议事实，或者假借对政府或政府工作人员提出建议、意见、监督权，通过信访渠道谋取非法个人利益的，是恶意信访，可能构成敲诈勒索刑事犯罪。

恶意信访具有非法占有故意。恶意信访人主观上明知自己对所索要的非法利益没有合法依据。没有合法依据意图非法占为己有的，符合刑法上非法占有目的性质。

侵犯的客体符合敲诈勒索罪的客体条件。没有债权债务争议事实基础，却利用政府工作人员评价机制造成的压力非法信访的，其胁迫名义上针对的是地方政府，实际上已针对和锁定了特定的地方政府工作人员，构成了对地方政府工作人员的非法勒索。因此，恶意信访型的勒索，被害人应当是地方政府工作人员，而非地方政府；侵犯的犯罪客体，是对其恶意信访有处理职责的地方政府工作人员

的名誉权，以及地方政府工作人员个人及其有权处分的资金财产权。

非法信访造成的压力，属于胁迫手段。依法行使信访权利，排除行为非法性；超越权利范围、滥用权利甚至假借行使权利的名义，恶意施加压力，没有法律授权，不排除非法性，属于敲诈勒索中的胁迫手段。

政府可以成为被敲诈对象。有观点认为，信访行为不能构成敲诈勒索罪，其法理依据就在于，政府代表强大的公权力，不可能被个人敲诈；政府作为法人机构，不符合敲诈勒索具复杂客体要件——不具有人身权利。这种理解建立在行政主体的法人属性基础上，排斥了行政行为做出者的自然人属性。首先，一方面，政府无疑享有强大公权力，另一方面，政府也由行政主体组成，靠行政主体——工作人员或公务员的职务行为维持运转。行政主体和其所在的机关密不可分，构成有效运转的政府。胁迫享有某项行政权力的政府工作人员，迫使其做出行政行为，完全不存在法理问题。那种将整个权力机构同渺小个体相对比，来凸显“政府”这一抽象主体被敲诈的不可能性的论调，其实是将政府工作人员的自然属性层面的概念偷换为政府本身法律属性概念。

非法信访造成的胁迫与政府工作人员的处分行为具有因果关系。由于恶意信访没有基础争议事实，政府工作人员无法具体审核、处理，其只能面临两难选择：承受政绩否定评价，满足恶意信访者的非法要求。由此选择满足恶意信访者的不法诉求的，二者之间具有刑法上因果关系。

综上所述，恶意信访者，利用众所周知的信访对政府工作人员政绩评价制度的影响，没有合法诉求，没有基础事实却主张享受利益，或者以监督、举报为名行勒索、敲诈之实的，无论从主观目的、犯罪客体、还是从客观手段行为方面考量，都完全符合敲诈勒索罪的犯罪构成要件。

实务中我们应当清醒地注意到，恶意信访仍然是特例。信访者一般都耗费了大量的时间、人力、物力和财力，有着实实在在的各种委屈或者难处。各级单位、部门应当尽力提高自身执政能力，提高处理信访事务的工作能力，这样才能从源头上解决信访问题，获得人民爱戴。江苏省高级人民法院改判无罪的李某敲诈勒索案，李某因信访于2005年被监视居住，2006年被判决犯敲诈勒索罪，判处有期徒刑三年，违法所得人民币10万元予以追缴。李某不服，开始了长达八年的申诉之路。直至2014年，江苏省高级人民法院作出再审决定，并经审理认为，原审认定原审上诉人李某以非法占有为目的，敲诈勒索政府10万元的证据不足，李某无罪。这样的代价是非常沉痛的。

此外，《信访工作条例》明确规定：禁止打击、报复信访人，构成犯罪的，依法追究刑事责任；尚不构成犯罪的，依法给予行政处分或者纪律处分。《刑法》第二百五十四条规定，国家机关工作人员滥用职权，假公济私，对控告人、申诉人、批评人、举报人实行报复陷害的行为，构成报复陷害罪。政府工作人员不当使用公权力的行为，不但可能引起更持久、更激烈的反抗，而且自身也有涉罪嫌疑。

最后，作为司法机关的人民检察院、人民法院，对于因信访引发的案件，更应当严格审查，依法判断。因为司法机关除了依法审理案件之外，还担负着通过保障公民权利的职责。唯有司法机关有效履职，才能更大程度上保障公民权益免受侵犯。

涉“高利贷”刑民交叉若干问题

历史上，无论是在我国还是在世界范围内，高利贷都有其久远的历史根基，具有深厚的历史背景和复杂的社会、经济、制度的成因。在现代银行制度建立之前，它是信用的基本形式，素有“利率高、剥削重、非生产性”的恶名。当前，我国收紧了对民间高利贷的政策，高度重视对非法职业贷犯罪或以借贷为名的套路贷的刑法打击，以稳定我国金融体系秩序，运用刑罚手段预防涉贷次生犯罪，同时着眼于中小企业的融资需求、回应民间借贷所反映出的金融制度具体问题，可谓多策并举。

《民法典》第六百八十条明确规定“禁止高利放贷，借款的利率不得违反国家有关规定”。再结合刑事法律规范，以债权债务纠纷是否涉嫌犯罪为标准，可以分为民间“职业贷”犯罪行为、“套路贷”犯罪行为和民间偶发放贷行为；根据是否具有高利特征，民间偶发放贷借贷（非金融机构发放的贷款）可再次分为民间偶发低息贷和民间偶发高利贷（以下简称高利贷）。

因“职业贷”和“套路贷”相关问题已经多由司法解释等规范性文件予以明确，理论上界定比较明确，实务中的争议尚未大量涌现；又因民间偶发低息贷本身的法律性质及次生问题争议不多，本文仅就高利贷中的常见民事争议问题及追索高利贷过程中发生次生行为罪与非罪的认定界限等实务问题展开思考。

一、涉高利贷主要民事问题

如前所述，民间偶发低息贷款本身属于合法民间借贷自无疑问；民间偶发“高利贷”，因没有对应的罪状条文，不是犯罪行为并无争议，但能否归入合法行为尚不明确。为厘清争议，将高利贷涉及的主要民事问题梳理如下：

高利贷，俗称“大耳窿、地下钱庄、驴打滚”，民间偶发高利贷法律关系，是指平等主体之间，主要是债权人和债务人之间，因债务人的特定资金需求，就贷款本金、高利息、利息计算方式、还款期限等内容进行平等协商、达成一致意见并实际履行，所形成的债权债务关系。可见，民间偶发高利贷，无论利率多高、如何计算，仍属于意思自治的民事行为，以此区别于“套路贷”“职业贷”犯罪行为。

至于“高利”的标准，根据《关于办理非法放贷刑事案件若干问题的意见》第二条“以超过36%的实际年利率实施符合本意见第一条规定的非法放贷行为，具有下列情形之一的，属于刑法第二百二十五条规定的‘情节严重’，但单次非法放贷行为实际年利率未超过36%的，定罪量刑时不得计入”的规定，高利贷的红线标准为“36%的实际年利率”。

1. 关于“高利”的约定无效。违反法律的民事行为无效。《民法典》第一百五十五条规定：无效的或者被撤销的民事法律行为自始没有法律约束力。无效民事行为是指已经成立的民事行为，严重欠缺民事行为的生效要件，因而自始、绝对、确定、当然、永久地不按照行为人设立、变更、终止民事法律关系的意思表示发生预期效力的民事行为。

2. “高利”约定无效的法律后果。《民法典》第一百五十七条规定，民事行为被确认为无效或者被撤销后，当事人因该行为取得的财产，应当返还给受损失的一方。有过错的一方应当赔偿对方因此所受的损失，双方都有过错的，应当各自承担相应的责任。据此，对于被确认无效的民事行为，其效果是：如果这类行为所约定的义务尚未履行，那么就无须再去履行；如果这类行为所约定的义务正在履行，应中止履行、恢复原状——如果债务人已给付了高息，债权人应予返还。《最高人民法院关于审理民间借贷案件适用法律若干问题的规定》第二十五条规定，出借人请求借款人按照合同约定利率支付利息的，人民法院应予支持，但是双方约定的利率超过合同成立时一年期贷款市场报价利率四倍的除外。前款所称“一年期贷款市场报价利率”，是指中国人民银行授权全国银行间同业拆借中心自2019年8月20日起每月发布的一年期贷款市场报价利率。

3. 诉讼时效对“高利”无效的影响。如果债务人已经给付了高息，债权人应予返还，债务人因此享有了法定返还请求权。如果债权人也依法予以返还，返还请求权也随之实现而消灭；如果债权人不同意返还，债务人可依法向人民法院提起诉讼要求判令债权人返还。因此，因高利约定无效产生的已给付利息的返还请求权，仍要受到诉讼时效期间的影响。

债务人怠于行使权利致使诉讼时效经过，高利返还请求权灭失。法律不保护躺在权利上睡觉的人，超过诉讼时效期间的已给付“高利”，性质等同于自愿给付的“自然债务”。自然债务是指诉讼时效业已经过的债务。对于自然债务，法律虽然承认债权债务事实的存在，但不再保护债权人的债权；除非债务人自愿给付，债权人不再获得胜诉权，当然也无法要求法院强制执行。自然债务中，债务人如自愿给付，则给付有效，债务人不得再以自然债务为由，要求返还。对于虽然约定无效但已自愿给付的“高利”，同样受诉讼时效约束，会因超过诉讼时效导致诉讼利益即返还请求权灭失，相当于债务人通过放弃返还请求权的方式，自愿处分了高利返还请求权。司法机关无权主动干预，自愿给付的高利也不应属于放贷一方的非法所得。

4. 关于“砍头息”“利滚利”的法律属性与法律后果。“砍头息”，是指在出借资金时，在本金中将首期利息扣除，但在计算利息时仍以未扣除的本金为基数计算的利息计算方式、仍属于变相提高利息的一种操作，法律明确规定“应以实际出借的资金数额”认定借款本金。对于实际操作中，将“砍头息”加入本金一并计算利息的，应当将“砍头息”部分减掉，按照约定的利息比率重新计算。超出合法利息部分实际多给付的利息，属于“高利”性质，应予返还。

“利滚利”，又叫“驴打滚”，是指当债务人不能一次性全额支付本金和利息时，或者当债务人不能支付或足额支付约定利息时，未支付的利息计入本金，重复计算利息的计息方式。计算复利并不被法律绝对禁止，但是属于金融机构的专属权利。至于民间借贷中的复利计算，据人民网转自重庆晚报的报道，重庆市高级人民法院根据有关法律法规，广泛征求并吸纳了全市部分中级及基层人民法院、市人大法工委、市政府法制办（现已撤销）、市金融办、中国人民银行重庆分行、市银监局、市工商联、市律协等单位和个人的意见，并经市高院审判委员会讨论修改后，于2011年出台了《审理民间借贷纠纷案件若干问题的指导意见》，该意见规定：出借人根据约定，将利息计入本金请求借款人支付复利（俗称利滚利）的，只要约定利率不超出人民银行公布的同期同类贷款利率的4倍，人民法院应予支持。可见，计算复利也具有一定的“民间法”或“民间惯例”特征，有一定的社会基础和合法性基础。

区别于职业贷、套路贷的犯罪行为性质，民间偶发高利贷本质仍属于合法但高息部分约定无效的瑕疵民事行为，违法且无效的部分仅及于高利问题。因此，无论是围绕民间偶发高利贷发生的担保行为，还是债权人的债务给付请求权、债务人对已给付高息的返还请求权，以及最终实现债权所依赖的债务人自动履行或申请法院强制拍卖抵押物、执行债务人财产，都必须在民事诉讼的框架内遵循民事诉讼的各项原则和具体规定进行。

比如，双方关于“先息后本”的约定。“先息后本”是指债务人不能一次性偿还债权本息时，利息和本金偿付顺序有约定的依据约定；没有约定的，先给付利息，后支付本金。根据《最高人民法院关于适用〈中华人民共和国合同法〉若干问题的解释（二）》（已失效）第二十一条规定：“债务人除主债务之外还应支付利息和费用，当其给付不足以清偿全部债务时，并且当事人没有约定的，人民法院应当按照下列顺序抵充：（一）实现债权的有关费用；（二）利息；（三）主债务。”可见，先息后本也不违反法律规定。

再如，关于“抵押流质无效”。根据《全国法院民商事审判工作会议纪要》（即“九民纪要”，法〔2019〕254号）第七十一条的规定：“债务人或者第三人与债权人订立合同，约定将财产形式上转让至债权人名下，债务人到期清偿债务，债权人将该财产返还给债务人或第三人，债务人到期没有清偿债务，债权人可以对财产拍卖、变卖、折价偿还债权的，人民法院应当认定合同有效。合同如果约定债务人到期没有清偿债务，财产归债权人所有的，人民法院应当认定该部分约定无效，但不影响合同其他部分的效力。当事人根据上述合同约定，已经完成财产权利变动的公示方式转让到债权人名下，债务人到期没有清偿债务，债权人请求确认财产归其所有的，人民法院不予支持，但债权人请求参照法律关于担保物权的规定对财产拍卖、变卖、折价优先偿还其债权的，人民法院依法予以支持。债务人因到期没有清偿债务，请求对该财产拍卖、变卖、折价偿还所欠债权人合同项下债务的，人民法院亦应依法予以支持。”流质抵押无效原则（双方约定债务人履行期限届满仍不归还债务时抵押物归债权人所有）的具体适用，取决于债权人的诉求：债权人直接请求法院确认流质抵押物权的，不予支持；但债权人请求以流质抵押物折价优先受偿的，依法予以支持。债权人和债务人通过调解、和解或者清算达成的债权债务协议，不适用“流质无效”的规定。

二、因追索“高利贷”引发违法犯罪行为的界定

（一）高利贷中的自力救济问题

1. 关于自力救济。自力救济又称为私力救济，是指权利主体在法律允许的范围内，依靠自身的实力，通过实施自卫行为或者自助行为来救济自己被侵害的民事权利。行走于公力救济边缘的私力救济，是人类社会最初的权利救济方式，也是最悠久的纠纷解决方式；在现代社会中，虽然国家倡导依法定程序行使权利，但仍无法完全否认私力救济存在的必要性、合理性，一些民间矛盾仍然需要依靠

自力救济来实现权利保障。

2. 高利贷中是“自力救济”。对于追索“超高利率”的“自力救济”行为，如交涉谈判、私力强制、斡旋调解等，具有民间性和非官方性，方式灵活，留置、抵销、提存等自力救济方式也得到民法规范的确认。

恶意债务人通常对涉贷债权人的追索行为负有相当责任。很多情况下，恶意债务人同诈骗类犯罪的犯罪分子似乎仅有证据意义或者罪量上的区别。“债权人看中的是利率，债务人看中的是你的本金。”恶意债务人，通常表现为采取不接听电话等方式拒不露面、无法查找，逃避核对账目，使得债权人处于债权“空置状态”，面临资金损失的巨大风险。此时，债权人采取一定措施查找债务人甚至迫使债务人露面，一定程度上是无奈之举；要求债权人高度容忍债务人的挥霍财产、逃避履行债务的行为，对恶意债务人严格依法定程序追索债权而不采取任何私力救济措施，有时并不符合情理、事理。

（二）追索高利贷行为罪与非罪的界分

追索高利贷的行为手段与追索普通民间偶发低息债务的手段在行为表现上并不具有明显的差异，甚至可能高度重合。在一般性的协商、追讨不能实现目的的情况下，电话滋扰、跟踪、恐吓、威胁、侮辱、打骂乃至限制人身自由都是在实务中常见的追债手段。

1. 慎重认定寻衅滋事罪

理论及实务通说认为，寻衅滋事罪类属于扰乱社会秩序犯罪，源自“流氓罪”，无事生非、逞强耍横、无端滋扰社会秩序是本罪的根本特征。无论以追索民间偶发低息债务为目的，还是以追索民间偶发高利贷为目的，抑或追索职业贷，由于债权债务本身仍是双方自愿协商产生，债务人特定、事发原因特定，一般不及于债务人以外的第三人或第三方秩序，对一般社会秩序的影响有限，不符合本罪的犯罪客体，不构成寻衅滋事罪。

具体而言，寻衅滋事罪的四项罪状行为相较故意伤害、故意毁坏财物等犯罪的入罪标准更低，显然将行为人流氓滋事的恶性作为加权因素，而追索债务的目的和行为一般不具有这种加权因素，即使客观行为表现或行为后果等数量要素大体相当，也不具有罪质要素。即流氓滋事（罪质）+具体罪状行为及后果（罪量）=寻衅滋事罪；仅有具体罪状行为及后果（罪量）不能构成寻衅滋事罪。

2013年7月15日发布的《最高人民法院、最高人民检察院关于办理寻衅滋事刑事案件适用法律若干问题的解释》第一条第三款规定：行为人因婚恋、家庭、邻里、债务（注意这里并没有限定为合法债务）等纠纷，实施殴打、辱骂、恐吓他人或者损毁、占用他人财物等行为的，一般不认定为“寻衅滋事”，但经有关部门批评制止或者处理处罚后，继续实施前列行为，破坏社会秩序的除外。按照三阶层犯罪构成理论，即使认为追索债务的行为同时符合了寻衅滋事罪四种具体行为表现的一项或多项，从而满足构成要件符合性特征，因追索特定合法或大体合法（高利贷的本金及不属于高息部分）的债权，行为人的行为具有自力救济性质且没有造成更为严重的后果，排除违法性，而不构成本罪。

2.关于故意毁坏财物罪

为追索债务，故意毁坏债务人财物泄愤的案件时有发生。对此，本文认为，应区别故意毁损财物的价值而定。财物价值与债务大体相当，尤其是显著低于债务金额，案发后行为人及时表示与债务抵销的，由于故意毁坏财物犯罪属于侵犯他人财产权利犯罪，而侵犯的他人财产权利与债权人的债权权利具有同质性，故意毁坏财物行为客观上同时产生债权人对债务人的相应赔偿之债，等同于双方互负债权债务，依法可通过债权抵销而及时实现（抵销自通知到达对方之时生效），并不会真正造成债务人额外的财产损失，而属于一种债权人变相自损的行为。

与故意毁坏财物罪不同，为追索债权剥夺、限制或非法拘禁债务人，超出了自力救济的一般范畴，针对的是债务人的人身、自由权益，因追索债务实施的非法拘禁、故意伤害、故意杀人等行为，造成法定后果的，应当分别按照非法拘禁罪、故意伤害罪、故意杀人罪定罪处罚。

3.关于涉债型侵占罪、强迫交易罪的认定

以追索债务为由，在债权范围内强占债务人财产以抵充债务的，排除侵占罪的犯罪构成，理由同故意毁坏财物罪。强占债务人财产超过债权限度的，可以构成侵占罪。以追索债务为由，强迫被害人置换财物充抵本息的，以同样理由排除强迫交易罪的犯罪构成。超过债权本息的，可以构成强迫交易罪。

需要指出的是，追索约定但属高息性质“债权”，故意毁坏财物、侵占、强迫交易的，应区分情况分别判断。债务人明确主张超高利息无效、拒绝给付，债权人仍然实施上述行为的，属于明知高息部分不具有合法性而为之，主观具有非法占有目的，可以构成犯罪；债务人始终未予主张超高利息无效，导致债权人为追索包括高息部分债权实施上述行为的，因债务人、债权人双方对超高利息的约定均存在过错，不能认为债权人具有非法占有目的，不应以犯罪论处。对于不宜以犯罪论处的行为，应当引导债务人积极通过公安机关和人民法院来解决，对一般违法行为依法给予行政处罚，或者通过人民法院解决债权债务纠纷以及侵占、置换及故意毁坏财物产生的争议，这也是刑罚体系化、刑事一体化的基本要求。

4.结伙或有组织追索高利贷行为与“恶势力”犯罪的界分

高息约定“无效”不等同于“非法”，“高利贷”不等同于“非法债务”，追索“高利贷”不能等同于具有“牟取非法利益”目的，也不具有欺压、残害群众的罪质，一般也不符合黑社会性质组织罪的四个特征。这些前提不仅对追索“高利贷”行为性质的认定有着重要意义，对是否构成“恶势力”“黑社会性质组织”犯罪的判断同样至关重要。

首先，应当严格执行出罪规定、杜绝拔高认定。2019年，最高人民法院、最高人民检察院、公安部、司法部颁布的《关于办理恶势力刑事案件若干问题的意见》规定：“因本人及近亲属的婚恋纠纷、家庭纠纷、邻里纠纷、劳动纠纷、合法债务纠纷而引发以及其他确属事出有因的违法犯罪活动，不应作为恶势力案件处理。”

其次，认定“恶势力”也要遵循先形式判断、后实质判断，实质判断不符合条件应出罪的原则。“恶势力”犯罪的定义和规定源于刑事政策，最终通过刑罚责任实现政策所要达到的打击特定犯罪的目标。自力追索民间偶发“高利贷”的行为，在形式上通常与“恶势力”犯罪在犯罪人数、行为类型上有相似的类型化特征，包括形式上不符合具体犯罪的立案标准，但实质上具有“恶势力”特征的案件，也可以入罪，界限是其中一起事实构成犯罪。具有债权债务前提的“事出有因”，表明了索债行为区别于以目标的不特定性挑战人民群众安居乐业安全感的“恶势力”违法犯罪行为，从而达不到“恶势力”犯罪所要求的社会危害性特征。易言之，即使行为形式上符合故意毁坏财物、非法拘禁、强迫交易等涉贷常见违法犯罪行为的构罪形式要件，但是该行为不符合政策、法律设定“恶势力”概念所要惩处对象所应具备的特定性质，例如明显针对特定目标、明显达不到恶势力要求的危害性程度的，应当出罪（恶势力犯罪）。

最后，债权人与其为追索特定高利贷而纠集的“共犯（同伙）”之间，也不具有组织性特征或者向黑恶犯罪发展的雏形特征，这是因为其相互之间没有稳定的“组织关系”或“组织联系”。除非是以放贷为名实施的“套路贷”犯罪（不在本文讨论之列），追索民间偶发“高利贷”引发的一些聚众性违法甚至涉嫌犯罪的行为，一般均具有临时纠集性、事出有因性质，随着债权债务的清偿而发生、发展、结束，不具有“恶势力”所应具备的逐渐清晰的组织架构、向黑社会性质组织发展过程中的各项雏形特征。如若欠缺了雏形特征，则从严适用刑罚便缺乏合目的性，[1] 不应当以“恶势力”犯罪论处。

特别指出的是，本文所指的高利贷相关民事问题及涉高利贷“刑民交叉”相关问题，依据的规范性文件均为《民法典》颁行之前的相关法律法规，原因在于考察行为人的主观认识和违法性认识只能依据行为当时的法律规定。另外，将“职业贷”“套路贷”作为犯罪行为进行打击并以此作为时间节点，尤其在明确了对“职业贷”定罪打击不溯及既往的基本原则之后，公众对“职业贷”“套路贷”定罪之后的行为性质争议不大或者争议尚未显现出来，而对民间偶发高利贷尤其是次生违法犯罪的很多问题仍然存在诸多困惑。

围绕“高利贷”和“高利贷”追索行为的“刑民交叉”问题，一方面是自2015年以来法律法规、司法解释对高利放贷行为的明确禁止，另一方面是2015年以前的“高利贷”问题比较复杂。“职业贷”“套路贷”本身争议不多，但民间偶发高利贷的超高利息对事实、行为的影响，却不无困惑和争议。刑事案件的处

1　戎静：《“扫黑除恶”背景下“恶势力”的司法认定：争议与破解》，载《政法学刊》第35卷第6期。

理，从来不仅仅是个案的问题。涉“高利贷”行为性质，尤其是罪与非罪的界定，不只是对特定个人行为是否违法的认定，而且牵涉到公序良俗、正义观念、个体权益保障等深刻的法治问题。为了追索债务，将借款人控告为“诈骗犯”，为了逃债，上访称放贷人是“黑社会”“恶势力”。引发的讼累并不少见，很多都进入了刑事追诉程序，形成新的错案隐患。司法机关在处理这些涉贷案件时，尤其要注意避免唯结果论，“不是谁吃亏谁就有理”，警惕逃避债务者以私利挟持公器。

事物均具有两面性，“甘蔗没有两头甜”。民间借贷在一定程度上满足了社会多元化融资需求，促进了多层次信贷市场的形成和完善。但由于民间借贷存在交易不公开、不规范等特点，容易引发非法集资、高利转贷、虚假诉讼、“套路贷”、暴力催收等违法犯罪行为，严重危害金融秩序和社会稳定，增加妥善化解民间借贷纠纷的难度，也加剧了执行难。利弊权衡之下，将假借借贷之名行诈骗、敲诈勒索等违法犯罪之实的行为依法惩处，让人拍手称快；而将抽象出“职业贷”“套路贷”的概念，以非法经营罪扼住营业性放贷行为对金融秩序的冲击和对社会稳定造成的危害和隐患，虽然有因噎废食之嫌，但大体仍是符合我国当前转型阶段现状的一剂良方。但是，对于较早时期发生的，尤其是2015年以前发生的、利率超过36%的民间借贷（包括偶发和营业性两种情况），因不能以职业贷定罪处罚，转而对民间自力救济中产生的一些尚不分别构成故意伤害、故意杀人、非法拘禁、故意毁坏财物等犯罪的行为，拔高认定、合并认定为“寻衅滋事”“恶势力”，则不仅是对当事人的非正义，更是对国家法律实施的破坏。

第六讲　沟通与表达

刑事辩护的艺术外化表现为，在扎实专业工作基础之上的与人交往、协商与谈判的艺术，讲究势均力敌、张弛有度。要想做到体察人性、收放自如可不容易。

——作者题记

刑辩律师如何实现侦控辩审有效沟通

有人形象地比喻："法律共同体像三角虐恋。他们有时候卿卿我我，又有很多时候争风吃醋打得不可开交。"控方与辩方，就像两个世界、两个星球的物种，"矛盾日久、离心离德"。

高水准的控辩，是案件得以公正处理的基石。尽管绝大多数案件的问题并不复杂，甚至非常浅显，但由于自觉或不自觉的"屁股思维"所限，有一些案件的问题不能被客观地发现和对待；在某些专业度越来越高的领域，控辩双方实力悬殊、田忌赛马式的控辩，实难真正挖掘案件的重要问题。

仅就庭审表现而言，水准大体相当的控、辩双方，"输""赢"只取决于一个因素，就是案件本身能否经得起推敲。非常赞同一个观点：法律人应当忠诚于法律、做法律的忠实奴仆，反对"奇淫巧技"。但面对具体案件，必须有辩护策略。技能是一个层次，技能加态度是另一个层次。

浅见以为，法律共同体难以真正建立，其中一个重要原因，就在于从一己角度出发产生的盲目自信，因为有局限性的个人往往会轻视对手，正所谓"同行相轻"。在刑事诉讼中，由于司法人员办案的专业化、批量化、员额制和组织程序保障，司法人员的专业度强于绝大多数律师。但在问题案件中，由于当事人越来越重视专业律师的作用，专业刑辩律师常年"批量"办理大量问题案件，很多专业刑辩律师也能与优秀的公诉人势均力敌。

没有任何一个人或者一个职业，是天生应当获得或给予尊重的，白给的礼遇只是出于个人礼貌和个人修养。律师之中不乏佼佼者，检察官中也有"你办的不是案子，而是别人的人生"的刘哲。职业尊荣，来源于每一个个体在每一个案件中所做的不懈努力。

何时同侦查、检察人员沟通，沟通时是全盘托出还是有所保留，沟通时如何既体现对对方的尊重又不失自己的尊严身份，法庭上如何反驳公诉人的观点并且引起法庭的注意和认可，这些看似不起眼的问题有时却会使人感到困惑。具备良好的专业素质，采取恰当的辩护策略，加上自如的沟通能力，是实现辩护目的的保证。而有效沟通，是充分表达辩护观点，实现辩护目的、升华辩护艺术的必要前提。因此，沟通能力，是刑辩律师专业素质外化的一个重要方面。

笔者认为，仅仅靠沟通技巧并不能使一个刑辩律师的辩护获得成功。圆润得体的沟通背后，一定要有实质的沟通内容作为支撑。具备好的沟通能力可以在工作中顺风顺水，而较弱的沟通能力有可能使简单问题复杂化，人为增加工作难度。

一、沟通前：知己知彼，充分了解沟通对象的特点和需求

绝大多数公诉人、法官都非常忙碌；尤其是法官，加班加点属于常态。对基层检察官、法官来说，手头几十件左右的待办案件，十件以上的待开庭案件，一两件需要请示、汇报的案件同时存在，是日常状态。在这种压力之下，不要指望有大块的、专门的沟通时间。辩护律师必须见缝插针，通过各种途径开展沟通。

1.不同办案人有不同风格。公诉人、法官之间也有差异，或者属于抓大放小型，或者属于严谨细致型，或者属于稀里糊涂型。从哪里可以看出来他们的个人风格呢？诉讼文书。看起诉书、判决书的格式、措辞是否严谨。当然，一个一贯严谨的公诉人或法官，也会有失误的时候，但从他们制作的起诉书的文字表达，就可以看出他们的大致水平。

2.公诉人和法官有差异。公诉人更重视案件的起诉标准，这种起诉标准与判决标准通常差异不大，只有特别专业的律师，可以从中发现端倪。比如，一个案件，起诉的是A罪名，判决的是B罪名；或者起诉的是ABCD四个事实，判决认定的是AB事实甚至只认定了C事实，虽然也属于起诉质量不高，但毕竟不是无罪案件。而法院对证据规格的要求，越来越严格；有些情况在检察院暴露不出来，但是经过庭审可以暴露出来，需要法院处理和判断。而且法院更讲究判决的社会效果、法律效果的统一，他们考虑案件问题既宏观又微观；既考虑大的影响力，又考虑细节事实的证据问题。一般来说公诉人更强调对卷宗证据事实负责，法院更强调对案件整体负责。

3.基层、中级、高级、最高人民法院和基层、市院、省院、最高人民检察院

又有各自的特点。一般而言，基层检察机关在起诉时会将法定情节列明，而市级检察机关一般只在起诉书中认定基本事实和基本罪名；市级检察机关和市级人民法院一方面承办大型案件，另一方面要对下指导和审理基层上诉案件并出庭支持公诉，实践经验和业务水平相对较高；而高级人民法院和省级人民检察院对下指导比较宏观，并且承担最高人民法院、最高人民检察院的理论调研任务比较多，他们的理论水平比较深厚。

以上是控方、审判方的一个比较脸谱化的总结。当然，仍然要强调的是，在群像之下，一定有个人的不同特色，这种个人特色也是需要我们加以注意的。

有人说，“律师是做人和人的工作，是一个读人的职业”。有效沟通的前提，首先要研究“客户心理”，就好比很多有经验的律师在代理民商案件时，会搜集对方律师的资料，了解对方律师的典型案例、代理风格、相关背景，做到心中有数。我们在办理刑事案件时，也应当尽量了解案件承办人员的基本情况，所在地区的风格，起码在心中有个大致的概念。至少应当了解性别、年龄、大致工作年限，方便调整我们的沟通方式。

在侦查阶段，我们手中并不持有侦查机关的侦查卷宗，这导致如果我们指出他们侦查中收集证据或者采取强制措施等方面存在违法情况，侦查机关有可能采取一些措施加以弥补甚至掩盖，使得我们将来拿到卷宗时无法获得相关的证据材料，也就无法提出非法证据排除，对辩护不利。因此，我们主张，在侦查阶段，可以同侦查机关就案件事实、法律定性等实体问题进行充分的探讨。尤其是关于实体无罪的辩护意见，一般而言，都要尽可能及早同侦办机关进行沟通。通常来说，侦查机关在此时还处于“侦查假说”的提出阶段，此时不会有太强的有罪推定观念，愿意及时发现错误，无罪意见容易获得重视和认可，促使侦查机关尽早撤案，最大限度保障当事人的利益。程序越靠后，阻力越大。说服一两个人比较容易；说服多个人以及多个人背后的组织就非常困难。尤其对于大多数无罪辩护意见，能在立案之初、批捕阶段提出就要第一时间提出，尽可能影响立案、批捕结果，尽早结束刑事侦查、司法程序。

庭前沟通应不应该有所保留？有人说，如果把辩护意见全盘托出，公诉人就完全掌握了辩护人的辩护意见并且充分准备，可能不利于庭审辩护效果。其实这是对自己专业能力、应变能力、对辩点内心确信程度不高、不自信的表现。事实上，即使在庭审中提出了让公诉人不能及时应对的问题，如果问题严重，就会启动延期审理程序；如果问题不严重，就不会影响判决结果。

二、庭审发问

形式是内容的载体，形式可以彰显内容要义，使得内容得到更好地揭示。技巧也是形式的载体，技巧应当纯熟，甚至炉火纯青，但技巧不应掩盖真相，不能让技巧超过品德。

虽然中外律师对职业道德的理解并不完全等同；但大体上中外有司法裁决职能的组织都负有客观中立之义务。换句话说，私人律师作为私权利的守护神，可以依靠所有不被禁止的技巧帮助当事人实现利益最大化。但负有居中裁判职责的组织不行。

真相和程序正义是不分伯仲、同等重要的。根据现代司法理念，程序正义显然是实体正义的前置条件。

无论是庭审调查，还是听证调查，虽然执行的法律并不相同，但法理基本趋同。程序合法是实体公平公正的保障。执法者的权力不受限制和约束，必然造成对执法对象权益的侵犯。

应当重点指出的是，控辩双方固然存在智识上的差异，但立足于证据、事实、法律，才是控辩对抗的全部要义。如果辩护律师对案件争议焦点问题把握不当，庭审技巧不足，造成当事人的“悲剧”在所难免。

一言以蔽之，在庭审发问中，控方以指控为中心，但仍然要遵守客观义务，不能为了指控，利用控方的强势地位，利用发问避重就轻甚至混淆是非。辩方则要利用发问澄清控方引起的异议，控制庭审节奏、防止法庭形成片面印象。

三、庭审中沟通的注意事项

1.适宜的态度对正常有效的沟通至关重要。应当时刻注意法庭的气氛并有一定驾驭能力。一个受欢迎的律师一定要具备专业素质、尊重法庭并保持良好庭审气氛的能力。尊重法庭不代表要自降身份，相反是法治精神的体现。遇到固执而又专横的法官，老练的刑辩律师仍然能充分表达辩护意见。

2. 对案件事实、证据要烂熟于胸。举质证时干净利落，迅速提示法庭证据所在的卷宗、页码，对案件事实涉及的姓名、时间、地点、数字精确阐述，是专业、负责的最好表现。

3. 简略、清晰、有逻辑地脱稿发表辩护意见的能力。有时候必要的重复虽然是法官不喜欢的，但对重要问题、重要辩点的适当强调，可以加深法官印象、增强说服力度。

4. 不代替被告人做事实陈述。对重要的案件事实，只能尊重被告人自己的意见，或者对卷宗中的证据进行证据辩护或者进行不能排除合理怀疑的辩护。不能因为担心被告人对事实的供述对其不利，就代替被告人陈述事实。

5. 良好的沟通不代表一味妥协。良好的沟通有很多表现形式，妥协只是为了实现辩护目的的沟通方式。比如，我们态度很友善，不代表我们在排非的时候就失去了自己的立场，或者对本该坚持的意见打折扣。相反，不仅妥协是一种沟通策略，坚持或者强硬也是一种沟通策略。根据案情的不同需要，或者沟通的发展变化，应当随时调整策略。

6. 良好的沟通不是一团和气。良好的沟通应当是有效的沟通，应当是服务于辩护目的和辩护策略的。控辩审三方呈鼎足之势，这种三角关系决定了控辩的沟通应当是在对抗基础上的沟通，良好沟通是为了更好地对抗，既不能为了沟通弱化了对抗，也不能为了对抗而不考虑沟通方式方法，通过控辩对抗式沟通实现同审判方的沟通，实现说服审判方的目的。好的控辩审的沟通应当是建立在对对方角色尊重的基础之上，立足于辩护职责，为了充分表达辩护观点、取得对方认同，从而最终实现辩护的目的。

7. 有效沟通的根基在于过硬的专业素质。这是需要反复强调的。一般而言，如果我们的辩护意见没有被采纳，首先应当检省自己的辩护意见是否切中要害，辩点是否准确、论据是否充分、论证是否有力。

8. 口头沟通后要注意及时用文书巩固、强化沟通效果。口头沟通中如果某一个问题没有说透或者是某个辩点获得了对方的初步认可，沟通后要立即着手组织论证严密、充分的辩护意见或者补充辩护意见对口头沟通效果进行加强、巩固；还可以在书面辩护意见中进一步用案例加强说理效果，增加对方的内心确信。除了内容切中要害这一最关键要素之外，高质量的文书排版，表达核心观点并且直击痛点的标题都有画龙点睛之效，可以使辩护意见在形式上给人美感，从而引发阅读兴趣。

9.沟通双方的知识层次相当、频道相同是有效沟通的根基。能在同一个层面上交流、沟通，是沟通是否有效的决定性因素。博士生导师与小学生之间就不能叫作沟通，而是讲解或者教导。不要依赖检察官或者法官为你讲解案件的问题，或者指出你对案件的错误认识。辩护律师必须在智识上不低于司法机关办案人，才有可能看出他们看不出的问题，并且说服他们接受你的观点。从这个意义上讲，刑辩律师必须具备更高的智识水平，才能实现有效沟通。就普遍情况而言，一些公诉人和法官相对不重视辩护意见，也与刑辩律师对业务研究不深不透、水平不高有直接关系。

技巧是毛，可以学习，但扎实的基本功是皮，必须下笨功夫。技巧都是专业纯熟之人总结出来的。专业纯熟一定是长期艰苦努力的结果。不要想着学会了技巧就可以成为沟通高手、刑辩大咖。只有潜心研读法律，研究判例，研究个案，用大量案件刻意练习培养出良好的法感觉，才能保证沟通的内容有效。硬核的内容永远大于形式和技巧。

有人说，公诉人辞职做律师虽然有优势，但也有不足，因为会有控方思维同辩护思维的转换问题。这是不了解公诉人、法官思维的表现。以公诉人为例，一个优秀的公诉人绝不会只有“控方（追诉）思维”，一定还具有“辩方（无罪、罪轻）思维”，他们拿到案件不是简单起诉了事，而是要先审查案件是否存在问题，存在哪些问题，通过退补加以完善纠正。这也使得一名优秀的公诉人转型为辩护人后，能够从正反两方面审视案件，其对大多数案件的辩点审查自然如同“探囊取物”。

庭审中如何有效表达

通常人的注意力集中时间只有十五到二十分钟，在庭审过程中，法官也难免有走神的时候。而庭审中的重要信息，对于辩护律师来说，就是我们的见解和主张。怎么把法官的注意力从他手中的材料中吸引过来，集中到你即将开始的发言上呢？怎么才能让我们的主张被法官听清楚并且在一个月甚至更长时间以后，甚至在法官又开了数次庭之后，还能记得我们发言中的关键信息呢？有一些小技巧，可以尝试借鉴。

一、正式发言之前，有意停顿三秒钟

当进入法庭辩论程序，公诉人的公诉意见发表完毕，审判长示意辩护人可以发言时，通常辩护人会及时以语言或眼神回应审判长：我即将开始发言。大多数辩护人会立即接过话头开始念事先准备好的辩护意见。我们会发现，有些审判长在“如期”听到辩护人按照一般流程念到“审判长、审判员，受××律师事务所指派……”的时候，他就放心地低下头，看他手中的书面材料去了。通常他只留了一只耳朵听你的发言，如果你此前的发问、质证并没有让他对你的辩论发言形成期待，尽在掌握时，那他恐怕连一只耳朵也不会留给你。

因此，在重要的发言之前，可以有意识地设计一个停顿，试试先不要急着发言，停顿那么两三秒的时间。这两三秒的停顿通常出乎听者的意料之外，从而引起听者的好奇心，使所有人的目光和注意力集中在辩护人的身上，那么辩护人接下来的发言就显得备受期待和瞩目。这当然也会是审判人员的正常反应。这是一种欲擒故纵，欲扬先抑的技巧。

需要注意的是：

1. 这种有意的停顿不宜过多使用，否则会因为痕迹太重引人反感；

2. 停顿的时间不宜过长，否则就真的变成了冷场；

3. 停顿时不能低着头无所作为，应当调整状态，可以抬头环视庭审现场，发现众人已经把注意力和目光集中到自己身上时，立即开始发言；

4. 确保发言内容配得上大家的关注，否则就成了哗众取宠。

二、言简意赅与巧妙重复相结合

庭审中经常听到法官在法庭辩论前叮嘱各方：庭审调查中已经发表过的观点不要再重复了。庭审中，当事人或者律师的发言被法庭打断的现象也很常见：这个观点已经发表过了，本庭已经听清楚了，请不要再重复发言。重复，被视为庭审发言中的大忌。那么，是不是庭审中要完全避免重复呢？

我们都有背单词或者听课的经历。当我们认真投入地听完一堂课，或者背上三十个单词，一天之后，这些信息我们只能记住七八成，半个月后，如果我们不复习，这些信息只能留下二三成的部分。记忆的暂时性常常使得说服的效果不够持久，庭审之后审判人员需要重新回忆某方观点，或者借助文书回忆庭审过程，他的回忆有可能变了味，也有可能他在阅读时加入了自己的思考，为了达到说服的最终效果——被法官记住并在需要的时候能合乎原意地表达出来，对关键信息的重复是必要的也是可行的——必要的重复可以强化对己方有利的优势，并“强迫”审判人员记住这些重要的信息。即使冒着被制止的风险，如果确有必要，也应当敬业地重复那些确有必要的重要的信息。如何重复才能不被打断？这就需要多多转换表述的方式和角度，注意表达的多样性。

比如，一个故意伤害致死的案件，我们认为行为人是正当防卫，被害人应当自我答责，在庭审中，我们可以这样使用重复的技巧，从多个角度去重复我们的观点：

在庭审发问时，对案发原因进行着重发问，并在发问完毕后对被告人或被害人的回答进行点评定性：审判长，我对被告人（被害人）的发问暂时到此，被告人（被害人）陈述的事实证实了本案是由被害人的不法侵害行为引起的被告人的正当防卫。

在之后的庭审举证阶段，在相关证据进行质证时，有意重复上述观点：审判长，辩护人对该份证据三性无（有）异议，对证明问题有异议，该份证据证实被害人在先实施了对被告人的不法侵害行为，等等。

在庭审辩论时，第三次重复观点：在方才进行的庭审调查阶段，公诉人出示的××证据，证实了被害人使用致命凶器殴打被告人头部，不法侵害正在进行……

在庭审发言结束时，第四次重复观点：方才，辩护人从多个方面，充分论证了被告人属正当防卫且无过当的观点……

在第二轮发言时，第五次重复观点：鉴于公诉人不能举证排除或推翻辩护人的论证，我方坚持被告人是正当防卫且未超过必要限度……

当然，好的庭审效果还离不开细致的庭前辅导，我们需要在开庭前将开庭程序、注意事项、常见突发问题及应对等内容，充分地讲解，帮助被告人以适当的姿态和态度出现在法庭之上，并且对法庭程序和各种状况有所预见，使得被告人不急躁、不慌张，给他“一切都在辩护律师的掌控之中”的踏实心态。比如，我们可以提前告诉被告人，如果公诉人在发问时不让你解释，甚至不让你过多说话，你不要着急，之后的辩护人发问环节中，对公诉人不让你说的话，但对我们有利的事实、情节，我都会给你机会让你充分向法庭讲述出来。

三、提炼关键词，聚焦案件核心问题

提炼关键词也是我们反复强调的重要技巧。用几个关键词将案件的核心问题、辩论焦点提炼出来，是贯穿在整个庭审表达中的另一个有效策略。这是因为，有争议的案件的庭审通常时间会比较长，而审判人员总会希望庭审早点结束。在我们参加的庭审中制造一些亮点，吸引审判人员的注意力，克服其对庭审的疲乏感，使其对案件的庭审投入更多的热情。通过一个或几个关键词实现标签化，应当符合并突出主题，以使庭审过程的程序化减弱、使命感增强，勾起参与者的责任心。主题是辩护人有意给案件赋予的有利于己方的心理标记，用以对案件争议焦点进行有倾向性的提炼和概括，当然这种倾向性是基于辩护人的职责和角色——这种倾向性必须是有着牢固的事实、理论、法律、证据、逻辑基础的。这些方法可以使我们的观点更集中，逻辑、条理更清晰，更容易被记住，还可以使我们的发言显得更简洁、干练。

四、在理性表达和感性表达中寻求平衡

律师的表达应当严谨客观，但是生硬的说教是没有人能听进去的。在刑事案件中，感性的语言富含生动性，能够帮助听者更好地“感受”到发生了什么，从情感上融入这个事件，将我们想传达的，对辩护有用的要素铺垫出来。在对案件事实的平实的表达中注入对人物命运的关切之情，使得辩护人更有亲和力和人情味，可以使枯燥的论证听起来更加生动感人、不容反驳。

1. 用清晰、简单、容易理解的发问引导被告人陈述案发情况。在对被告人或证人的表达能力有足够把握时，可以通过开放性的问题，引导其自己讲出事情经过，将律师的介入感降到最小，引出描述性的回答。如果对被问话人的表达能力不了解或不确信时，可以通过直接的、简洁的短问做一些试探。

比如，在直接询问和陈述观点时，使用简单的单词和短语，使发问和发言更为清晰、简单、容易理解。比较这样两组问话：

你与被害人是什么关系？ VS被害人是你的女友吗？

你与被害人有什么矛盾？ VS案发前她要与你分手吗？

案发前你与被害人有交谈吗？ VS案发前你跟她说过话吗？

案发后你干了什么？ VS案发后你拨打110、120了吗？

语言的感性，可以使听者觉得生动和印象深刻。左侧的问题属于开放性问题，回答具有一定的不确定性；右侧的问题带有一定的指向性或者说诱导性，有可能引起对方的反对，可适用于没有争议的事实，使问题更简洁、通俗、易懂、感性。

在使用开放性问题时，为了避免失控，可以及时进行范围和主题的提醒和调整，比如：

问：案发前发生了什么？

答：当天我跟同事一起下班，进入电梯，我们研究周末去哪儿玩，然后我们按约定一起赴前同事的宴请……

问：你同被害人第一次见面在什么地方？

答：在吃饭的饭店。

问：怎么引发的冲突，请具体描述一下对方的语言（行为）。

答：他们嫌我们说话声音太大，对我们骂骂咧咧。

……

这种及时调整，把对话限定在有效的特定范围内，可以避免对话的冗长、离题万里，引起听者的厌烦情绪，节约庭审时间。

2. 对公诉人的野蛮发问情况，要适时提出反对。在庭审发问中，为了节约时间和直接获得特定的答案，公诉人的发问有时会使用封闭式问题，要求被告人或证人只能回答“是”或者“不是”，不允许解释。如果确有必要，辩护人可以提出反对。比如：

公诉人：被告人，听见对方的谩骂后，你是不是拿起酒瓶走过去并用酒瓶打了被害人的头部?

被告人：我走过去，开始并没有想打被害人……

公诉人：被告人，请直接正面回答我的问题，打还是没打?

被告人：打了。

辩护人：审判长，反对公诉人的发问。公诉人这种断章取义的问题，掩盖了事实真相，应当允许被告人对事实进行必要的描述。

审判长：反对有效。被告人，你描述一下，你拿起酒瓶走过去以后，发生了什么……

被告人：我的同事们赶紧跑过去，要把我拉回来，我们正往回走，对方的两个人拦在我们前面……

3. 做好被告人的庭前辅导工作。在很多庭审中，审判长并不会如上述所示支持律师的反对意见，如果审判长态度强硬，辩护律师也不必坚持，只要在庭前辅导工作中已经做了充分准备即可应对。在庭前辅导中，要告诉被告人，一旦庭审中发生了公诉人野蛮发问，只能回答“是”或者“不是”，试图掩盖真相或支持指控，且审判长不予制止时，辩护人将通过接下来的发问澄清事实，被告人不必着急，也不必慌乱。比如：

辩护人：被告人，刚才公诉人问你，你拿起酒瓶后走到对方桌前，用酒瓶打了被害人头部，对吗?

被告人：对。

辩护人：但是方才你想解释在用酒瓶打被害人之前，还发生了一些事情对吗？

被告人：对。

辩护人：现在请你向法庭陈述一下，这期间发生了什么？

被告人：我一生气，便拿起酒瓶向被害人那桌走过去，没等走到地方，我的同事们就赶紧跑来拉我回去，我们往回走了几步，被害人拦在我们面前骂我们……

通过这种补充发问的方式，让被告人得以解释，将事情经过描述得更完整，使对辩护有利的重要情节、关键事实呈现给法庭，为辩护奠定事实基础。

在这些辩护人的发问或者补充发问中，感性的色彩并不深厚，但实际上是有感情色彩的——基于辩护人角色的倾向性。这种感性和倾向性，可以避免我们问出“公诉人”问题，提出具有控诉、揭露意味的“纠问式”问题来。

比如，以下的问题就属于辩护人“穿越”了公诉人的角色，背离了辩护人的职责，呈现出一种对犯罪事实的“纠问”色彩，是辩护人对己方当事人不恰当的问话方式和语气：

辩护人：“被告人，你说你拿着酒瓶没有打被害人，那你干什么去了？

“被害人的伤是不是你造成的？

“除了用酒瓶打被害人头部，你还打被害人什么部位了……”

由上述举例也可以发现，在一个案件中，通常会存在对事实的三种看法：己方的事实，对方（控方）的事实和审判人员认可的事实。哪一方所主张的事实会被审判席上的法官所接受认同呢？这在很大程度上取决于在庭审中哪方当事人主张的事实更有说服力。

在澄清事实基础之上的理性表达中适度注入感性表达，就可以增强说服力。感性表达也就是适度煽情，也是一把双刃剑。用好了威力无穷，用不好恐怕会适得其反。好的煽情，建立在坚实的事实证据基础之上，以平淡坚定的语气自然流露，避免刻意煽情的嫌疑，运用时让合议庭不忍破坏和打断，并闻之动容。煽情时被打断的悲剧，大多是因为痕迹过重，对听者是一种摧残，逼得法官不得不出手制止。具体而言，律师在感性表达时，要注意以下几个问题。

1. 感性表达要注意方式方法。虽然司法是理性的，但法官是有温度的活生生的人。他们一方面依靠法律推理能力去判断案件，另一方面不可避免地具有人类普遍的某些固有观念或者情感模式。在表达对法庭的尊重的同时，展现自己的理性和风度，是一种煽情；语速、音量、停顿和语调变化对大家的吸引力也是一种煽情；你的坐姿，身体、手臂和手的动作，面部表情和眼神交流等身体语言传递的权威感和可信赖程度，都是煽情的一部分，都对煽情的成功与否起作用。情感的理性、压抑表达，反而常常会起到撼动人心的效果。作为法律专业人士理智克制的表达是身份需要。煽情一定不能像诗歌朗诵那样泫然欲泣，而要像冰山一角，留在水面下的，才是热烈真挚情感的全部。有效的煽情必须建立在可靠的信息基础之上，而且必须适应于当前听众的实际状况，是恰到好处的回应或引导听众情感的需要，所以好的煽情不可能是千人一面千篇一律的。套路化的煽情可能聊胜于无，但实在乏善可陈。

2. 感性表达需要扎实的基本功做支撑。所有的技能都不是技能本身，并不能像数学公式一样可以拿来直接套用。一个好的庭审表现，其实是综合能力的集中体现。需要有扎实的基本功，比如熟悉庭审程序，否则就会在庭审中显得手足无措；还包括案件涉及的法律问题纯熟，否则就无法在发表意见的时候言之凿凿、掷地有声；还包括对卷宗事实及背景资料的了然于胸，否则就无法迅速发现对方的问题并及时指正。煽情能否成功直接取决于对核心问题的提炼和拔高是否准确。大凡名师大家，都有深深的人文情怀，如果仅有学术上的造诣，没有情怀的骨肉支撑，就难以得到广泛的认可。

3. 感性表达需要对案件有深耕细作的细致精神。这种深耕细作，不是说要事无巨细，面面俱到，而是要有专业的敬业精神。什么是专业的敬业精神呢？大概就是在办案时像办理自己的事情那样用心，能敏感地捕捉案件可能存在问题的细节，并且深入研究下去。甚至在睡梦中都会灵光一现，牵挂着案中是不是还存在哪些还没有研究透彻的问题。专业不意味着冷漠。没有与当事人的共情，是难以全身心投入案件中去的。

4. 感性表达应当从开庭的第一句开始。比如，我们办理过这样一起妨害公务案件。在北方初冬时节，警方在处置一起突发事件中，为预防发生暴力事件，现场将一名上身赤裸的旁观人员制服，压制在地面上长达十数分钟，该人多次要求起身但未获准许，于是强行起立将警察推倒致伤。庭审时，我们团队的出庭律师是这样“煽情”的：审判长，审判员，人民陪审员，最初我听到这个案件是妨害公务性质的案件，我并不想接这个案件。作为法律工作者，对警察及对公权力的公然侵犯，与其他案件有一些微妙的区别。我猜测这多半是一个反社会的不法青年。但是会见了被告人之后，我发现被告人是个直率、厚道，甚至有些呆萌的年轻人，不是我们想象的那种蓄意破坏社会秩序、公然违抗警察执法的不法之徒。为此我多次产生了为其做无罪辩护的想法，最终考虑到尊重当事人、委托人的意志的因素——他们也觉得自己很冤，但他也理解在当时情景下警察执法也有难处，我们最终选择放弃无罪辩护。在有罪从轻辩护的前提下，我只想请合议庭还原案发现场，设身处地地考虑一下被告人的处境：“零下十余度，光着膀子，就因为现场人多，情况复杂，就被以防范袭警为由，被被害人压在地上十几分钟，冷得哆嗦，求情无效，何时结束遥未可知。被告人是身高一米八零、重近二百斤的壮汉，远比被害人强壮，他若想袭警，怎么会被压倒十几分钟？”旁听亲属纷纷拭泪，但合议庭并不反感，同样深受打动。这是入情入理，融情于理。于是，被告人在开庭后很快就被释放了。由此可见，刑辩律师在庭上之表达，就好像一名演员的表演，表演的优劣完全取决于经年累月对刑辩知识技能的揣摩学习，取决于庭审前对案件挖掘研究和庭审预案的准备程度，更取决于辩护律师对被告人的共情能力。只有一小部分极偶然的情况，才取决于个人的临场发挥、语言表现能力。

法律问题绝不是简单的技巧问题，诉讼的输赢也不完全是几个技巧就能决定的，法庭审判的语言问题远远不是技巧的问题，更不是煽情能解决的问题。没有扎实的理论功底，越煽情越是哗众取宠，只是嘴上功夫。真正能打动人的、赢得诉讼的语言，往往是那些平凡、平实、质朴的话语，这些都是扎实工作、为人可信赖的表现。在此之上，煽情的效果自然流淌，难以抗拒。

检法为何不在意“三阶层”理论

“只了解一个国家的人，实际上一个国家也不了解，因为不考察一个国家与其他国家的区别，是不可能真正了解这个国家的。”“依照这一说法，如果只了解中国犯罪构成理论，实际上连中国的犯罪构成理论也不了解，因为不考察中国的犯罪构成理论与其他国家犯罪构成理论的区别，是不可能真正了解中国犯罪构成理论的。”[1]

无论是“四要件”还是“三阶层”，实质上都属于刑法解释学、方法论范畴。追根溯源，中国刑法学界就“犯罪构成体系”的争论早已开始，在2003年至2006年颇为壮观；其后逐渐落脚到对德日“三阶层”理论体系的青睐和引入。我国的专家学者在犯罪构成理论问题上的探索、研究、引入和论证，无疑是投入了大量精力的；从国内文献来源、主体上看，凝聚着老中青三代人的心血，对国内的实务现状和问题的分析不可谓不深刻，理论造诣和苦心孤诣令人高山仰止。可以断言，没有任何一位国内刑事业界人士，不是在这些前辈研究结果的滋养下成长起来的。我们站在巨人的肩膀上，从学习模仿，到形成自己的风格，甚至具有一定的批判能力，不仅是专家学者们所期望的，也是我们自己应当坚定不移努力的方向。

一、为什么“三阶层”理论在中国实务界没有得到迅速普及

相比较理论界的研究成果，实务界对“三阶层”的实际应用似乎时至十五年后的今天才有明显的微澜，且以刑事辩护界的推崇为鲜明标志，形成了一定的影响。其根源大约在于：

1. 实务界对方法论指导意义认识不够。无论是司法还是理论观念的更新，都具有历史和便利惯性的惰性，必须加以克服。对刑法学的研究如果不从潜意识的

1　张明楷：《犯罪构成理论的课题》，载周光权、车浩编：《刑法学读本》，上海交通大学出版社2011年版，第159页。

方法运用转变为积极的方法研究，如果不对方法论问题给予足够的重视，强调刑法学研究中的主体意识，以“培养、发展出大气磅礴、严谨缜密之法律知识、法律方法和司法技巧”为己任，就会陷入“一国有法律而无法律之知识与方法，无司法之专门技巧，唯装点门面、铺陈摆设而已”的困境之中。

2. 司法机关下意识的取舍。犯罪在很大程度上是一个社会界定的问题。在我国，法院和法官对疑难案件疑难问题的能动性不强。这一方面是因为我国频密的司法解释隐含的前提是“法官是法的执行者、适用者而不是解释者”；另一方面是因为错案责任追究和行政化这两把达摩克利斯之剑常使司法官陷入两难，诉诸法条的形式化理解和“集体讨论集体负责”就成为规避风险的选择。

有罪推定以及如何论证案件构成犯罪，成为部分司法者的选择。因此，尽管“四要件”的平面化、先主观后客观的逻辑问题饱受诟病，相比较而言，“三阶层”和“客观归责”将违法和有责分层次判断，使得案件定性更加科学，已基本成为国际通说并得到实践检验和验证，也无法促使司法机关做出不一样的选择。

3. 出于书面表述习惯。从另外一个角度说，“四要件”不仅为司法实务界所习惯应用，可能还由于表述习惯使然。实务中绝大部分案件并不存在重大争议，如果用“三阶层”体系来论证案件，在第一个“回合”构成要件该当性的论证结束后，绝大部分并不需要反向分析“违法”和“有责”问题，使得检察机关的《审查报告》和人民法院的《审结报告》当中，对案件事实的法律分析论证部分，篇幅上显得过于单薄；如果起草者所在院的各级领导年龄较大、知识更新也跟不上节奏，工作报告还会有卖弄和为难领导的嫌疑。居中审判的《判决书》中的书面表达更是这样，只需要就双方争议的主要争点进行评议，再得出“构成要件该当性（通常仅引述法条原文要件）”的有罪结论。在司法人员惯用“四要件说”来论证案件的前提下，辩护律师也会自然地陷入情境，投桃报李。《刑事审判参考》（第117期）当中，也全部依照“四要件”体系来论证案件，或者只针对案件主要问题来开展论证，就是实证。

4. 出于思维习惯。大多数有一定实务经验的刑事专业人士，已经过了一板一眼“三段论”的阶段，对案件的焦点问题的提炼、把握和表达，都更加追求经济和实效。换言之，控、辩、审三方，只有检察机关指控犯罪需要建立在扎实理论的基础上，从而需要利用“四要件”或“三阶层”理论的“套路”来严格论证案件事实和法律问题。而辩方和审判方一般只考虑案件的核心争议问题，对潜意识里使用了哪一种理论框架解决问题并不十分关注。

二、刑辩界对“三阶层”理论出罪化的应用

我国刑事法学理论的发展和命运无不与社会的发展和命运息息相关，体现了国家、社会、个人之间此强彼弱的转换关系。从对“四要件”毫不犹豫的应用，到对“主客观相一致原则”的追随，再到证据层面的“印证黄金原则”成为司法实务的主流，应当说，在如山的案卷中，坚持理论的更新和对“常规思维”的反思，并不是大多数人可以直接具备和获得的能力。变革不仅需要实际基础，还需要胆识和勇气。这种胆识、勇气显然在刑辩界更具有市场，因为刑辩律师根本上需要适应市场经济，无论是能力还是专业的落伍，都意味着有被市场淘汰的危险。“三阶层”理论在实务层面，被刑辩界被首先大力提倡就属必然。

勿庸置疑，“三阶层”体系理论是实质的解释方法，更有助于个案公正，因而也更有助于辩护。一方面，“专业刑辩律师”同样以具有“敏锐的刑法直觉”为要件（经过长期的理论和实践的打磨后，对案件事实深刻、简洁洞察的能力），根据“先破后立”的角色需求和表达经济、有效的要求，通常不需要将构罪理论作为论证支撑；另一方面，在案件专业化程度水涨船高、法律争议日趋成为案件主要争议的当下，仅靠“存疑有利于被告人”“不能排除合理怀疑”和“非法证据排除”等论证完全起不到应有作用的情况下，“三阶层”方法论的基本逻辑和概念就成为新的制高点，能够起到增加沟通顺畅性和说服力度的作用，有时可以成为突破“辩护瓶颈”的有效手段。当辩护律师抛出理论上已基本成熟仅在实务中被人为回避的“三阶层”理论体系及其概念时，就可能成为司法人员“绕不过去”的问题，从而迫使司法人员重新审视案件根基。

三、“三阶层”理论在我国刑事实务界的正确打开方式

在刑事辩护中运用“三阶层”理论是变化的开端。司法机关对“四要件构罪

体系”的沿用无疑一直在对刑辩界起作用，限定了双方交流的语境，从而抑制了“三阶层”等理论在中国刑事实务界的普及应用。当下刑辩律师运用“三阶层”理论开展辩护，对司法机关“四要件构罪体系”的“理论惰性”势必产生应有作用，倒逼司法机关被动适用“三阶层”理论来分析问题、解决问题，从而回应辩护人的质疑。

司法文书对“三阶层”理论应用的示范效应。既然“三阶层”“违法”和“有责”“先客观后主观”等先进理论已经被验证相较“四要件说”更具有科学性、更符合思维规律、更能防止“刑法主观主义”，更有利于实现“个案公平正义”，那么在司法机关内部文件《审查报告》《审理报告》当中和司法机关对外公文《起诉书》《判决书》中，对案件法律问题的论证中强制普及“三阶层”论证框架和基本方法，弃旧迎新，也会使得司法机关再次站在先进理论应用的潮头，彰显对个案公正的追求，值得期待。

理论界对实务界的理论引导作用仍不可忽视。周光权教授对林某青案的评析意见中，明确提出“中性业务活动”的概念，从“中性业务活动与帮助犯的限定”，指出“律师从事民事代理业务不可能增强正犯行为的危险性，反而是降低正犯危险性的行为，欠缺犯罪意义关联，难以成立帮助犯”，来论证林某青案的深层次法律问题，使我们再次领略到专业学者对案件核心问题“概念化”和“阶层论”对论证案件问题的重要作用。

当前我国正处于深刻变革阶段，司法界和刑辩界面对更多复杂问题的挑战，应当密切关注理论界的实务研究成果，一方面要勤于学习，加快知识体系的更新和查漏补缺，另一方面也要善于尊重和能动地运用“外脑”来弥补知识体系的不足。

理性看待对“法源国”理论体系的“研究热”。对绝大多数刑事实务界人士而言，立足国情、运用先进理念能动地作用和反作用于司法和辩护实务，是当务之急。对国外理论的学习研究，不应绕过对国内刑法实务根本问题的深入思考，对国民意识的深刻体会认识，对自己的国情的深层了解，对自己学习所处阶段、自己对域外知识消化吸收能力的正确认识，否则，要么水土不服，要么消化不良。

当然，“三阶层”等理论在司法实务界的应用也并非没有例证。因此，有律师发出“公诉人都用‘三阶层’了，辩护律师还在用‘四要件’吗”这样的呼声。总而言之，刑事业务知识和理论研究是没有边界、没有终点的。循序而渐进，熟读而精思，博观而约取。反复研究典型案例，深入研究个案专业领域知识，比较思考国内专家学者的专著学说，根据业务需要和个人兴趣拓宽知识横面和拓展知识纵面，始终还是适合大多数人、比较经济有效的首选。正是：见微知著，其志沈沈，守正待时，有守有为。

第三章

案例研讨篇

如果给刑辩小白们一个相对迅捷的进阶之路，那就是大量研习案例。通过案例学习刑辩技术，通过大量的案例形成体系化的刑辩能力。现在不仅可以研究最高司法机关颁布的指导案例，还可以系统搜索大量类案进行专项研究。如果能以输出（办案、写文章、讲课）为目的输入，则效率更高、效果更好。

——作者题记

第一讲　从热点案件看辩护律师的专业化路径

在自媒体时代，引起全民关注同时也引爆刑事法律界的热点案件层出不穷，从未让法律人感到过寂寞，甚至有应接不暇之感。当一个事件成为社会热点，对热点问题的法律评论应当引起我们的关注、学习。在有能力有精力的情况下，尽力去参与讨论，参与思辨、独立思考，促进理性。对热点案件的研究有非常多的好处，尤其是我们可以通过业内大量的分析文章来回顾、审视、反思自己与文章认识的偏差、差距，逐渐校正自己的思维方式、发现自己的知识盲区或者一知半解之处、培养自己更加精准的刑法感觉，从而提升自己的刑辩能力。通常我们会发现，即使是业内的专家学者或者著名律师，其对事件的评论、见解也往往并不一致，有时是出发点不同，有时是对法律的理解不同。从明星偷税，到著名运动员被判禁赛八年，如果我们追随这些热点事件，深刻挖掘、学习和体会事件发生、发展、定论的过程，一定会受益颇多。这种多角度、高规格、高质量地复盘、解读一个事件的机会，着实不容错过。

明星偷逃税款事件——盲目自信要不得

早年影星刘某某因偷税罪被判入狱事件，给很多人一种根深蒂固的认识：偷逃税就是一种犯罪行为。因此，在范某某片酬偷逃税事件曝光之初，很多人（包括一些知名律师）都公然声称，范某某已经“构成了”偷逃税款类的犯罪。

律师是法律之师，很多非法律人甚至认为律师就是“背法条”背出来的，是“移动的法典库”，对律师的专业性有着非常高的期待。虽然这种期待带着误读的成分——那只是影视剧中的虚构情节，但是我们不能因此就放松了对自己的要求。因为我们不是“移动的法典库”，所以对于具体的事实、罪名的相关问题，在解答之前“做功课”，就不仅是一名律师专业度的体现，也是一名专业律师的责任心的体现。

现行《刑法》第二百零一条规定：“纳税人采取欺骗、隐瞒手段进行虚假纳税申报或者不申报，逃避缴纳税款数额较大并且占应纳税额百分之十以上的，处三年以下有期徒刑或者拘役，并处罚金；数额巨大并且占应纳税额百分之三十以上的，处三年以上七年以下有期徒刑，并处罚金。扣缴义务人采取前款所列手段，不缴或者少缴已扣、已收税款，数额较大的，依照前款的规定处罚。对多次实施前两款行为，未经处理的，按照累计数额计算。有第一款行为，经税务机关依法下达追缴通知后，补缴应纳税款，缴纳滞纳金，已受行政处罚的，不予追究刑事责任；但是，五年内因逃避缴纳税款受过刑事处罚或者被税务机关给予二次以上行政处罚的除外。”逃税罪是比较典型的行政犯。行政犯又称为规定犯，与刑事犯相对称，指违反行政法规而应受刑罚处罚的行为。其特点是其违法性由行政法规、条例或政令规定而成立，没有这些规定则不存在违法性。

本罪经《刑法修正案（七）》修改，将原偷税罪修改为逃税罪。但管辖的具体行为和案件范围与原偷税罪基本相同，最大的不同之处就在于增加了对逃税罪不予追究刑事责任的特殊规定。根据《刑法》第十二条的规定，对《刑法修正案（七）》制定以前发生的行为，适用不溯及既往和从旧兼从轻的原则。也就是说，如果1997年《刑法》认为是犯罪，《刑法修正案（七）》也认为是犯罪，依照《刑法》总则第四章第八节关于时效的规定应当追诉的，按照1997年《刑法》追究刑事责任；如果《刑法修正案（七）》不认为是犯罪或者规定的处刑较轻的，适用《刑法修正案（七）》的规定。具体来说，就是对《刑法修正案（七）》颁布前的偷税犯罪行为还应当追究，但是在决定是否追究刑事责任时有两点需要注意：一是应当看行为人是否符合《刑法修正案（七）》规定的不予追究刑事责任的三个条件。对于符合条件的，可不追究刑事责任；对于不符合条件的，应当追究刑事责任。二是看行为人逃避缴纳税款的数额是否达到“数额较大”的数额标准和规定的比例，“数额较大”的具体标准要根据相关司法解释的规定认定。

《刑法修正案（七）》对逃税罪规定了一个不追究刑事责任的特别条款，将是否补缴税款和缴纳滞纳金，接受税务机关的行政处罚作为是否追究逃税初犯者刑事责任的前置条件，这个规定将不可避免地会对税务稽查机关与公安经侦部门今后在办理逃税案件上的分工合作方式带来改变。很显然，今后对于逃税案件，公安经侦部门主动介入查处的方式已不合适。因为根据修正案的特别规定，对逃税行为是否追究刑事责任，主要看逃税人是否满足法律规定的三个先决条件。而这三个条件主要看逃税人能否积极与税务机关配合、补缴税款和缴纳滞纳金、接受税务机关行政处罚。因此，对需要追究刑事责任的逃税案件，公安经侦部门等待税务机关移送就成为一个合乎逻辑的选择了。当然，除了逃税案件以外的其他涉税犯罪案件，公安经侦部门还是应当主动介入查处的。

在理解这些规定时，应注意以下两个问题。

一、“不予追究刑事责任”并不意味着“不构成逃税罪”

根据刑法学有关理论和规定，对一些涉嫌犯逃税罪的行为不予追究刑事责任，并非意味着这些行为不构成犯罪。一般认为，除了“情节显著轻微、危害不大，不认为是犯罪”的情形之外，这类违法行为还包括诸如已过追诉时效、犯罪嫌疑人或被告人死亡等情形。之所以对一些逃税犯罪不予追究刑事责任，是因为存在已经接受税务机关处理处罚这个“刑罚阻却事由”。“刑罚阻却事由”不同于“犯罪阻却事由”，前者是阻却刑罚权的行使，后者是阻却犯罪的成立。是否接受税务机关处理处罚，并不是逃税罪的犯罪构成要件，它是在纳税人行为已经构成逃税罪的情况下，不再进行刑事处罚的正当理由。但本书认为，在实务中这样的文字游戏完全没有太多的意义和价值。

二、在偷逃税款行为的查处过程中，司法机关刑事处罚权的行使不能绕过税务机关的处理

如果司法机关先于税务机关发现纳税人涉嫌构成逃税罪的行为，能否径行追

究其刑事责任？答案是不可以。本罪刑罚权的启动必须要事先经过税务机关的处理程序。如果税务机关发现纳税人涉嫌逃税罪，但采取了消极不作为、不下达追缴通知的态度，能不能绕过税务机关直接追究刑事责任？在这种情况下，司法机关可以采取合适的方式，建议和督促税务机关依法下达追缴通知，然后再根据纳税人是否补缴税款、滞纳金及接受行政处罚，决定是否追究刑事责任。如果纳税人认为税务机关的追缴通知不是依法做出，因此不服而申请行政复议或者行政诉讼，司法机关也不能一刀切地认定纳税人“不补缴应纳税款、不缴纳滞纳金或者不接受行政处罚”而启动刑事追诉程序。

物某集团张某中案的五重意义

法律是国家的产物，与当下的国情民意背景具有不可分割的内在联系。物某集团及张某中等高管再审宣告无罪，业界普遍认为，这是最高司法机关切实保护企业家合法权益的标志性案例。

涉及企业和企业家的犯罪案件，早在20世纪80年代初期，改革开放后第一批“企业和企业家”的迅速崛起和迅速倒下开始就引起过关注。那些案件是否经得起推敲，只能留待历史评说。而张某中案的平反，是涉企业家案件平反的第一大案，显然具有其重大的意义。

首先，就类案而言，它厘清了司法实务中对“不正当利益”“竞争优势”认识模糊、界定不清的问题。

其次，本案对诈骗类犯罪中非法占有目的的分析论证具有指导意义。实务中，唯结果论，唯被害人论，实行有罪推定，使得错误定罪的错案大量集中在经济合同领域，对大、中、小型企业的正常经营活动，包括对公民正常的借贷秩序、对当事人的人身权益造成了不可估量的影响，甚至已经给企业家们造成一定程度的恐慌。本案无疑是涉企业家错案平反的重要里程碑式案件，彰显了最高人民法院依法保护企业家利益，严格界定企业家犯罪底线，叫停公权私用、插手民事纠纷的损害市场经济的严重问题的导向。

再次，本案体现出最高人民法院坚定纠正错案的决心。这正是法治的希望所在。只有敢于面对问题，敢于带头修正错误，才是实现法治最正确的捷径。这似乎可以解读为，辩护人应当坚定地坚持有理有据的无罪辩护意见，甚至在有足够把握的前提下，敢于放弃诉辩交易之下的疑罪从轻辩护方案。

又次，这次纠错是对涉及单位行贿犯罪、挪用资金及诈骗领域的三个罪名做的全盘否定的彻底的无罪判决，使得大量在办的职务犯罪等非自然犯（靠亡者归来、真凶再现等不可复制途径倒逼翻案）的申诉案件看到了希望之光。

最后，最高人民法院的这次纠错，也使得法律人坚定了严格依法、严格解释法律、适用法律、准确界定事实的正确法律适用观。法律、司法解释的溯及力问题，是法律适用领域极重要的问题，它会影响到行为人对自己行为后果的预判力，进而影响到国民对自己不受不当刑事追诉这一基本权益的信心，换言之，会影响到国民的普遍安全感。严格遵守溯及力的规定，是依法治国、建立法治国家、保障公民行为可预测性、避免用“后法”追究“前行为”的“被犯罪”等不当适用法律、侵害公私合法权益的重要前提。

昆山反杀案与正当防卫的认定

由昆山案引发的理论界、实务界关于正当防卫必要限度，正当防卫与防卫过当的时间、情势临界点的深度讨论，也是仁智互见。有学者和实务专家将于某辱母案[1]与昆山反杀案相结合，做出很多精彩论证。本书也认为，于某辱母案中，于某处于“敌强我弱”的危险境地，无法精确掌握“反杀”的时间节点和恰当程度，应当属于无过当的正当防卫。相较于于某案，昆山案流传视频中，行为人夺刀反

1　2016年4月14日14时，发生在山东省聊城冠县的刑事案件。2017年2月17日，山东省聊城市中级法院一审以故意伤害罪判处于某无期徒刑。原告人杜某章、许某灵、李某新等人和被告人于某不服一审判决，分别提出上诉，山东省高级人民法院于2017年3月24日立案受理。2017年5月27日，该案二审公开开庭审理。山东省高级人民法院采取微博直播的方式通报庭审相关信息。2017年6月23日，山东省高级人民法院认定于某属防卫过当，构成故意伤害罪，判处于某有期徒刑5年。2018年1月6日，于某故意伤害案入选2017年度人民法院十大刑事案件。

刺行凶者，致其受伤逃跑，其防卫目的已经达到，防卫行为应当结束，再追杀就应属于防卫不适时，如果是追杀致死就属于防卫过当或故意杀人。但根据后来公布的查明事实，行凶者的致命伤发生在行为人夺刀反刺的第一阶段，而非追杀阶段。因此，行为人属于正当防卫，顺利释放。

对正在进行不法侵害行为的人，采取的制止不法侵害的行为，对不法侵害人造成损害的，属于正当防卫，不负刑事责任。对正在进行的严重暴力犯罪，采取防卫行为，造成不法侵害人伤亡的，不属于防卫过当。

其关键词不仅在于"行凶"等严重暴力行为，还在于"正在进行"的严重暴力行为。也就是说，不苛求对正在进行的严重暴力犯罪行为的防卫手段、方式、限度，但不能提前防卫，也不能事后防卫。

本案基本法理与"于某辱母案"类似，但又有所区别。于某案中，大多数学者、同人更倾向于成立无过当正当防卫，因案发时于某与母亲处于封闭的室内，与对方力量对比始终处于弱势。

本案与"强奸犯溺死化粪池案"（被害人将欲施行强奸的行为人推进化粪池，并阻止其上岸致其溺亡，刑法学习中的常见考题）类似，但也有所区别。强奸行为人虽在实施强奸的过程中，被被害人推进化粪池，暂时失去攻击能力；但因案发场所地处荒僻，强奸行为人一旦上得岸来，被害人仍处于可预见的极度危险中。只有允许被害人在行为人意图上岸时加以阻挡，才能确保自身权益不受更严厉的侵犯。行为人因此溺亡，也不属于防卫过当。

而昆山案则不同。行凶人借故生非，挑衅、辱骂、欺凌行为人，并取出砍刀向行为人比划。此时行为人已然忍无可忍，夺刀捅刺行凶者，后行凶人一方几人均落荒而逃，行为人追砍，行凶者死亡。

根据上述有限信息，除非是夺刀反击的那一刀直接致命，本案可能不是正当防卫。因为第一刀反杀之后，行凶人已失去行凶能力；第一刀出于自卫，其后可能出于激愤。因此，关键在于，致命伤是哪一刀造成的，发生于夺刀反击时是防卫，发生于追杀时则需要严格审查，如果一刀未致命并已致行凶人丧失攻击能力，但行为人仍继续捅刺行凶人致其死亡，行为人应对其在行凶人失去攻击能力后继续实施的捅刺行为承担相应责任。

从公布的视频中可见，行为人夺刀反击致行凶人一方两人受伤时，行凶人一伙已四散奔逃，明显处于无力攻击、放弃攻击也没有攻击能力的境况，行凶已告一段落。此时结束，成立正当防卫，不负刑事责任。

但行为人继续追撵并砍杀行凶人，此时追杀行为失去正当性、防卫性，虽于前因、情理上“有情可原”，但已不符合正当防卫关于“侵害正在进行”的要求。

有人认为，由于行凶人一方人数较多，有随时反扑或事后报复的可能性，因此可以实施无过当防卫。理论上这属于假想防卫，是要负刑事责任的。

“不能要求身处险境中人准确拿捏防卫限度分寸”的实务考量，或“鼓励公民勇敢维权同黑恶势力英勇斗争”的价值追求，都不能替代严谨的法律判断。正当防卫显然是有严格适用条件的，法律人应当在现行法律框架内解释法律。“昆山反杀案”“辱母杀人案”一定程度上暴露了以往我国司法实务中对正当防卫条款的适用过于保守、唯结果论的问题；不能依法肯定成立正当防卫、排除刑事责任，可能导致人们不敢见义勇为。最高人民检察院明确指出，在正当防卫的认定和适用中，不能“死者为大”，应当严格依法。严格依法不仅是指入罪，也应包括出罪。严格适用刑法规范，才能发挥刑法之保障功能，使人民群众敢于与违法犯罪行为做斗争，使滋事者对正当防卫的力量有所忌惮，才能最大限度地保障全社会的积极、健康的风气，才能保障人民群众的安全感。

根据官方发布信息，本案致命伤为最初夺刀反击时形成，追砍时并未砍中，因此构成正当防卫，与本文观点也是相符合的。

机票延误险诈骗案：投机还是诈骗——社会靠什么运转

900份航班延误险，300万元保费——“职业理赔高手”李某曾在航空公司工作，对航班延误的预测颇有心得，用自己及亲友身份证购买机票同时购买航班延误险，涉嫌（保险）诈骗罪。本文仅建立在以上简短信息基础之上，假设除上述行为外，李某没有实施其他涉嫌虚构事实、隐瞒真相的行为（伪造机票、延误证明等凭证申请理赔的，构成保险诈骗罪，属于典型的诈骗类犯罪行为，不具有应然层面、构成要件该当符合性的讨论意义）。

一、本案焦点

1. 获得延误赔偿的目的是否属于非法目的；

2. 使用他人身份证购买机票及延误险是否违法；

3. 不准备用真实身份乘机对上述1、2项性质的影响，即是否属于虚构保险标的；

4. 在申领延误险时没有主动告知1、2项内容，是否属于诈骗罪的手段行为：隐瞒真相。

上述焦点分割开来单独看，的确可以得出入罪的结论：采取冒用他人身份证、不以真实乘机为目的购机票及延误险，隐瞒相关事实，获得延误险赔偿。至于非法占有目的，由于行为使用了虚构事实、隐瞒真相的手段，自然应当认识到行为的不法性，获利就属于非法获利。在形式上能够与诈骗罪的行为、结果模式，因果关系一一对应。

但是，这是一种危险的形式判断。

1. 买保险当然是为了获得保险金，李某有获得保险金的目的，这能叫作非法目的吗？买很多保险当然是为了获得很多保险金，李某买了很多保险，获得了很多保险金，这能叫作非法所得吗？

2. 李某用亲友的真实身份证购买机票和延误险，通常会被认为是表见代理行为，李某为之承担法律责任：付机票款、付延费保险款、付退票款，会因为李某的这种使用使得机票、延误险自始作废吗？显然并不会。

3. 李某是否在申领延误险中有伪造证件、证明的行为？我们讨论的前提是假定她没有。那就是完全符合购买机票、延误险合法形式要件的行为。

二、实质判断

形式判断之后，就要进行实质判断。无论是网上购票，还是网上购买延误险，所有的程序都是商家设定的：身份验证、支付程序，属于要约邀请；在网络化的当代，人们的很多法律行为通过网络进行，就如同在取款机取钱，银行默认输入正确密码的人就是权利人一样，通过网络平台进行的法律行为，有其自己的运行规则。只要我们按要求输入了信息，支付了票款，就相当于要约；预订成功、出票，承诺完成，合同成立。

李某利用自己独特的技能，大量购买保险合同，获得一般人可望而不可即的合同利益，是否就自动具有了可谴责性和社会危害性了呢?

她靠的不是非法，靠的是利用机票及延误险购买机制的不足之处。

三、商业保险是一种赌博吗?

赌博的输赢具有相当的不确定性，商业保险不冒这样的风险。通俗地说，是保险公司从保险消费者身上薅羊毛，再用大家的羊毛救济其中发生（约定的）不幸的羊。

因此，李某用别人的身份证买机票和延误险的行为，不属于“骗得赌场入场券”的性质，因为赌场入场券或筹码，都只是参与赌博的前提，仅具有赢的可能性——那种主张区分远因和近因对结果不同的影响力，从而论证行为是否构成诈骗类犯罪的说法，恐怕难以在实务界得到支持，入场券不见得对结果具有比较远的影响力，如果入场券直接决定是否给予赔偿呢？本案即属适例——本案中，机票和延误险与飞机延误共同构成理赔的必不可少的前提。

四、举个真实的例子

有一次笔者一家人去公园玩，公园里有“射击汽球”的游戏，一次二十发子弹，按击中次数给予奖品。我们一家人各买了二十发，但是我和我儿子都因命中率太低非常扫兴放弃，男主人却发发命中，于是他打完了自己的二十发以后，又把我们剩下的子弹都打光了，赢了很多奖品。能说我们骗取了奖品吗?

五、李某是否违反诚实信用原则

李某在签订保险合同的时候，没有如实告知基本信息。比如，是否实际搭乘飞机。这真是有点可笑。买机票当然是为了获得搭乘飞机及搭乘飞机的附属利益呀！有必要特别指出或者否认吗？除非有特别的告知要求。

一言以蔽之，规则都是商家定的，只不过李某技高一筹，李某并没有“出老千”，“出老千”才有可能涉嫌诈骗。

六、李某有没有真实的“保险利益”（即基于真实乘机而享有的延误险利益）

商业保险不只是保险，还是地地道道的商业行为。判断是否享有保险利益，不能以行为人的心理动机为标准进行衡量，因为这种动机的考察成本过高，并且无法证实，只能以行为人是否为可能获得的保险利益支付对价、缔结了合同进行形式判断。也并不能单纯以是否实际乘机为标准来衡量。虽然保险公司理赔时根据提供的证明材料推定申请人具有乘机意愿，而行为人利用了这一点，似乎有不作为的嫌疑。但不作为犯罪的作为义务来源是有相当严格的限定的。本案显然不符合任何一种情况。

如果延误险当中没有明确规定及特殊提示，是否实际乘机、是否换登机牌，都不应成为延误险拒赔的限制。这难道不是保险公司变相拒赔、店大欺客的手段吗？

七、法律必须被信仰，否则形同虚设——双方都应当对形式合法合规的行为负责

本案的案发，足以确定行为人确实不具有真实乘机的意愿，但这种内心动机不能对抗其购买保险利益、合法缔结合同、享有合同利益的法定结果。**不能因为我们购买机票通常都有真实的乘机意愿就否定以获得延误险目的的购买机票和延误险的行为的合法性，就推定我们不以真实乘机目的购买机票和延误险的行为就具有非法性。**

机票是商品，购买商品有时不一定出于实际需要。其衡量的标准只有一个，那就是是否合规则地缔结了双方都承认和受约束的合同。游戏要遵守“游戏规则”，社会行为要遵守行为规范。行为背后的动机，千差万别，没有法律评价的必要。因为规则是客观的，可证实的；动机是主观的，难以证实的。这是法治社会的行为规则——法律不能规范和处罚内心的恶。绝大多数人都是不带贬义的机会主义者。法学关注的是一个国度内整个社会的相对长期的稳定秩序，是这种稳定

秩序中体现出来的人类合作活动的规则。

如果一个合规则的行为给人们带来罪刑，法律和规则又怎能被信仰？不要把理想状态当成社会常态；更不要站在道德制高点来审视罪与非罪的问题。我们不能用刑法的不当扩张理论及刑法的谦抑性这样的大词来论证一个行为组合是否构成犯罪。这类似于诉诸虚无。

有人说本案中动用刑法是“降维打击”，笔者也不同意：这明明是对行为人的升维打击，对刑法的降维适用。本文认为：因为形式合法，所以保险标的真实、保险利益存在，出罪。

第二讲　刑辩律师写影评

影评是考验观影人的认知能力水平的作文形式。但是，如果仅就影视剧中的法律问题进行评判，因为领域得到限制，就相对简单一些。

写影评同办案的过程非常相似，同办案一样，也是命题作文。二者都考验作者（刑辩律师）对案情要点的把握能力。专业能力弱、经验不足的作者，难以把握影片中错综复杂的关系、情节之间的逻辑关系，无法从中摘取出符合犯罪构成的事实，就像一些刑辩律师看不出一个案件中的焦点问题一样。这种能力非常重要，需要刻意练习。《少年的你》是2019年火爆银屏的反映校园霸凌主题的电影。应北京《中学时事报》的约稿，我们以《少年的你》中的涉罪问题写了一篇给中学生看的影评。

少年犯罪，谁之过欤？——《少年的你》影评

题记：成长中的灰色地带——成年（陈念）之痛

《少年的你》与以往所有青春题材的电影不同，它不是对玫瑰色青春的花样

叙述，它揭开伤疤让我们直面成长过程中最残酷的一面——校园霸凌。在影片中，校园霸凌，是胡小蝶、魏莱生命的戛然终止；是陈念、小北在短短40多天里无处逃遁的梦，是改变陈念既定人生轨迹的囹圄生涯。

一、校园霸凌谁之罪

根据联合国教科文组织的一项调查数据显示，全世界约有三分之一的儿童遭受过欺凌，部分儿童更是频繁地遭受欺凌。来自96个国家和地区的全球基于学校的学生健康调查数据显示，近五分之一（19.4%）的学生每隔一到两天便会在学校受到欺凌，二十分之一（5.6%）的学生每隔三天至五天便会在学校受到欺凌。这些霸凌行为，似乎成为介乎于道德、违法与犯罪之间的灰色地带。真的是这样吗？

镜头一：胡小蝶跳楼；跳楼前对陈念不施以援手表达愤怒和鄙视，陈念具有自省和抗议校园霸凌意味的良心之举“脱校服”，使她顺理成章地成了魏莱的下一个施暴对象，被一次次在校园里欺凌，在放学路上拦截、殴打、侮辱。

《刑法》第二百九十三条及2006年1月11日《最高人民法院关于审理未成年人刑事案件具体应用法律若干问题的解释》第八条规定，已满16周岁不满18周岁的人出于以大欺小、以强凌弱或者寻求精神刺激，随意殴打其他未成年人，多次对其他未成年人强拿硬要或者任意损毁公私财物，扰乱学校及其他公共场所秩序、情节严重的，以寻衅滋事罪定罪处罚。

寻衅滋事罪，包括随意殴打他人型（造成他人轻微伤或者轻伤的、随意殴打他人手段恶劣、残忍的，随意使用凶器殴打他人的；纠集多人随意殴打他人的，多次随意殴打他人或者一次随意殴打多人的，随意殴打残疾人、儿童等弱势群体的，均属于情节恶劣）、“追逐、拦截、辱骂他人”型等四种情形，情节恶劣的，构成本罪。胡小蝶因校园霸凌之死，属于“情节恶劣”无疑；魏莱纠集帮凶多人多次随意殴打陈念，并有拎“老鼠”情节，亦属“情节恶劣”无疑。

镜头二：陈念在“社会混混”逼迫下“亲小北”及陈念被魏莱一伙撕毁衣服、拍裸照。

根据《刑法》第二百四十六条的规定，以暴力或者其他方法公然侮辱他人或者捏造事实诽谤他人，情节严重的，处三年以下有期徒刑、拘役、管制或者剥夺政治权利。前款罪，告诉的才处理。

“魏莱”们以暴力方法公然侮辱他人，情节严重，涉嫌侮辱罪。“社会混混”以暴力相威胁，逼迫陈念“亲小北”的行为，由于小北的反抗，未造成其他恶劣后果，尚难以评价为“情节严重”。

镜头三：陈念推倒魏莱致魏莱死亡，小北“顶罪”。

《刑法》第二百三十四条规定，故意伤害他人身体的，处三年以下有期徒刑、拘役或者管制。犯前款罪，致人重伤的，处三年以上十年以下有期徒刑；致人死亡或者以特别残忍手段致人重伤造成严重残疾的，处十年以上有期徒刑、无期徒刑或者死刑。陈念在盛怒之下在台阶上猛力推向魏莱，对可能造成魏莱死亡的后果应当预见；根据剧情中陈念始终退让、克制的背景信息，假设她当时处于没有预见也不积极追求魏莱死亡结果的发生的心态，其推倒魏莱的行为属于“故意伤害（致死）”。[1] 陈念具有如下法定从轻、减轻处罚情节：魏莱对案件发生负有严重过错；陈念系未成年人。

小北明知陈念涉嫌犯罪仍作假证包庇，根据《刑法》第三百一十条的规定，其行为涉嫌包庇罪。

镜头四：魏莱和她的帮凶，提着一笼老鼠追陈念，其中一名女孩明知陈念藏在垃圾箱里而没有“告发”，使陈念逃过一劫，被魏莱称为“两面派”，共同组成校园小社会里的“恶势力”。[2]

根据《刑法》第二十五条的规定，共同犯罪是指二人以上共同故意犯罪。根据《刑法》第二十六条、第二十七条、第二十八条的规定，共犯人在共同犯罪中所起的作用大小，可分为主犯、从犯、胁从犯。

1　有观点认为此节陈念应以“过失致人死亡”论处。但笔者认为，过失致人死亡与故意伤害（致死）虽然都对死亡结果出于过失，但是否对被害人有伤害故意和行为是区分的关键。本案中，不能因为魏莱的霸凌无视陈念在高台阶之上猛推魏莱行为的故意伤害意图和性质。

2　恶势力一般不包括在校园内的霸凌势力。

魏莱在校园霸凌中起纠集、指挥的核心作用，系主犯；在共同犯罪中积极实施霸凌行为，也起主要作用，属于作用相对较轻的主犯。在共同犯罪中起站脚助威等次要作用的，可认定为从犯。受胁迫参加犯罪的，是胁从犯。主从犯之间根据各行为的作用在量刑上体现区别。

镜头五：13岁的小北为成全母亲“离家出走”；陈念母亲为躲债留陈念一个人在家上学备考。

《未成年人保护法》第一百一十八条规定，未成年人的父母或者其他监护人不依法履行监护职责或者侵犯未成年人合法权益的，由其居住地的居民委员会、村民委员会予以劝诫、制止；情节严重的，居民委员会、村民委员会应当及时向公安机关报告。**可见，上述行为要么违法，要么已然涉嫌犯罪。然而，《刑法》的法条与适用之间隔着《刑事诉讼法》，需要严格的证据和严谨的诉讼程序。**即便陈念、小北、胡小蝶隐忍、退让、报告老师、报告警察，似乎也不能阻止事态的恶化。在学习刻苦、志向远大的陈念和身世可怜又心存善念的小北眼中，社会是那么深的“泥潭”。

二、校园霸凌——成年人和法治干预的缺位

“天使笑容”的魏莱。何以她“肝胆皆无情”？导演向我们揭示了这个一心想考北大的“天使”“灵童”是如何成长为一个冷血到刻骨的“魔童”的：护短的母亲、过于严苛的父亲，造就了内心痛苦、外强中干的“魔童魏莱”们的扭曲性格。

班主任老师。“如果有人欺负你马上和我说”，在被调离时肯定陈念“你做的对”，他清楚正在发生的一切，却无所作为。

三位警察。三种立场：回避问题的老警察、追求真相的警察郑义、怀疑一切的女警察。

你和我。当陈念在住宅楼下被残忍殴打，小区居民吼了一句后，立即闭紧了窗，几近残酷地关闭了被欺凌孩子们最后的一线希望。魏莱们气焰更加嚣张。

在极端情况下的应对处理问题的能力，超出大部分未成年人甚至部分成年人的应对能力范围。他（她）们的成长之痛，看似来自“魏莱”，来自观望者的沉

默，或者更深层次地来自校方以升学率为主的价值追求，来自成年父母性格的缺陷、教育的理念或者生活的困窘，来自刑罚制裁措施的缝隙，实则源于有效引导、必要干预的缺失——家长、老师、法律，本应是“校园霸凌”中受害孩子的第一守护神，在《少年的你》中，完全缺位，抑或姗姗来迟。

三、还我未来（魏莱）——没有未来，成年的意义何在？

拯救“魏莱”，就是拯救“陈念”。魔童与灵珠的距离，是爱和教化的缺位。没有一个孩子是不可以被教化的。《少年的你》应当同《哪吒之魔童降世》一起看。哪吒本是魔童降世，杀人不眨眼、为祸人间应当是他的本性和宿命，然而，他却摇身一变，成了陈塘的救世主。何以如此？“以真心换真心”是情感上的根源，“三观超正”的父母是其善念的来源。可见，环境、教化，可以“逆天”。青少年心智尚不成熟，明知是犯罪行为而决意为之的情况比较少见，大多数“霸主”都是出于宣告成长、显示威风、探索世界的心态，将逞强欺弱当作“小恶”而为之。正念来自见识，视野决定高度。跑偏的“魏莱”、成长桎梏中的陈念、缺爱的“小北”，他（她）们缺乏的，也许只是一句点拨。

四、向校园“恶势力”说不——“升维”防范与打击相结合

笔者曾在检察机关未成年人犯罪预防部门担任过负责人，针对在校学生犯罪，对所在辖区内的多所大学开展过系统的犯罪预防工作，一度使辖区内在校学生犯罪率降为零。建议《未成年人保护法》及配套法规采取有效措施，将系统防范“校园霸凌”纳入立法规划。

1. 确保未成年人的监护人及监护单位首先知法、守法。居委会、村委会可承担普法义务，以未成年人家长、监护人为普及对象；将法治教育、德育教育、家庭关系教育纳入日常工作内容。

2. 确保未成年人的教育监管机构承担普法义务。幼儿园、小学、初中、高中、大学及各类社会教育机构作为普法义务单位，开展多种形式的宣传预防工作。

3. 加大案例教学力度。鲜活的案例使普法活动更有针对性和吸引力，可采取制度性措施鼓励普法义务单位同司法机关建立法治宣传合作共建关系，聘请责任

心强的司法人员担任法治辅导员，以案释法，防止普法走过场。

4. 以每年的9月1日开学日作为校园普法日。将法治教育作为“学年第一课”，予以高度重视。

5. 在中小学生报刊中开辟常规普法专栏。鼓励同学们自发学习、宣传法治。

第四章

素质养成与风险防控篇

聚沙成塔、水滴石穿。可能有人在某些方面有些天赋，但绝大部分人的能力都来自其他人看不见的努力。

——作者题记

第一讲　素质养成

侦查阶段的辩护目标与策略

凡事预则立，不预则废。当前，我国公、检、法机关都有庞大完备的案管系统，上级公、检、法可以随时查阅下级公、检、法的所有录入案件。干预记录机制在运行、完善的过程当中。这意味着，刑事案件暗箱操作的可能性极低，“有事先找关系”在刑事案件领域越来越行不通了。一个刑事案件从立案到侦查、报捕起诉、形成生效判决，至少要经过侦查、批捕、审查起诉、一审四个部门，从侦查员到批捕、起诉、审判，经历至少四个主办人，四个以上的负责人。大多数案件涉及的人员、部门更多。经办的人越多，“找关系”的风险越大，作用越小。“找关系”行不通，“找专业律师”成为遭遇刑事案件后的首选。也因为刑事案件涉及部门、人员众多、刑事案件自身所具有的高度专业性，在刑事辩护中，谋定而后动，制定清晰的辩护小目标和大策略，成为决定辩护成败的关键因素。

很多人在采取一个行动之前，自己都不清楚自己想要达到一个什么目的，或者目的不够清晰。当一个人的行为目的不清晰的情况下，他的行为就会看起来趋于混乱、杂乱、没有主线、宗旨。而一个案件的辩护工作，正是通过一个一个目标的实现，铺就了成功辩护、有效辩护的道路。

刑事辩护中的目标，是指我们希望通过一个个单项、具体的辩护工作实现的一个个小的辩护效果以及总体要达到的辩护目的。只有目标确立得恰当、合适，围绕这个目标组织我们的书面材料、沟通语言、沟通技巧，才会是有的放矢、合乎逻辑和刑事法律人的统一认知的，才可能是有效的。

比如，最近我正在办理的一起职务犯罪案件。我要求助手拟写一份申请侦查机关变更强制措施的《羁押必要性审查申请书》。助手很认真，写了八页纸，没有一个错别字，文字流畅。但是我最后只留了两页半纸，保留了认罪态度好、符合取保候审条件、工作岗位没人可以替代、能为社会创造巨大效益四个方面。删除了关于涉嫌的部分犯罪事实不构成犯罪的论证部分和助手自己都认为站不住脚的关于自首的论证部分。明显不符合自首规定，还要写给人家看，是故意要显示自己水平不高还是想告诉人家我不是一个实事求是的律师呢？

他之所以这样写，是因为他对这份文书沟通的目的没有清楚地认识。作为职务犯罪案件，在沟通之前需要知道对侦查方向起主导作用的是谁，侦查的目标、范围是什么。对于职务犯罪案件，我们不知道犯罪嫌疑人是否还有余罪没有被深挖出来，也不知道侦查机关的侦查目标和侦查范围，即使无罪部分的论述是正确的，这个时期这种论述引起的后果无外乎两种：一是提醒侦查部门，放弃对该无罪事实的侦查，另行扩大侦查范围，延长侦查周期，这无疑是对嫌疑人很不利的可能性；二是撤案放人。在有罪推定思维、不轻易承担错案责任的主导思想前提下，第二种可能性是极小的。没有十足把握不能拿当事人的利益去冒险，职务犯罪案件的无罪辩护意见，除非确有把握，否则应等到侦查终结到审查起诉阶段再提出。因为到了那个时期，侦查部门将原来的侦查范围推翻，重新排兵布阵继续侦查的可能性较小；侦破成功的几率也将大为降低。

从这个案例我们可以看出，每一次同司法机关办案人的沟通，都要避免行为的盲目性，要有清晰的目标。刑辩律师需要认真体会“目标性辩护”或者说是“目的性辩护”的深刻含义。

需要注意的是，不能以偏概全，绝对地说在侦查阶段不能将无罪辩护意见同侦查机关进行交流。大多数实体无罪辩护意见（注意是实体无罪意见，是指事实本身不属于犯罪性质），提出的阶段越早越可能有效；而程序性、证据性辩护意见，一般要等到无法补正的时间节点再提出。因案而异，才是刑辩律师的应变之道。在侦查阶段，我们也完全可以直接实现我们的大的辩护目标。比如，说服侦查机关撤案实现无罪辩护在侦查阶段的成功；说服侦查机关变更羁押措施为非羁押措施；说服侦查机关减少起诉意见书指控的罪名、罪数、案件事实，或者将重罪起诉意见变更为轻罪起诉意见，亦或者作为受害人的代理人陈说利害说服侦查机关接受行为人有罪意见予以立案侦查，等等。

在那个职务犯罪案件的侦查阶段，我们在不掌握侦查机关侦查方向、侦查范围、侦查决心等底牌的情况下，不能打草惊蛇是我们的策略之一，递交取保候审申请的目标只是投石问路，要看侦查机关的反应才能确定下一步的工作目标。也就是说，一个好的辩护策略的制定，需要对案件涉及的方方面面的问题都有所了解、有所把握、判断甚至预测，需要有很深厚很综合的辩护实务经验和功力。

优秀公诉人是如何炼成的

优秀公诉人，代表了一种公诉情节和文化，是每一名公诉人的梦想。笔者何其幸甚，十年公诉人经历，先获“省优”，再获“市优”，参训“国优”，算是窃居“优秀”；更可珍贵的，却是于繁重的工作之余，驰战赛场，角逐“优秀”的过程。算起来，公诉十年，参加了各类大小比赛5场，分别为：两届省级优秀公诉人，市级优秀公诉人，全市未检业务竞赛，全省首届法官、检察官、律师辩论赛等。略有心得，值此告别公诉之际，作为感恩公诉十年培养的回馈之作，献给有“省优”“十佳”情节的公诉人们，聊作参考。

如斐君子，如切如磋，如琢如磨。“优秀”的名号，含金量高、社会认同度尤其是业内认同度高，都缘于它是综合能力的体现。公诉人比赛，一般都会分庭审录像、公诉业务笔试、公诉实务、公诉业务答辩、论文写作、对抗赛四个环节。纵观四个环节，无不是以平时积淀的法律知识、业务技能作为基础。平时业务稀松，想要取得理想的比赛成绩，肯定是不可能的。遥想当年，我初入公诉人岗位时，就暗下决心，一定要把每个案件都办成精品案件。虽然始终与自己的理想目标有所距离，但是因为心中目标高，十分努力之下，也会取得八分成绩。因此，如果你是公诉战士一枚，若想有机会在参加各级别“优秀公诉人”大赛中摘取桂冠，不妨从当下开始，积蓄能量吧！

一、如何应对公诉实务

公诉人比赛更侧重于公诉人办案能力的综合考察。实务比赛动辄长达十几个小时的公诉业务笔试，占总成绩比重很大，是决胜的关键。大赛提供的卷宗材料一般为二册，涉及罪名多达5个至8个，是由无数个疑难案件拼起来的一个超复杂案件，案件基本涵盖了刑法犯罪构成的所有知识点。秘诀只有一个：功夫下在平时。

第一，多办案件，办理各种不同类型的案件。办案多的公诉人经验比较丰富、心理素质好，尤其是办理大要案，能极大地磨炼公诉人的心理素质。对每一个案件的审查报告都认真撰写，尤其对证据和法律分析论证部分，更要下功夫推敲研究。日积月累，公诉人的实战能力就达到了一个较高的水平。审查报告的综合化，决定了谁在审查报告上下的功夫越多，谁的能力提升得就越快，庭审应对更机变，写作、思辨、辩论能力都会实现从量变达到质变的飞跃。一次，笔者六七年前办理的一个案件，由于同案犯抓获再次被重提案卷，领导发现审查报告中对犯罪事实、性质、情节、共同犯罪的分类、主从、作用等论述得都非常详尽，以至于同案犯的办案思路非常清晰，节省了很多办案精力，也在办案中展示了工作的严谨态度。

第二，多读书，读好书。公诉人工作忙，下班后已经身心俱疲。但是就因为这样，才更应该多读书。否则平时办案中积累的问题不一一考察攻破，就会积攒成疾，形成不求甚解的作风，办了错案也浑然不觉。读书首先要读业务书籍。要立足办案，从解决案件中的法律问题入手，有针对性地查阅专业刑事著作。我国法学大家张明楷教授、陈兴良教授两位泰斗的重要著述都是基础。其实里面的内容理论性极强，且包罗万象，说是基础是因为毕竟属于法学家的观点，只能参考，不能作办案直接依据。针对案件中的困扰问题，了解了法学大家的观点后，再去查找法律依据、司法解释依据、相似判例依据，形成对困扰问题的个人见解。这个过程就是一个加深理论基础、加强实务能力的过程。其次就是判例集成，大量熟读判例集成，会形成一种审判思维，对办案“感觉”的灵敏非常必要。要关注审判前沿精品书籍，里面的案例代表了最高人民检察院、最高人民法院的观点，属于准司法解释；在判例引用合法化已经获得认可的情况下，对这些判例更要精读，并且将观点牢记于心。再次是经常重读刑法教科书。笔者比较偷懒的做法是，每隔两年买一本法考刑法用书通读两遍，一方面温故知新，另一方面可以随时掌握不断更新的法律观点，也有一些原来争鸣、新近确立的通说理论需要了解和掌握。最后读书不求多，求精，经常翻阅从前读过的书，更有利于对书中内容的消化、吸收。有余暇时，不妨也读一些历史类、经济类、杂文类等，丰富自己的知识体系，从读书中获得安宁，获得力量，获得滋补心灵的营养。

这些日常的训练都做足后，公诉实务比赛要做到的就是心态平和，像平时办案一样审查案卷，迅速整理思路。公诉实务不仅是业务能力的比赛，还是体力的竞赛，一坐一天十几个小时是很正常的比赛状态。为了节省时间，应当在第一遍看卷时随手将发现的程序问题、定性问题、证据问题标注出来。至于如何才能在实务比赛现场做到准确定性、证据分析论证严密、不遗漏程序问题，请参阅本文前一段落。

二、如何应对辩论赛

辩论赛一般是优秀公诉人比赛的重头戏和最精彩、最令人期待、容易出彩并脱颖而出的环节之一。一般以对抗赛形式，分为正方、反方，双方就一个案例不同的结论观点进行陈述，之后互相辩论，最后总结陈词。一般初赛的辩题简单，取材于常见犯罪的理论争议问题。比如，盗窃和诈骗的区分，侵占罪与非罪的辨析，等等。而进入前二十名的选手争夺十佳的决赛辩题较为复杂，取材于贪污、受贿、滥用职权等职务犯罪问题。辩论赛同时注重考察公诉人的仪表形象、逻辑思维、应变能力、风度气质各方面。有一名选手让笔者尤为记忆深刻，其虽进入了决赛，但离十佳还有很大差距；但这名公诉人在决赛辩论场一鸣惊人，一举挺进十佳，成为佳话。想练就这种论辩能力，除非受过专业辩论训练，否则是实属不易的。

对于普通公诉人而言，提高辩论能力的最好、最经济、最有效的途径，就是把庭审现场当成辩论场。把庭审当成辩论场，不是要你像辩论赛那样英气勃发、咄咄逼人。实际上好的辩论气势只是辅助。熟练运用法律、法理，结合案情切中要害，能分层次地阐述争议焦点涉及的理论问题，及时发现并攻击对方的理论、事实上的漏洞，有扬有抑地显现自我独特风格，就是一次比较成功的辩论。辩论赛的机会不常有，临近赛事再突击准备会有很大的问题。因为参赛者一般同时仍然是单位办案主力，大块的时间基本上是没有的。只有抓住每一个庭审机会，有意识地训练自己的庭审表现、临场反应、脱稿发表公诉意见、答辩意见等能力，才会在机会来临时有好的表现。在庭审中，虽然公诉人作为控方，都在做有罪辩论，但是辩方的无罪、罪轻观点就相当于辩论赛的辩方。对庭审辩论环节的多加留心，有益于辩论赛的发挥。在笔者的倡议下，笔者所在院公诉科全体公诉人都能在庭审发表公诉意见时放下预案，面向合议庭，兼顾被告、辩护人、旁听人员侃侃而谈，并且能自如地应对辩护人的辩护观点。当你将演讲和辩论贯穿于日常工作中，比赛时的小紧张只会让你的表现更加紧凑、有张力。

提高辩论能力的另外一个方面，就是找机会进行实战训练。有些公诉人在高校参加过辩论队，辩论经验对公诉人辩论赛也非常有帮助。没参加过辩论队，想在辩论赛上有好的表现，就要在赛前多加演练。途径主要有三个方面：一是收集辩论素材。辩论赛一般都以此罪与彼罪的区分、罪与非罪的辨析、共同犯罪的构成理论等为考点，考察你对相关知识点的了解、掌握程度。常见的如贪污和挪用公款的辨析，职务侵占和侵占的辨析等。可以在平时注重搜集常见罪名的主要争议问题，对争议观点及理由都要详加考察，辩论时才能获得评委的认可。二是观看辩论比赛。高校的辩论赛，以往全国公诉人辩论赛，大学生辩论赛等，都是很好的观摩、学习的珍贵资料。通过学习、研究这些视频资料，学习辩论技巧，揣摩内在逻辑，克服辩论弱点，非常必要。俗话说：没吃过猪肉，还没见过猪跑。平时的庭审，与辩论赛的规格、赛制还是有非常大的区别的。笔者第一次进入决赛时，就完全不知道辩论赛是什么形式。彼时笔者尚在哺乳，小儿年幼，工作压力山大，实在分身无术。看辩论赛视频，就是见“猪跑”，心中有数。三是有了知识储备，也知道了猪是怎么跑的，还差模拟训练了。模拟训练做得好，可以短时间内大幅提高辩论效果，从而提高成绩。模拟辩论最好选择有辩论经验、业务水平较高的同事或朋友进行，严格按照赛事要求进行。模拟辩论后要及时进行总结，对自己的不足和改进办法予以明确。模拟辩论越多越充分越好。经过几次模拟之后，可以强迫自己放弃书面要点，全程脱稿辩论。最初脱稿时难免慌张，但是几次之后就会发现，并没有想象的那么不可突破。知识储备、观摩辩论赛视频、模拟辩论之后，就是实战了。

辩论赛每人只有一次机会，双方抽签决定正、反方（或称为控、辩方），赛前各有20分钟准备，正式比赛时首先是双方陈述观点阶段，每人3分钟，其次自由辩论，每人4分钟，最后总结陈词，每人3分钟，全程20分钟。整个过程一气呵成，十分过瘾。正式比赛时，要干脆。观点明确，并且找出支持观点的二到三个论据。可以是事实上的，也可以是法律上的，还可以是法理上的。也可以三者兼而有之。用5分钟时间对案件事实熟记于心，吃透案情，才能应对自如。用5分钟时间理清观点陈述、总结陈词的思路。对自己脱稿辩论有信心的，将自己的辩点和依据，对方观点的致命缺陷，以及预测的对方反驳己方的观点和论据，用10分钟时间拟定一个提纲，并反复熟记。临上场前，回顾观点陈述内容。对自己脱稿发挥没有足够信心的，大大方方地瞄上几眼准备的手稿，也不丢人，但是想取得高分就比较困难。上场之时，是风采展示、第一印象分的重要环节，要做到面带微笑，沉稳大方。己方先发言时，要声音洪亮，语气埋性、平缓。对方先发言时，要虚心倾听，记录要点，调整辩论思路。辩论时，要从容不迫，哪怕真的没听清对方说什么，也要站起来，顾左右而言他。还有一个要点很重要，就是一定不能被对方牵着鼻子走，对方的问题用最少的字回答后，立刻论述己方观点，提出己方问题进行进攻。总结陈词时，记住两个关键点，一是先总结辩论焦点，指出对方问题；二是用不重复的话语重申自己的观点，语气坚定，论据厚重。最后，辩论是个人风采的展示，但是往往各自为战，互相没有交锋，难以取得好成绩；互相配合，表演痕迹过重，也难以取得高分。有配合，有亮点，才是好的辩论表演，才能取得高分。

三、如何应对论文写作

论文写作一般会给出一些参考案例，要求你就案例体现出的共性问题拟就一篇论文，同时给出另一个论文题目，要求就指定题目撰写论文。要想论文环节取得高分，一是需要平时留意热点实务问题、业内热点话题。如黑龙江省优秀公诉人比赛，曾有两届比赛都给出了近年来翻案的冤假错案作为素材，要求自拟题目写一篇3000字的论文。如果平时对这一社会热点问题进行过资料搜集、深入研究、系统思考三个阶段的沉淀，论文就会针对性强、言之有物。二是勤于动笔。当某一类案件办过十件、二十件、上百件以后，你的头脑中对该类案件的基本核心问题、证据问题都会有一个区别于其他类型案件的认识。这时，不妨对办案经验进行系统总结，提高写作能力。记得笔者刚参加工作不久，由于所在地区农民工犯罪现象比较突出，办过很多件农民工犯罪案件后，挥笔写就了《农民工犯罪问题浅析》，对农民工犯罪的特点、原因、预防进行了系统的分析，文章获得了省法学会论文一等奖，又获得了市法学会的奖项。我受到了鼓舞，从此养成了时常写点什么的习惯。调研文章、理论文章、执业感想，不一而足。公诉人比赛时，就论文写作一项，会十分受益。

四、如何应对业务答辩

业务答辩一般分为两部分题，一题是实务定性分析题，一题为程序性问题，来源于《刑事诉讼法》及其司法解释。实务问题一般是常见罪名的辨析，办案经验丰富、有一定理论基础的都不难。诉讼类问题需要强化记忆，防止回答时漏项减分。比如，笔者参赛时遇到过这样的题目：谈谈我国刑法、刑事诉讼法中关于未成年人的特殊规定有哪些。你不仅要答出取保、逮捕等强制措施中的特别规定，特别程序中规定的未成年人特别程序，还要答出未成年人不构成累犯、刑事责任年龄的特别规定，结合未成年人检察制度，未成年人刑事法庭，未成年人教育、感化、挽救的刑事政策等内容，给予系统阐述，才能拿到高分。

五、如何应对业务知识考试

业务考试是对刑法、刑事诉讼法知识的一个考核，形式大约与司法考试相当。

平时将刑事实体法、程序法知识熟记于心，再按照司法考试的准备方式，通过大量司法考试刑法、刑诉法真题练习，做一个提前的查漏补缺式的备考足矣。

六、择优准备庭审录像

当养成了严谨、高标准的工作习惯和作风以后，参赛之前，选择手头几个比较复杂、有争议、辩点突出、对抗激烈的案件，再详加准备，制作庭审录像，之后选择其中最满意的案件送去参评，才能将你平时庭审示证、质证、法庭辩论工作中的较高庭审技巧和辩论风采展示出来，就可以使你在该环节的评分上更靠前。

从笔者自身的参赛经历而言，笔者二次参加省优比赛，二次进入决赛，遗憾的是都没有进入十佳，没能圆了“十佳梦”，是个“十佳”路上的失败者，也成了我一生的小遗憾。总结我的失败原因有三：第一，不够重视诉讼法。在业务答辩时，遗漏了知识点，被扣了分。第二，不够自信。表现在公诉实务考试当中，没能坚持自己的正确观点，在最后一刻修改了一个原本正确的重要的定性，至此无缘十佳。第三，过早放弃。当知道实务竞赛出现重大错误，虽进入决赛但基本无缘十佳时，对自己的失望的消极情绪影响了辩论赛的发挥。同时，也应当认识到，公诉人比赛竞争非常激烈，前二十名决赛选手的分数差距非常之小，有的甚至是0.01分。注重细节，不丢分，不把功夫下到平时，是难以做到的。

身为公诉人，更应当认识到，公诉人比赛实际上是以赛促学，以赛会友，以赛促进的公诉人的盛事。是比赛就一定有技巧。而一名优秀公诉人的标准即应具备的基本素质有：深厚的法学理论功底、较强的口头表达能力、良好的心理素质和较快的临场应变能力、强烈的事业心和责任感、规范严谨的工作作风。这些都是实实在在的硬功夫。通过比赛获得“优秀”称号的公诉人，也未必完全能驾驭以上能力；埋头卷宗无缘比赛的公诉人，也未必不具备以上能力。笔者自认为是个肯努力的公诉人。虽付出了很多努力，但天资愚钝，实不敢言“优秀”二字，只是对比赛略有心得。尤其是在第一次参加省优比赛时，就有幸同第四届全国优秀公诉人比赛第一名获得者——原黑龙江省公诉处副处长同为辩论对手；其后在她参加全国优秀公诉人比赛的备赛期间，我做了她一小段时间的陪练，见证了

“全国第一”是如何练成的。在她那能容纳约三十人开会的椭圆形会议桌上，靠桌边整齐地排列着几百本各类刑事方面的书籍；她将刑事审判参考、刑事司法指南上的案例、基本观点和基本论据全部摘录在一个本子上，便于随时复习和查阅；她将所有刑事诉讼程序上可能出现的错误条分缕析地罗列出来，在进行公诉实务考试时信手拈来。领教到高手，见识到高手付出的多倍努力，的确让笔者认识到自己的巨大不足和差距，同时也更让笔者坚信奋斗与成功之间的因果关系。

一分耕耘，一分收获；台上一分钟，台下十年功。一切荣誉都将归于沉寂，能参加公诉人比赛，有一份历练，就是幸运的。更多的优秀公诉人终日埋头于案卷堆旁，让我们，把敬意献给他（她）们。

三步研究法，打通陌生领域专业与业务的“任督二脉”

刑事辩护需要专业化、精细化这一观点已经在业内形成共识。那么，是不是只有刑事专业律师，才需要研究刑事专业知识，而民商事、非诉律师就不需要储备刑事业务知识呢？事实上，不仅刑事专业律师应当懂得基本的民商事业务知识，具有一定的民商业务功底，民商事律师和非诉律师也应当懂得基本的刑事业务知识。

否则，刑事专业律师无法敏锐地穿透迷雾，看到刑事程序中民商事纠纷的实质。不具有刑法红线意识的民商事专业律师也无法帮助客户真正地预防刑事风险，甚至发生过民商事律师不懂刑事风险，将当事人送进监狱的极端个案。更何况，绝大多数律师仍处于未进行专业细分的阶段。刑事辩护全覆盖，使得刑辩专业化的同时，不想涉足刑事业务的律师也必须要储备相当的刑事业务知识以备所需。

专业化和通识，二者并不是排斥关系。有主有辅，主攻某项专业的同时，广泛涉猎其他专业业务知识，粗通人文社科史地政哲，使得当代法律人越来越迫切地感受到一种知识恐慌。

迅速了解、掌握并且成为某一领域的行家，不仅需要长期积累，还需要短平快的技术手段。近日来，笔者就发现这样一个捷径，在本文中分享给大家。

比如，我们知道金融类犯罪具有较强的专业性，其中，证券类犯罪不仅专业性强，而且理论界和实务界的专门研究都相对较少，可供研究的基础材料比较有限。当我们有机会接触到这类案件时，如果不想轻易选择放弃，如何迅速掌握罪名的理论和实务的要点，在同客户或者办案人员沟通时，能环环相扣、不输专业，甚至以专业取信、取胜呢?

迅速掌握、三步取胜，认真做功课是必要的。

一是穷尽法条搜索，掌握涉及罪名的全部现行有效规范性文件。如果案件涉及追诉时效或者从旧兼从轻原则的适用，还需要穷尽罪名规范的前世今生，认真研究。

二是穷尽判例搜索。笔者总结，研究判例比较有效率的方法，就如同阅卷一般，可先将案号摘出，再将争议问题及论证过程摘出，完成第一遍概览；之后重点研究摘出的内容，反复琢磨并且精简要点，将摘录的内容简要到不能再简要，就掌握了要点的核心内容；最后进行第三步，给这些要点加上小标题，总结要点内容，将知识内化成自己的思想。

三是结合具体在办案件，再找要点。针对不常见的罪名，通过上述两步，对案件可能出现的争议基本可以做到心中有数。但是世上没有完全相同的两片树叶，也难有基本相同的案件，精研具体个案，仍属必需。在精研案件时，遇到疑问，可重复进行上述第一、二步骤。

比如，如果我们对案中行为是否构成立功存在疑问，需要我们：

第一，穷尽关于立功的规范性文件的检索；

第二，检索实务案件中涉及的关于立功的争议的论证；

第三，按照步骤二所示，整理争议要点，总结要点内容，将知识内化成自己的思想，形成自己的见解和判断。

我们以证券类犯罪中违规披露、不披露重要信息罪为例，来简要练习这一技能。

第一步：检索本罪的全部规范性文件

2006年6月29日，全国人民代表大会常务委员会通过《刑法修正案（六）》，对《刑法》第一百六十一条进行了修改，其后，相关司法解释将该条规定的“提供虚假财会报告罪”修改为“违规披露、不披露重要信息罪”。

《刑法修正案（十一）》将《刑法》第一百六十一条“违规披露、不披露重要信息罪”的法定刑，从有期徒刑三年以下或者拘役，修改为处五年以下有期徒刑或者拘役，将并处或者单处二万元以上二十万元以下罚金，修改为并处或者单处罚金，还增加了“情节特别严重的，处五年以上十年以下有期徒刑，并处罚金”。

《刑法修正案（十一）》没有修订“违规披露、不披露重要信息罪”的罪状构成：违规披露、不披露重要信息罪，指依法负有信息披露义务的公司和企业，向股东和社会公众提供虚假的或者隐瞒重要事实的财务会计报告，或者对依法应当披露的其他重要信息不按照规定披露，严重损害股东或者其他人利益的行为。

第二步：检索实务案例

我国违规披露、不披露重要信息罪的实务概况：

通过ALPHA检索工具检索，并经人工筛选，挑选出本罪名案件6件。裁判书文号为：（2017）京刑终88号（韩某良、陶某）；（2016）粤04刑初131号（余某妮等5人）；（2016）最高法刑申271号、（2018）最高法刑再4号（顾某军等6人）；（2020）沪03刑初4号（任某某、林某二等人）；（2017）晋07刑终94号（李某强与山西某公司）；（2019）晋01刑终604号（胡某玲等）。

以上样本中，除第5号、第6号案件是驳回刑事附带民事自诉的案件（均因不符合刑事自诉受案范围驳回自诉或上诉）外，经公诉机关指控、人民法院判决，犯违规披露、不披露重要信息罪共计仅4件、1人。

其中，一件提起再审案件，即第3号顾某军案件（仅检索到最高人民法院提审的裁定，我们又通过公开途径补充了该案的二审判决书作为研究样本，计为1件），案中涉本罪6人，再审中均宣告无罪；二审案件1件2人，即第1号案件；一审案件2件9人，即第4、5号案件。

因本罪被判处有期徒刑一年以上的4人（其中顾某军案原审2人，顾某军因本罪被判处有期徒刑2年，为样本中的最高刑期），其余13人均被判处有期徒刑或拘役，并宣告缓刑；分别并处罚金2万元至20万元不等。

第三步：整理要点

内化并形成自己的见解和判断。

一、违规披露、不披露重要信息罪的实体辩点

（一）审查主体是否适格

本罪的主体是特殊主体，即依法负有信息披露义务的公司、企业，但属单罚制单位犯罪，不应追诉、处罚单位由于上市公司所涉利益群体的多元性，为避免中小股东利益遭受双重损害，刑法规定对违规披露、不披露重要信息罪只追究直接负责的主管人员和其他直接责任人员的刑事责任，不追究单位的刑事责任。《刑法》第一百六十二条妨害清算罪、第一百六十二条之二虚假破产罪、第一百八十五条之一违法运用资金罪等也属于此种情形。对不追究刑事责任的单位，人民检察院一般应当根据证券法等法律规定认真审查是否需要对单位给予行政处罚；需要给予行政处罚的，应当及时向证券监督管理部门提出检察意见。因此，本罪的主体是特殊主体，即依法负有信息披露义务的公司、企业。必须具有证明是负有披露义务的公司、企业，具直接负责的主管人员、直接责任人员达到法定刑事责任年龄、具有刑事责任能力的特殊主体的形态证据。

1. 对涉案单位的处理余某妮案中，检察机关审查认为，犯罪嫌疑单位博元公司依法负有信息披露义务，在2011年至2014年向股东和社会公众提供虚假的或者隐瞒主要事实的财务会计报告，对依法应当披露的其他重要信息不按照规定披露，严重损害股东以及其他人员的利益，情节严重。余某妮、陈某作为博某公司直接负责的主管人员，伍某某等人作为其他直接责任人员，已构成违规披露、不披露重要信息罪，应当提起公诉。根据《刑法》第一百六十一条的规定，不追究单位的刑事责任，对博某公司应当依法不予起诉。2016年9月30日，检察机关向中国证券监督管理委员会发出《检察意见书》，建议对博某公司依法给予行政处罚。

2. 本案是单罚制单位犯罪

即需是达到法定刑事责任年龄、具有刑事责任能力的负有披露义务的公司、

企业，其直接负责的主管人员、直接责任人员。在任某某等人案中，人民法院认为，上海中某达作为依法负有信息披露义务的公司，向股东和社会公众提供虚假的财务会计报告，具有严重情节；被告人任某某作为直接负责的主管人员，被告人林某2、盛某、秦某某作为其他直接责任人员，其行为均已构成违规披露重要信息罪，应予依法惩处。在韩某良等人案中，一审法院认为，华某风电公司作为依法负有信息披露义务的公司向股东和社会公众提供虚假的财务会计报告，严重损害股东或者其他人利益，被告人韩某良、陶某分别作为公司直接负责的主管人员和其他直接责任人员，其行为均已构成违规披露重要信息罪，依法应予惩处。

3. “不是实际控制人”的辩解及罪责区分

余某妮案中，被告人余某妮辩解，其不是博某公司、华某泰公司、信某公司的实际控制人，其只是挂名，实际控制人是李某甲（余某妮的丈夫）。法院认为：博某公司作为依法负有信息披露义务的公司，在2011年至2014年向股东和社会公众提供虚假的或者隐瞒主要事实的财务会计报告，或者对依法应当披露的其他重要信息不按照规定披露，严重损害股东或者其他人的利益，情节严重，被告人余某妮、陈某作为公司直接负责的主管人员，被告人伍某某等人作为直接责任人员，其行为均构成违规披露、不披露重要信息罪。本案中，李某甲因为违法犯罪的原因不能担任公司的法定代表人、董事长，而由被告人余某妮出面担任，并以法定代表人、董事长的身份履行职责，管理公司的财务，负责签订所有的财务文件，李某甲则作为实际控制人负责公司的重大决策。

综合分析被告人余某妮作用、地位，其身份非简单的挂名法定代表人、董事长，实际上与其丈夫李某甲共同配合管理公司。当然，从对公司的控制力上看，其作用、地位小于李某甲。故被告人余某妮在明知的情况下，作为公司的法定代表人、董事长，参与或纵容其丈夫李某甲违规操作，应承担相应的罪责。

4. 职务职责对定罪量刑的影响

余某妮案中，被告人陈某辩称其没有审核、发布公告的职责，人民法院认为：其作为公司总裁，在明知虚假履行支付股改承诺款要予以公告的情况下参与虚假履行，作为直接负责的人员应承担相应的责任。当然，其辩称的其不属于公司的董事，没有参与2011年半年报的制作，没有参与董事会审议2011年半年报，不属于2011年半年报披露的直接责任人的相关理由成立。同时，其在2011年8月离职，也不需要对以后的半年报、年报的披露事实负责，在量刑时酌情从轻处罚。

（二）需具备构成要件该当性

需要有违规披露、不披露重要信息的基本事实。行为人实施了向股东和社会公众提供虚假的或者隐瞒重要事实的财务会计报告，或者对依法应当披露的其他重要信息不按照规定披露的行为，并具有法定严重情节或严重后果。

1. 需有违规披露、不披露重要信息的违法行为

在顾某军案中，最高人民法院再审认定，科某电器在2002年至2004年实施了虚增利润并将其编入财务会计报告予以披露的行为。原审被告人顾某军等人在无真实贸易背景的情况下，将产品封存于仓库，未使产品发生实际转移，却开具大量销售出库单或者发票，次年在账面上制作无正当理由的大规模退货记录，并将由此形成的不实销售收入计为当期收入，制造公司利润增长的假象。随后，在顾某军等人的安排下，科某电器将2002年至2004年的虚假销售记录及相关财会资料编入财务会计报告，经董事会讨论通过后在媒体上予以发布，违反了信息披露制度的真实性要求。余某妮案中，公诉机关指控，2011年4月，博某公司的被告人余某妮、伍某清、张某萍、罗某元伙同李某甲（在逃）经合谋后，利用1亿元借款，通过循环转账，虚构已由华某泰公司支付384528450元股改业绩承诺款的事实，并由博某公司在履行股改业绩承诺款的公告、2011年半年报及年报中进行披露，虚增资产达到当期披露资产总额的30%以上。此后，为掩盖上述股改业绩承诺款未实际履行的虚假事实，于2011年12月，通过1000万元循环转账，虚构以博元公司名义使用股改业绩承诺款购买37张面额共计3.47亿元银行承兑汇票的事实，并在2011年年报中进行披露。2012年至2014年多次虚构将相关银行承兑汇票进行贴现、票据置换等交易，虚增银行存款、资产及营业收入和利润，并在博某公司的2012年至2013年的半年报、年报、2014

年的半年报中进行披露。

2. 需要符合“严重情节”或达到法定损害结果的入罪标准

顾某军案中，最高人民法院认为：在案证据不足以证实本案存在“造成股东或者其他人直接经济损失数额在五十万元以上”的情形。侦查机关收集了陈某1等四名股民的证言，因取证程序违法，原第一审未予采信。原第二审在既未开庭审理也未说明理由的情况下，采信其中三名股民的证言，确属不当。再审期间，检察机关提交了广州市中级人民法院2009年6月11日作出的一百余份民事调解书，均系在本案原判生效之后作出，未能体现原审被告人顾雏军等人的真实意愿，且不一定能够客观反映股民的实际损失，仍未达到确实、充分的程度。2005年5月9日，科某电器停牌系科某电器主动申请，不属于交易被迫停牌的情形，也没有造成股票被取消上市资格的后果。原审以股价连续三天下跌，跌幅与三天前相比并无明显差异，而且从第四天起即开始回升，至第八天时已涨超停牌日，以此为由认定已造成“严重损害股东或者其他人利益”的后果，缺乏事实和法律依据。

3. 公示的会计标准为执行标准

在韩某良等人案中，关于韩某良、陶某一方辩称虚增利润所对应的项目绝大部分都真实存在并已履行完毕，提前确认销售收入的方式只是“违反了公司公告中高于会计准则的标准”。人民法院认为：尽管该标准高于企业会计准则，但该标准经华某风电公司向社会公众公示，作为公司确认收入的标准后，华某风电公司向股东和社会公众披露的利润均应按该标准执行。而在案的司法会计鉴定意见书证明，根据华某风电公司向股东和社会公众公示的标准，华某风电公司2011年虚增的利润占当年披露利润总额的34.99%，已符合刑事立案追诉的标准。

（三）本罪在主观方面只能由故意构成

在韩某良等人案中，韩某良、陶某一方辩称对数据造假一事并非明知、亦未指使他人造假。人民法院经审理查明：在案证据证明，韩某良在陶某和苏某向其反映执行公司下发的主合同产品销售确认管理暂行办法导致的数据虚假问题后，韩某良仍要求陶某和苏某在财务部执行该暂行办法，并指示公司副总裁于某军等让其各自分管的客户服务中心、市场部、生产管理部配合财务部，将未实际采购的原材料或产品录入计算机系统以虚构成本等方式协助财务部完成虚增收入和利润。在案证据足以证明韩某良组织公司财务部等部门进行了数据造假，而陶某已明知数据存在虚假的情况下，仍按照韩某良的指派，指示财务部按照虚假的数据确认收入，并最终导致公司向股东和社会公众披露的2011年度财务会计报告存在虚假。故上述辩解和辩护意见不能成立。

二、违规披露、不披露重要信息罪的量刑情节

（一）自首的认定

单位犯罪案件中，单位的法定代表人或主要负责人主动投案并如实供述犯罪事实，其非法定代表人或主要负责人的涉案事实的直接负责的责任人员和其他责任人员虽未主动投案，但如实供述犯罪事实的，可以认定为自首。但对不如实供述犯罪事实的，不认定为自首。本罪中，对是否明知而故意披露、不披露重要信息的基本事实做与法院认定事实不相符的辩解的，不属于如实供述。在韩某良等人案中，关于韩某良及其辩护人所提韩某良系自首的辩解及辩护意见，经查：韩某良虽系侦查机关电话通知到案，但其到案后未能如实供述，其行为不构成自首。故本院对上述辩解和辩护意见不予采纳。

（二）单位主动上报的认定

韩某良等人案中，虽未认定责任人成立自首，但“鉴于本案犯罪事实系华锐风电公司自查发现并主动上报监管机关，依据刑法关于自首、从犯的规定与罪责刑相适应的原则，可以认为陶某的犯罪情节轻微不需要判处刑罚”，二审改判免予刑事处罚（一审判处陶某拘役四个月，缓刑六个月，并处罚金人民币五万元）。

（三）行政处罚对量刑的影响

1. 可折抵罚金并从宽处理根据相关法律规定，违法行为构成犯罪，法院判处

罚金时，行政机关已经给予行政处罚的，应当折抵相应罚金

任某某等人案中，人民法院认定，四名被告人均自愿认罪，且均已缴纳了罚款或罚金，依法可从宽处理。

2. 配合监管部门的风险处置工作，可从宽处理

在韩某良、陶某案中，陶某在华某风电公司被证监会调查后，“配合监管部门的风险处置工作，确实起到了稳定公司经营秩序、协调解决债务纠纷的作用，得到了证监会北京监管局的认可”，综合其他情节，对陶某免予刑事处罚。

三、本罪与背信损害上市公司利益罪的界分

余某妮案中，公诉机关起诉书认定余某妮等人还构成背信损害上市公司利益罪。人民法院经审理认为，李某甲伙同被告人余某妮等人为达到实现股票上市流通的目的，掩盖没有完成3.84亿元股改业绩承诺款缴纳的事实，以博某公司实际控制人、高级管理人员的身份，指使财务人员伪造财务报表，实际操纵公司，致使公司被证监部门稽查并被终止上市，客观上损害了博某公司利益，致使博某公司遭受重大损失。就各被告人行为的定性问题，《刑法修正案（六）》增加第一百六十九条之一规定“上市公司的董事、监事、高级管理人员违背对公司的忠实义务，利用职务便利，操纵上市公司从事下列行为之一，致使上市公司利益遭受重大损失的，处……”，采用列举式的方式描述了该罪的罪状，同时在第（六）项中采用兜底方式规定了“采用其他方式损害上市公司利益的”行为。根据刑法的体系解释和目的解释的方法，该条款列举的前五项均系公司高级管理人员通过与关联公司不正当交易“掏空”上市公司的行为，第（六）项兜底条款的解释应当采用相当性解释，即限制在其他通过与关联公司不正当交易“掏空”上市公司的行为，而非所有损害公司利益的行为。故各被告人的行为不构成背信损害上市公司利益罪。同时，如上所述，本案实质就一个行为，也不应定性为两个罪名。

通过这样三个步骤，我们可以迅速掌握绝大部分罪名的实务要点，并且在案件办理过程中，交出“抗打”的专业答卷；如果具体案件研究得透彻、功课做得足够充分细致，也可以期待有不俗甚至惊艳的上佳表现。

刑事法律人才的教育与自我教育

不论是要赢得财富，还是要赢得人生，优秀的人在竞技中想的不是输了我会怎样，而是要成为胜利者我应该做什么。

——洛克菲勒

这个世界正在悄悄犒赏那些坚持学习的人。陈瑞华教授《刑事辩护的艺术》序言中，开篇就指出：从事任何行业，通常都会经历“工匠层级”“职业层级”和“专业层级”这三个境界。一位律师，只要受到过基本的法律训练，具有良好的天资，又具备“为民请命”的信念，经过十几年甚至数十年的磨炼，就都可能会成为一名以法律服务为业的专业工作者。

当下执业的刑辩律师们，有多少是受过“基本的法律训练”？在“成为一名以法律服务为业的专业工作者”之前的“十几年甚至数十年”当中，他是靠什么来保证办案质量的？难不成，这十几年数十年间的案件，都是“一个专业刑事法律工作者”进步的阶梯？好像实验室里的小白鼠？

法、检“员额制”改革以来，对承办人的工作经验有了硬性要求，一定程度上保证了办案人的整体素质。疑难案件的案件质量还有各种组织形式的集体讨论、上请（且不论其合法性）等制度层层“把关”。案件报告是一个人做出的，案件决定却通常不是一个人能得出的。重庆一分院已经开始精细化分工，将公诉划分了职务犯罪、金融犯罪、证券犯罪、网络犯罪、知识产权犯罪、毒品犯罪、环境资源犯罪7个公诉专业团队。在外国司法实践中，要求对每个拟判处死刑的被告人，要配上四名资深辩护人，其中包括一名专门研究量刑的辩护人。我们要付出多少努力，才能抵得上四名辩护专家的工作量呢？这是时代赋予我们的更艰巨的责任。

但是我国的刑辩律师的办案不一样。首先，律师办案没有这样的层级把关制度设计，仅仅是在黑恶犯罪辩护实务中，在制度层面开创了集体讨论、案件报备的先河。绝大多数情况下，律师没有这样的集体讨论条件。其次，大多数青年执业律师对案件也没有太多的案件选择权，这是市场机制决定的。而案件的疑难和案件当中隐藏的问题，却并无定数。扪心自问，我们之中有多少人敢说自己具备足够的辩护能力，经办案件的辩护工作都大致做到了极致？现在说“不要让你的技巧胜过你的品德”，是说不要卖弄技巧，违背了良知。但很多人尚未达到这样的层次。技能不足，还是品德有余，如果一定要选择，我却要说，请让你的技巧胜过你的品德。品德如果不能落实为技能，无法弥补专业的缺憾，品德高尚但没有专业能力做保障，空有一颗与当事人同生共死的心也无济于事。

曾有一个从业二十几年的律师，组建了一个刑辩团队，接了一个比较大级别领导的案件。他搞不明白，来找我。我提前半年给他写完了辩护意见，专程三次给他进行辅导。案件涉及溯及力、感情投资等理论性知识点。开庭时我以助理身份坐在他旁边，公诉人发问时，我现场写有针对性的发问提纲，然后这位同行大哥就按照我的提纲，进行发问。在庭审辩论阶段，他就事实部分发表完意见之后，对感情投资入罪问题、司法解释的溯及力问题，始终没有敢发表意见。我当时特别着急，我就举手，我说审判长能让我发言吗。审判长说，你是助理，你不能发言。可见，临阵磨枪，有时候难以运用自如。庭审中说不明白、说不透彻，只写在辩护意见里有用吗？大多时候不会起作用，因为法官开完庭后看不看你的书面意见要靠运气。

“不要用你的业余爱好，去挑战别人吃饭的本事。”“空想不是社会主义”，刑辩也不是空想就能做好的。只有坚持自我超越的人，总是生活在不断学习的状态中，修炼永无止境。“你不一定要去做大律师，但一定要做一个名律师；你不一定要做一个名律师，但一定要做一个强律师；你不一定要做一个强律师，但一定要做一个好律师。”

有人说，成为行业顶尖专家，需要10000个小时以上的积累。没有足够质量的学习积累，就难以做到有效辩护。孙子说：夫算胜，不算不胜，况无算乎。刑辩人应有自己的思维套路、针对套路应当有自己的思维训练、自己的检验标准。法国作家马克李维说：规则，是用来让你们学会经验；而经验，则是让你们拿来打破规则的。刑辩律师的专业化标志之一，对规则的熟悉是基本要求，对规则的解读和运用能力才是专业程度高低的分水岭。以波斯纳为核心的芝加哥学派，以身体力行的方式告诉学生，作为一个法律人，尤其是个法学研究者，规矩方正的拘谨态度不见得是值得赞扬的美德。至于波斯纳法官面对这个世界时严守的美德，便是智识上的透明、诚实与反省；人生至此，或许对荣耀便会有不同的定义和解读方式了。这位浪漫传奇又不失严谨和个性的美国首席大法官，确实能启发我们的思路，应当引发我们研究的兴趣，作为有志于精进专业水平的法律人的学习榜样。

德肖维茨有句大家都熟知的名言：只要我接下一个案子，我就只有一个信念——打赢这场官司。我将全力以赴，用一切合理合法的手段让我的当事人无罪开释，不管会产生什么后果。

这里归纳为“手段之争”，取“手段”的中性词意，不包括不合法不合理的手段，德肖维茨的手段用尽论，其手段也明确限定于“合理合法”的范畴之内。所以我不是很明白，穷尽合理合法的手段为当事人打赢官司，有何不妥之处呢？

德肖维茨的手段用尽论似乎并不值得多少讨论，其重心大约在于后半句“不管会产生什么后果”，这半句话就存在无限的想象空间：可能包括可以为多数人接受的后果和不为多数人接受的后果、违反职业规范的后果和不违反职业规范的后果、违反职业道德或普遍道德观念的后果和不违反职业道德或普遍道德观念的后果，等等。这也许才是争议之所在。大多数刑辩律师应当扪心自问和反思的问题恰恰就是：你穷尽了法律的和合理的手段为当事人争取胜诉了吗？

站在刑辩技术的沙滩上，我们大多仅仅是拣拾了一些贝壳而已，还远远谈不到将刑辩业务涉及的知识、问题理念化、体系化、理论化、可复制化、可教学化、可操作化。这当然也与我们刑辩起步较晚、辩护权有限和司法体制直接相关。

相对应地，辩护人没有员额制，其专业素质就更加参差不齐。在大学各阶段中增加案例教学，增加司法判例、指导案例的研讨和学习，重视参加工作前的实习工作经历。更进一步设想，按照现在刑辩专业领域的逐渐细分，很多专业律师对专业的研究已经非常深入，而且实践证明这种深入研究其实是省力而且有效的，是一劳永逸的，知识更新也更加容易。比如，对毒品犯罪问题的研究、对金融证券领域犯罪的深入研究、对知识产权类犯罪的深入研究、对职务犯罪问题的深入研究，甚至是对侵犯商业秘密罪一个罪名的深入研究等，现在越来越受到重视，形成一种发展趋势。

重视法学方法论的学习，提高论证、分析、解决实务问题，而不仅仅是理论研究的能力。法学是工具学科，很多时候问题具有复合性、复杂性。在疑难复杂的情况下，如何处理新问题，如何考证、检验自己的观点正确与否，就一个问题深入研究的能力，等等。

加强理念教育，适应社会需要、时代进步的需要。很多法科生工作后一段时间就放弃或放缓了自我学习的要求。而刑事法律知识的更新对控辩审从业人员持续学习的要求是很高的，类似计算机类的现代应用学科。但很多人都在吃老本，及时更新知识的意识不强。

司法实务与法学教育，在当前脱节的现象是比较严重的。某位司法行政系统领导曾表态支持教授兼职做律师，理由就是可以使法学教育“接地气”，不与实践脱节。但兼职辩护律师的教授并不是辩护人主流，兼职检、法的教授在刑辩实务当中也常常碰壁。据说张明楷教授在挂职时就做出了很多的无罪判决。

大量真实的司法判例的诉讼过程的全真案例教学，可以引导学生关注司法实务；不仅学到平面的法学，还能将整个流程形成立体化的框架，教学相长。就好比传统理论知识是皮肉，而全流程模拟是骨架，骨架加上皮肉，才算在学生心目中建立起多维、立体、无死角的知识体系，就业时也能更顺畅一些，对于将来保障案件质量、提高刑事法治的整体进程和水平，意义是重大的。

第二讲　刑辩律师风险防控

风险防控最重要的是规则的统一性和有效性。在共同的规则下面，我们才有风险预见力和预判力。

——作者题记

沉默还是供述

侦查环节是侦查机关收集、固定证据的重要阶段。在侦查阶段，你去会见犯罪嫌疑人，犯罪嫌疑人常常会抛出这样的问题，“我是招认，还是不招认，对我更有利？”你该怎么回答？

在回答这个问题之前，先说说口供在一个刑事案件证据体系当中的地位。根据我的公诉和参与的大量辩护工作的经验，“口供是证据之王”的现状在目前仍然是普遍现象，并在将来的一段时期内长期存在。有些案件，如职务犯罪、毒品犯罪、犯罪构成对主观明知有明确规定的犯罪，犯罪嫌疑人的口供，都对定罪有着至关重要的作用，有时候有罪供述可以大大减少侦查工作的工作量。

也因为口供的这种独一无二的特殊地位，想方设法获取犯罪嫌疑人的有罪供述，就成了一些刑事案件侦查的最重要工作之一，一些案件的侦查工作中也就出现了刑讯逼供、指供、诱供、欺骗、威胁等手段。

且不说这些手段的非法性，仅从当事人利益最大化的角度而言，犯罪嫌疑人究竟是如实供述更有利，还是保持沉默不供述更有利呢？根据《刑法》第六十七条第三款规定，如实供述自己罪行也是法定从轻处罚情节之一。如实供述是有好处的。

但是根据《刑事诉讼法》第五十五条规定，没有被告人供述，证据确实、充分的，可以认定被告人有罪和处以刑罚。证据确实、充分，首要条件就是定罪量刑的事实都有证据证明。换句话说，没有被告人供述，其他证据不确实、不充分，甚至没有证据证明的，不能认定被告人有罪和处以刑罚。对于客观性证据比较充分的案件而言，没有口供也能定案，如实供述，可以取得从轻处罚的法律利益；而对于客观证据并不充分的案件而言，口供就有定罪与否的重要作用。如果犯罪嫌疑人具有主动投案的情节，稳定一致的口供对自首情节也有重要意义。

而所谓沉默权，是指犯罪嫌疑人在接受讯问或出庭受审时，有保持沉默拒不回答的权利。此项权利源于1964年美国联邦最高法院第五修正案规定的“……无论何人……不得在任何刑事案件中被迫自证其罪……”，并在1966年“米兰达诉亚利桑那州案”中在美国得以确认。看过美国电影或香港电视剧的人都很熟悉警察抓人时的口头禅：“你有权保持沉默，你所说的一切将作为呈堂证供……”这就是米兰达规则。该规则要求警察在开始讯问犯罪嫌疑人时必须向其宣布，而且必须保证嫌疑人完全明白规则的含义，后做出是否供述的选择，以此来确保宪法赋予犯罪嫌疑人的沉默权。

在此后的几十年间，此项规则在多个国家加以执行。通常来说，确认此项权利的国家都认为沉默权有效保护了犯罪嫌疑人的合法权利，维护了司法正义。我国《刑事诉讼法》虽没有确定沉默权在我国司法制度中的地位，但也在第五十一条规定了公诉案件中被告人有罪的举证责任由人民检察院承担的控方举证责任原则，在第五十二条规定了“不得强迫任何人证实自己有罪”的原则，总的来说也是向沉默权制度的靠拢。

必须指出的是，我国对沉默权是没有明确规定的。相反，在《刑事诉讼法》第一百二十条明确规定了犯罪嫌疑人对侦查人员的提问，应当如实回答，即如实供述的义务。也就是说，如果嫌疑人张嘴说话，那么依法有如实回答问题的义务，并且可以因此享受《刑法》第六十七条规定自首或坦白的法律利益；如果嫌疑人不张嘴，那么法律是禁止采取刑讯逼供等非法手段取得非自愿的供述的。

趋利避害是人的本能，法律规定了犯罪嫌疑人坦白可以从宽。换句话说，根据不得强迫自证其罪的原则和控方举证的证据责任原则，被告人是争取坦白从宽，主动陈述自己的犯罪事实，还是放弃坦白从宽的法律利益，只愿被动承受控方证据体系带来的法律后果，是需要犯罪嫌疑人自己衡量决定的问题。一般情形之下，刑辩律师应当将法律利益的选择权交给当事人自己。也就是说，当犯罪嫌疑人问你，我供认还是不供认更有利时，你应当对如实供述的法律后果、举证责任的分配原则、证据确实、充分的含义详尽地做出专业的讲解，至于到底是供述还是沉默，应当由嫌疑人或被告人在充分了解了法律规定、利益得失的前提下，自己来选择，如何处分如实供述这一法定利益。

关于刑辩律师的取证问题

脱离个案，将问题抽象出来，单独议论，很容易引发歧义和争论。刑辩界关于刑辩律师取证、不取证的争论，似乎就源于此，且有两极分化之势，都言之凿凿。然则，唯物辩证法告诉我们，凡事都有两面性。空泛地谈取证或不取证，应当或不应当，都会失之偏颇。原因很简单，过于绝对化，都能举出相反的个案加以批驳。

其实，刑辩律师需不需要取证，并不能成为一个命题。《刑事诉讼法》里明确规定了刑辩律师的调查取证、核实证据、质疑证据的权利。法律依据早已有之。

争论的原因之一是《刑法》第三百零六条，这的确成为悬在刑辩律师取证行为之上的一把利剑。出于避免风险、自保的考虑，刑辩律师取证不取证，似乎就成为一个问题。

非法取证当然是要摒弃的。因其破坏了刑事诉讼的应有秩序。那么取证与不取证，就应当抛却非法取证不谈，那是个别行为，除了警示作用之外，不值得考量和借鉴——合法的取证则可以分为必要的取证和不必要的取证，或者有意义的取证和无意义的取证。

在合法取证的前提下，应否取证取决于辩护的需要。案件的情况各有不同。虽然有"无罪推定"，但是通常的现实是，公诉机关移送的案件具有基本成形的，貌似形成链条的有罪体系。这种情况下，有时我们可以借鸡生蛋，以彼之矛攻彼之盾，用控方的证据问题打垮控方的立论链条或逻辑。但有时证据的问题或破绽不明显或不足以撼动指控体系，或者客观上存在更有力地击垮控方体系、支持辩护观点的证据，可能需要来自刑辩律师的取证。

比如，案外存在证实证人证言不实的证据。再如，经济犯罪中被侦查机关省略的足以证实前因后果的经济活动的各种背景。又如，被告人不在现场的证据，都是需要我们刑辩律师去发现去调取的。即使是申请司法机关调取，从源头上说，也是刑辩律师取证方式的一种，司法机关成为刑辩律师取证的途径。

因此，取证与否，取决于案件的客观情况——有证据可取，以及取证的必要性——对辩护效果的意义。易言之，取证能否加强辩护效果，能否釜底抽薪架空公诉体系，能否动摇甚至左右审判法官的自由心证。从辩护律师与控方权利的比较的角度说，实力悬殊的前提下，这仅有的调查取证权，肯定是不能白白放弃的。

第五章

企业刑事合规篇

企业刑事合规近两年非常热，是刑事业务中的“蓝海业务”。我们研究认为，中国企业刑事合规前景广阔，但对操刀的律师团体的素质要求极高。一方面因为中国尚未有成形的合规激励制度，另一方面因为中国企业的合规需求尚处于“市场辅导期”。一部分开始进行企业刑事合规业务的同人发出了“看起来很美、做起来很难”的喟叹；也有一部分同人将企业刑事合规业务同具体的刑事辩护业务结合起来开展，进行了有益的尝试。在我们看来，这些有益的尝试还只是尝试阶段，还没有形成体系，经验也难以复制，在企业发展和规避刑事风险方面的作用也没有得到有效的验证，距离严格的“企业（刑事）合规”格式化操作显然还有不小的距离。中国企业刑事合规，重点并且急需提上日程的应当是有与国际接轨迫切需要的企业巨头，对于这些第一梯队的目标客户而言，传统的刑辩律师“普遍营销”“等客上门”的服务模式肯定不适应需要，先具备一支有实力的企业刑事合规团队，是承接这种大企业的刑事合规业务的必备前提。而这样的，能应对那些亟待与国际企业刑事合规要求相接轨的大型企业的需求的刑事合规团队，在国内罕见。

简言之，从知识储备和人才储备的角度，有志于积极开拓企业刑事合规业务、提高同国际律师事务所和国际大牌律师的竞争能力，进而从事中国企业刑事合规业务的同人，首先应当认清企业及企业家涉罪的基本问题，其次应当结合企业发展和中国国情、接轨世界的现实需求，最后应当整合刑、民、企各界专业高端人才，聚团队之力，才能实现中国企业刑事合规领域的大有可为。

中国企业刑事合规的困境与出路

虽然国际范围内的企业合规早已开始，但企业合规为国内律师业界、企业界所熟知仍是近几年的事情。因此，建立一套有效的企业刑事合规激励制度，是企业想要稳健发展必须要重点关注的企业建设内容之一，接轨国际通行的企业刑事合规制度是我国企业发展壮大的必然需求，尤其是想要走出去的成长期企业必须完成的毕业升学考试、通行证和护身符。

毛主席教导我们，“学习有两种方法：一种是专门模仿；一种是有独创精神，学习与独创结合”。因此，学习、模仿先进经验并研究我国企业合规实际，学习与独创相结合，才是我国企业刑事合规的出路。

一、国内企业合规的理论与实践概况

我国“企业刑事合规”概念这两三年来虽然炒得非常热闹，但实务中律师界的热情、热度偏重企业界、立法和司法界。实践中真正开展了刑事合规的企业案例在我国罕见，真正因企业合规受益的案例一方面极为稀缺，另一方面鲜为人知且宣传力度不够。企业合规外热内冷，面临着观念上和实操层面的双重瓶颈，与接轨国际化合规标准的迫切需要不相适应，亟待突破。

（一）企业合规的立法概况的热与冷

国家各部委合规类指导文件热闹出台。以2016年4月国资委发布的《关于在部分中央企业开展合规管理体系建设试点工作的通知》，2017年5月习近平总书记主持召开中央全面深化改革领导小组第三十五次会议审议通过的《关于规范企业海外经营行为的若干意见》，提出“加强企业海外经营行为合规制度建设”，以2018年11月2日《中央企业合规管理指引（试行）》正式生效为标志，中国的企业（刑事）合规有了一系列纲领性的制度设计。经过四年的论证和半年的征求意见，2022年10月1日《中央企业合规管理办法》正式生效实施，为中央企业合规管理大幕的开启奠定了基础。

然而，我国现有合规规范性文件位阶低，企业合规立法遇冷。现有的全国人大及其常委会出台的法律未见关于“企业刑事合规制度”的概念、相关义务性规范及配套措施。例如，银保监会出台的工作指引就属于部门规章，规定过于理论化、可操作性不强，实践中并未得到有效执行。

有学者将针对某一商业领域出台的系列刑事法规范性文件，解读为国内刑事合规的立法依据，在刑法的预防功能和我国刑事合规专门立法尚未出台的情况下，似乎一定程度上解决了刑事合规在立法层级问题上与国际接轨的差距。笔者认为，在缺乏合规激励等配套机制刺激下的某领域的刑事法规，与国际通行的刑事合规机制仍有本质的区别，前者是通过刑罚实现预防目的，后者是通过预防实现避免刑罚的目的——即使是在我国现有刑事立法的基础上，展开我国立法现状下的企业合规制度构想，在立法层面吸收、借鉴、改造西方发达国家经实践检验切实可行的企业合规激励机制仍然必不可少，是需要国企企业合规各界需要思考的出路。

（二）国内企业合规领域的理论研究的热与冷

1. 著作、文章、讲座、论坛、中心热。近几年来，律师界对“企业刑事合规”的热情始终不减，以论著、讲座、论坛等形式遍地开花，呈现一派热闹景象。企业合规与刑事法律风险防范研究中心作为“大成刑辩”下设的八个研究中心之一，成立于2016年，正是国内企业刑事合规兴起之时。有些律师具有国际领域合规业务的长期经验和背景，近年来也在这一领域大放异彩，以其在合规实务的卓越智识成为国内企业合规领域的领军人物。一时间，企业合规业务得到国内律师界空前重视。但是由于企业合规领域的复杂性，绝大部分律师还不具备在刑事非诉领域新“蓝海”领域的跑马圈地的实力，表现在：

（1）国内企业刑事合规理论研究难以深入，实务理论研究资料少。针对我国企业刑事合规的实务操作的理论研究几乎为零。就著作文章而言，以中国知网期刊和硕博数据库为文献来源，以“企业刑事法律风险”为关键词，相关文章高达16.3万余篇，但其中同刑法学科相关联的论文约占5%，其他学术论文都集中在管理学、经济学、法学专业领域。若将“企业刑事法律风险”限定为“篇名”搜索，相关期刊只有19篇，且鲜见有对企业刑事合规设计的本土现状和问题的深入研究和展望式的设计构想或者对具体企业刑事合规系列问题的深入剖析探讨。例如，在华东师范大学编撰的《企业合规》一书中，企业刑事合规只在第十二章即最后一章有简要的述及。除了列举了一些刑事合规针对的罪名之外，关于如何开展刑事合规、刑事合规在我国企业的运行情况、运行当中的问题，都没有深入探讨。

（2）企业刑事合规讲座主要内容基本限于常见罪名的知识普及。有人形象地总结称有些讲座就是“律师的自我传销课”，其内容基本限定在用惊悚的真实案例“吓唬企业家”，委婉提醒企业家反思原罪，以实现“预防”目的。企业家们除了在课程上听得津津有味，讲到痛处“红红脸、出出汗”，扫个微信加个好友，就算课程的成功。至于通过一堂讲座拓展或开展企业刑事合规非诉业务，那是授课者和听课者都没有指望过的。偶有听闻在企业和企业家遭遇刑事风险之初开展的以应对侦查、防止“被犯罪”为目的的刑事风控非诉业务，对律师创收的贡献也十分有限。

2. 论坛参与主体两头冷、中间热。北京大学陈瑞华教授的《企业合规制度的三个维度》认为，刑事合规至少是三方主体的共同努力：企业、立法、律师。而当前我国“刑事合规热”，著作、讲座、论坛、研讨会，几乎都以律师为主体，律师热度和参与度似乎远高于政府层面、高于立法关注、高于企业自身，自己闭门造车的多，对企业界的影响极其有限；实操层面，刑法激励机制的空白、政府强制力不足等等配套措施后继乏力，一系列“合规指南”的落地生根困难重重。这些论坛、研讨会和理论研究当然仍具有重要意义，但无疑也是舍本逐末的，如何调动企业界、立法界的参与热情，是需要我们着手规划的重要课题。

二、国内企业刑事合规的困境

实践中，我国企业中的“企业刑事合规”部门，多系中、大型企业出于防止企业利益被员工个人侵吞、窃取的目的，以企业内部员工反腐败调查为工作对象和工作内容，这一职责由企业内设法务（类似纪检）部门一体承担，与国际通行的“企业刑事合规”概念相去甚远。而绝大多数中小型企业出于成本、管理理念、法律意识淡薄等因素通常不会设立法律风险防控部门。几乎所有类型的企业与律师和律师事务所就刑事事由的合作，通常是就事论事的事后应对处理，与普通刑事辩护业务或者为刑事被害人提供的法律服务无甚区别。

（一）“人情社会”和企业发展阶段对企业刑事合规业务的影响

国人几千年的思维习惯，趋利避害讨彩头，爱听“吉利话”，回避问题，不谈风险嫌晦气。某些企业和企业家的心理状态是“刑事合规再重要、刑事风险再可怕，为了利润也必须冒险一搏；倒霉的事不会落到自己的头上，即使落到自己头上，事后找关系也比事前防范有用”。

企业管理在文化和社会责任承担上的初级阶段特征。我国的中小企业甚至是小微企业数量庞大，企业自身生存、成长的需要同规范的企业刑事合规的要求包括建立这样的合规机制所需要的最基本的人、财、物力的需求的冲突可以想见。在中国企业的发展中期，企业所面临的竞争对手更加强大，商机更难预控和把握，刑事风险开始隐藏在经营行为中与之相伴而生，企业家心知肚明又难以独善其身。根据社科院发布的《企业社会责任蓝皮书（2018）》显示，2018年，中国企业300强社会责任发展指数为34.4分，整体仍处于起步阶段。同时，2018年的企业社会责任发展指数与2017年相比降低了3分，跌至2015年水平。我们的商界至今仍未建立起一种冷静、理性、合规的尊崇和基本信念，缺少对一种简单而普适的商业逻辑的尊重，缺少对公平透明的游戏规则的遵守，缺少对符合人性的商业道德的敬畏。

（二）立法问题、合规激励机制的缺失导致国内企业合规系统疲软

由于我国未建立企业合规刑事激励机制，对企业和企业家的刑事问责机制具有事后性、不可逆性——这种激励、监督和问责机制的缺失，使得企业没有开展合规机制的主动性、驱动力和压力。即使建立了合规制度，也多半是形式上的装饰。商业博弈的残酷性，导致打擦边球、潜规则盛行、灰色地带和原罪问题难以避免，所谓“劣币驱逐良币”。

例如，金融领域刑事合规也是我国开展较早的领域之一。但根据近年来金融领域刑事犯罪案件的高发态势，金融合规监管未起到应有作用，是我国现在企业刑事合规理论、实践问题的缩影。

以传统金融机构的监管合规立法体系为例，笔者在办理金融机构高管犯罪案件中发现，金融机构作为关系国家命脉的重要一环，仅立法上存在的问题就十分突出。在涉金融类的罪名当中，如果严格适用“罪刑法定”原则，对罪刑规范中关于“国家规定”的严格解释，就能使一批案件处理陷入两难，原因就在于可适用的适

格“国家规定”过于纲领化，而具体的规范性文件又不具有“国家规定”的效力等级。立法的滞后在具体个案的司法过程中显露出来，而追求实体公正的司法惯性又通常对这种滞后所造成的影响反应迟钝。刑罚这把双刃剑在有限地保护和恢复金融秩序的同时，对金融领域的创新积极性和健康有序发展的打击无疑是巨大的。

三、对我国企业刑事合规的展望

当下的“企业刑事合规热潮”，无疑是深受刺激后的自我反思。我们需要本土的实操经验、本土操作层面的理论研究、本土化的激励机制；我们需要一大批高端的企业刑事合规的专门人才和机构。

（一）加强先进经验、实务操作的学习深度

应着力定向培养一批企业刑事合规专门人才，做好人才储备工作。人才储备将是我国企业参与国际竞争、从本土化企业走向国际化的大型企业的重要力量，也是国际商业背景下，多数跨国公司将其亚太总部设在中国，对我国跨企业管理、经济学、审计学、法学等学科领域的高端人才市场提出的更高挑战。应鼓励针对本土企业刑事合规机制的专项课题研究。

（二）建立刑事激励机制调动企业主动开展刑事合规的积极性

应继续大力培养普及企业刑事合规意识。当下律师界对企业合规的热情掀起的一轮轮热潮对现代公司合规管理意识的启蒙和促进建立、逐渐作用于企业内部控制环境及对外关系处理中，意义是巨大的。

应建立刑事激励机制。可借鉴美国率先确立并已运行了近三十年，得到发达国家和国际立法广泛认同的刑事激励机制、暂缓起诉制度等相对成熟的企业刑事合规配套制度。

（三）大力开展企业刑事合规试点工作

可以分别选择具有代表性的跨国公司、不同所有制结构的国内大、中、小型企业，强制推行企业刑事合规试点工作，研究内部控制和外部应对等方面所面临的问题和可能的解决方案，为立法提供本土经验。

商人趋利，用利益制衡企业可能是最好的路径之一。没有刑事合规制度，将可能面临包括巨额罚金、企业高管人身自由刑等严厉的刑事责任；有了刑事合规制度，自己请律师介入进行合规调查，戴罪立功，看企业表现，再决定是否不起诉、缓刑，以及决定罚金数额，这就是朴素的企业刑事合规的基本内容。

企业刑事合规的根本目的和作用还在于，一般不会使涉案企业因为刑事责任走向破产和消亡，给企业改过自新的机会，也通过将企业合规建设与刑事责任的挂钩真正促使企业良性竞争、良性发展。这可谓实现了三方共赢：企业承担更小的责任和损失并能以更健康合法的肌体继续生存、为社会创造效益，政府获得更大的罚金收益、节约司法资源，律师的企业刑事合规业务成为成熟高端的业务（收入）来源，实在是很高明。可见企业刑事合规制度不仅着眼于事前刑事合规设计，更着眼于刑事合规制度对企业刑事责任的积极作用。

合规是企业走出去行稳致远的前提，合规管理能力是企业国际竞争力的重要方面。这样好的制度和措施对我们的挑战是不小的，对我国企业发展进程仍处于初级阶段的特征的挑战也是不小的，一定也需要本土化改造——不可能等到国内司法环境、企业发展水平与企业刑事合规制度完全匹配了再着手搞企业刑事合规机制，企业作为社会的重要组成部分，建立企业刑事合规制度，对企业文化、社会法治氛围乃至司法环境都将大有好处。

立足“证据思维”实现企业刑事合规功能

在大成律师事务所上海分所承办的“企业刑事合规论坛”上，笔者做了题为《中国企业刑事合规的困境与出路》的发言，谈到了中国企业刑事合规面临的内外部困境。异曲同工的是，2019年11月3日在山东济南举行的第三届中国企业改革发展论坛上的唯一一位民营企业家代表，福耀玻璃集团董事长曹德旺在演讲中也给民营企业家们提了几点建议，包括企业家要学会自救，不要等待。

一言以蔽之，企业合规尤其是民营企业的合规建设大有“事态紧急”之势，但在我国的推行，也不那么简单容易，面临立法、司法、执法、企业自身的多重难题，需要逐一破解；若要等到“万事俱备，只欠合规”，恐怕既遥遥无期，也不合时宜。立足国情、“企情”，经济、有效地逐步推进企业刑事合规、实现企业刑事合规的各种有益功能，是非常必要也是刻不容缓的需要。

一、“政策利好”的谨慎解读

最近一年来，关于涉企保护的利好政策不断出台。近两年来也平反了一些企业家的问题案件，有企业家朋友感到形势开始比较乐观。张军检察长在北大的讲话中特意用企业家犯罪做例子，讲到“可捕可不捕的，不捕，可诉可不诉的不诉，可判实刑可判缓刑的判缓刑，这是政策可调节的范围”，宏观政策上，确有利好趋势，但是也不能大意。

从字面意义上看，要明确政策适用前提，是“可捕可不捕的，可诉可不诉的，可判缓刑的”，要清楚涉企案件有多少是可捕可不捕、可诉可不诉的和能判缓刑的。企业家涉罪罪名基本集中在合同诈骗、行贿、虚开增值税发票三个罪名上。比如，合同诈骗500万元一般是各地市级检察院受理的案件，市级检察院受理是什么概念？可能判无期、死刑的案件。行贿呢？小额行贿，尤其是单位行贿，轻缓刑甚至不追诉的情况比较多见，但大额行贿，恐怕也难以脱罪。更重要的是，一旦企业被认定为单位犯罪，参与竞标、自由竞争将受到限制，这是很多企业的死穴。再如，虚开增值税发票，一般几百万元标的的都属于“小案件”，基本上都以亿元计，对应的刑期都是十年以上。企业家涉罪相对较轻的是什么罪呢？骗取贷款，侵犯商业秘密，伪造公司、企业印章，隐匿会计账薄，拒不支付劳动报酬等，起点刑低，可能判处缓刑。个别的有人猥亵幼女，这种挑战人性底线的罪名，在哪个国家基本都是不可能不捕和缓刑的。

政策利好并不意味着要无原则保障涉企权益，而是强调要“保障企业家合法权益”，重点要落在“合法权益”上，而合法权益的判断是个见仁见智的问题，一旦进入司法程序就要落脚到合法性由谁来判断的问题。办案的公安机关有没有足够的能力判断，愿不愿意公允、依法判断？判断错了能不能及时纠正？这还涉及司法的另一个弊端——配合的多，制约的少，“有错抓的，没有错放的”，一个无罪辩护成功的案件，需要付出各位想象不到的努力。

可见，政策只是导向，并不能代替法律，政策的对象是企业和企业家群体，不是某个涉罪的企业或企业家个人。法律是刚性的，刑事风险绝不会因政策导向而消除或减弱。政策是宏观的，不是给个人制定的，个人和企业的风险防范意识是一时一刻不应松懈的。

二、立足国情大势和企业实际构筑企业刑事合规

利润和稳健是0和1的关系。在刑法近500个罪名当中，有近200个罪名与企业经营相关。构筑刑事防线，搞刑事合规，就要花钱，与对利润的追求冲突，但稳健是企业的外墙和大门。从混沌到有序，各行各业都在过渡转型，同企业界现在火热的合规潮流一样，是发展趋势，也是业界洗牌的重要转型时期，这也是法治社会的应有之义，企业作为重要的经济实体，企业的稳定发展，关系到社会稳定，不进，则退。所以，尽管现在我们国内自己的企业刑事合规经验为零，配套制度是零，企业发展阶段和司法环境也还存在各种的问题，但要认识到，刑事合规是利润前面的“1”。

刑事合规要立足我国国情。国家发展和人民根本利益的需要就是国情，企业发展需要的就是国情。在刑辩律师看来，保护什么打击什么，就是国情。立足国情就是顺应时势。在经济落后时期，发展经济是第一要务；在经济蓬勃发展的当下，稳定发展成为第一要务，不管企业愿意不愿意花这笔钱，不合规就淘汰，以依法合规的姿态跻身世界巨型企业之林，这是当下的国情大势。

三、企业合规的功能

目前，国内刑事合规并没有现成的模式可套用，未来也不可能有适用于每个不同规模不同业务模式的企业刑事合规套路。但综合而言，企业刑事合规应当实现以下功能：

1. 企业的刑事合规的目的是保障企业的合法、稳健、长远发展。企业的规模、领域各有各的不同，必须为企业量体裁衣、量身定做最经济、最有效的刑事合规体系。

2. 企业的合法、稳健发展必须克服内部条件制约。比如，企业刑事合规要花钱，这在以往是不需要的支出，现在必须考虑进经营成本当中（当然，企业刑事合规可以从防止民商事刑事风险的角度进行，可预期地帮企业减少损失，实现创收）。

四、以“证据思维”布局预防犯罪和被犯罪，实现企业刑事合规的功能

大成刑委会的刑辩律师大多都有职务犯罪和企业家经济犯罪的大量实务办案经验——职务犯罪的案卷里，往往都有数个甚至数十个企业家的笔录作为支撑。一旦企业涉罪，企业家首当其冲。其中固然有企业家的决策角色因素，也有打蛇打七寸的需要。一把手、二把手对企业重要性、经济能力等各方面差距太大，解救的迫切性也差距太大。

企业不去虚开发票，按时保障职工工资等权益，不去打擦边球，做合法生意且依法经营，很大程度上可以避免犯罪行为发生。

因此，预防被犯罪也是企业刑事合规要充分考虑的课题。充分的证据意识和充足的证据准备应当是一切合规工作包括预防被犯罪的最终落脚点。比如，企业合规离不开审计合规，审计就是证据。所有的资金款项来源去向十分清楚，借款、回款手续十分完备，走过的每一步，都在身后留下说得清、道得明的证据，就可以基本避免被犯罪。

御风而行，刑事风险防控意识实属必须。当前中国的企业刑事合规在初级阶段必须立足国情、企业现状基础之上，讲求经济性、有效性、实用性，所有的刑事合规措施必须落脚于两个基本点：预防犯罪、证据有效。企业在经营过程中有时不得不冒些风险，有了证据意识，在进行抉择之时就会有所顾忌、趋利避害。抓住了证据这个关键词，才能使企业和企业家立于不败之地，真正实现企业刑事合规的各种功能。

从刑事合规视角看中国企业刑事风险防控

企业在经营过程当中，时时刻刻面临着各种风险。要么依法合规进行经营，

做百年老店；要么为了攫取一时的巨额利润进而面临牢狱之灾。

2017年开始企业刑事合规受到更多的重视和关注，各个企业都将“刑事合规”提上议事日程。作为大成北京争议解决部副主任，企业合规和刑事法律风险防范中心主任，近两年，笔者的团队就“刑民交叉”案件和企业刑事风险防范业务进行了比较深入的研究，从刑事合规业务视角看企业刑事法律风险防控，有以下基础问题需要注意。

一、刑事合规的概念、目标和相对人

（一）刑事合规的概念

所谓合规就是遵守法律，扩展一点就是遵守法律法规和规章。分成三个层面理解：

第一要遵守法规。对于企业来说，企业要遵守经营地和注册地所在国的法律规定，你只有遵守法律规定的经营才是合法的，才受到法律的保护。

第二要遵守规制。要求企业内部要制定相应的规章制度，在这个层面规范自己的经营行为。

第三要遵守规范。要求企业员工遵守职业操守和道德规范。这个是更高层面的要求，让企业员工在思想层面形成规则意识，自觉规范自己的经营行为，形成良好的自律意识。

因此，刑事合规是合规的不同的表现形式，是一种避免因企业或企业员工相关行为而给企业带来刑事责任的必要的、合法的措施。

（二）刑事合规的三个目标

理解刑事合规要把握两个问题，一个是刑事合规的目标，另一个就是刑事合规的相对人。刑事合规有三个目标：

一是从企业员工层面是为了降低员工发生犯罪行为的风险或者犯罪嫌疑的风险；

二是执法部门对于企业事前或事后建立的合规系统的认可；

三是从企业外部来说，旨在避免或降低因刑事犯罪嫌疑而给企业造成损害，这是做企业刑事合规的目标。

（三）刑事合规三个目标对应三类相对人

一是企业自身的员工。包括高管在内的各个层级的员工。

二是国家层面的执法部门。为什么这么说？企业一旦出现违规事件，接受国家执法部门调查的时候，相应的处罚后果，在企业日常经营没有发生违规事件之前，如果已经做了系统的合规规范，当企业出现违规事件之后，执法部门可能就会对企业减轻甚至免除处罚。这是因为企业之前已经尽到了主要注意义务。事后的责任，则是执法部门对于事后建立合规系统的一种追认。如果企业按合规要求做了就不再处罚，如果企业不做或者不符合要求仍然要处罚，从这个方面来说合规目标的相对人是国家执法部门。

三是商业客户。如果说商业机会来临的时候，任何一个商业合作伙伴都会寻找合规做得非常好的企业，说白了大家都愿意跟好人打交道，合作伙伴也是一样，有商业机会的客户当然愿意选择合规做得好的、正规的企业进行合作。

二、刑事合规的相关法律规范

刑事合规的法律规范，可以从两个方面介绍，一个是从刑事法规范的角度，另一个是民事法规范的角度。

刑事法方面。刑法当中，关于单位犯罪的罪名有一百多个。我们的刑法修正案至今已经出到了第十一个，在这十一个修正案中只有《刑法修正案（二）》和《刑法修正案（十）》没有涉及单位犯罪，其他的都有规定和涉及。

《关于办理侵犯公民个人信息刑事案件适用法律若干问题的解释》，这个司法解释对《刑法》第二百五十三条之一侵犯公民个人信息罪做了详细的解读。其中规定从国家机关到金融、教育、保险、医疗、交通等部门对公民服务过程当中收集的信息的保密义务，这个保密义务已经上升到刑法层面。

民事法方面。民事法律规制角度涉及至少这样一些法律和相应的规范：《反不正当竞争法》第七条规定，经营者不得采用财物或者其他手段贿赂三类人以谋取交易机会或者竞争优势，一个是交易相对人，还有交易相对人的代理人，还有是能够利用职权或影响力对交易相对人进行影响的单位和个人。经营者不得用贿赂的方法来获取交易机会。同时规定经营者在交易过程当中可以以明示方式向相对方支付折扣，应当是对于折扣问题进行了明确的规定。如果要给予相对方回扣必然是要明示、公开的，无论以接受佣金还是支付佣金都要明确如实入账。

北京沃某玛百货公司（以下简称沃某玛公司）就有这样的教训，曾因此被海淀区工商局处罚。沃某玛公司对外销售购物卡的时候，做了很严格的关于折扣的约定，明确在购买合同当中约定给予购买方一定的折扣，这个折扣在自己公司也如实入账了。

为什么仍被处罚？原因就在于没有要求接受折扣的一方开具发票，这种行为既为交易对方提供了利益，又为其创造了将获取的利益置于“账外暗中”的条件，从而客观上起到了诱使对方为其提供更多交易机会的作用，就是一种不正当竞争。沃某玛公司诉到海淀法院，海淀法院支持了工商局的决定，二审法院维持了原判。实务当中需要我们甄别每一个经营行为是否合规，是否具有风险。

《公司法》要注意高管的竞业禁止和商业秘密保护的相关问题。《反垄断法》亦应引起重视，做合规避不开反垄断的问题。国家工商总局《关于禁止商业贿赂行为的暂行规定》对此也有相关的规定。

国家互联网金融风险专项治理工作领导小组办公室出台的《关于加大通过互联网开展资产管理业务整治力度及开展验收工作的通知》，明确规定了互联网资管业务的金融属性，必须持有相对应的金融牌照。如果在从事资产管理业务当中没有获取国家相对应的金融牌照，就会被归类到非法经营、非法吸收公众存款和非法集资的范畴，刑事法律风险清晰可见。对于存量资产的处置没有任何商量余地，在2018年6月之前不能拿到金融牌照必须清零，否则就按照上述三个范畴处理。

三、企业刑事法律风险防控措施

“风险社会”理论的奠基者安东尼吉登斯有句名言：“我们生活在这样一个社会里——危险更多地来自我们自己而不是外界。”

企业刑事法律风险是影响企业和市场经济健康发展的重要风险之一，是指企业经营过程中出现的因企业自身不合法的行为、内部员工或外部人员对企业实施的触犯刑法的行为，导致企业财产损失或者相关人员承担刑事责任的可能性。通过梳理前面的法律规范，了解法律规范的内容，我们就能知道企业的刑事法律风险点在哪里。

（一）企业涉罪的常见领域

在我国刑法中，涉及单位犯罪的罪名占刑法罪名总量的24.7%，几乎每四个罪名当中就有一个规定为单位犯罪，由此可见单位犯罪的风险是大量存在的。可以说刑事法律风险的类型集中从企业设立、经营到破产，每个环节中都有。笔者做了一些梳理，结合刑法规定概括出比较常见的企业刑事法律风险类型有七种，分别是：

一是企业用工法律风险。劳动争议一般属于民事范畴，发生刑事犯罪的可能性较小。只有在强迫劳动、雇佣童工从事危重劳动等存在刑事风险，还有《刑法》第二百七十六条之一对拒不支付劳动报酬也作了入罪规定。

二是合同法律适用风险。签订履行合同是企业日常重要的业务活动，在这方面的刑事法律风险较大，稍有不慎就可能被诈骗或者一时利欲熏心而诈骗他人。在现实中，合同方面的刑事风险主要有《刑法》第二百二十四条合同诈骗罪，第一百六十七条签订、履行合同失职被骗罪。

三是财税管理法律风险。依法纳税是企业的义务，企业在履行这种义务过程中，经常出现偷漏税现象，性质严重的，可能构成犯罪，如偷税、逃税甚至抗税，逃避追缴欠税、骗取出口退税、虚开发票罪、虚开增值税专用发票等可能被追究刑事责任的情形。财务上的风险，如报销，由公司直接或者间接支付、赞助或与任何第三方共同赞助的所有政府工作人员的履行，如果不是为了正当的业务目的、有不成比例的招待或娱乐成分甚至非法的旅行等。另外还要注意如果客户使用犯罪所得的资金付款，则这种行为可能被视为洗钱。以上都是财务风险点。

四是知识产权法律风险。知识产权是一种无形资产，但可以转化为有形的物质财富。在当今科学技术是第一生产力的背景下，知识产权显得越来越重要，而侵犯知识产权的现象也变得越来越普遍，甚至猖獗。因而关于商标、专利和商业秘密等方面的知识产权犯罪也越来越多。比如，假冒注册商标罪、假冒专利罪、侵犯著作权罪和侵犯商业秘密罪等。

五是融资型法律风险。企业要发展，资金是关键。企业为了快速发展，经常需要借助借贷、证券发行、证券交易等融资渠道获得更多资金支持。而这一融资过程中经常容易触犯的罪名有《刑法》第一百六十条规定的欺诈发行证券罪；第一百六十一条规定的违规披露、不披露重要信息罪；第一百七十九条规定的擅自发行股票、公司企业债券罪等。在向公众募集资金过程中，可能涉嫌非法吸收公众存款罪、集资诈骗罪等。

六是贿赂型法律风险。在中国人情社会的影响下，人情关系会随着关系链的扩大使得陌生人变为熟人。人情的因素和人性的弱点被放大，商业贿赂行为有了得以实施的空间，从而导致职务犯罪的发生。这方面案件屡屡高发。本人就办理了三起单位行贿案件，一件是央企的，另外两件是民企的，并通过代理刑事案件给企业普及了刑事合规基本理念。

七是财产型法律风险。企业管理人员利用职务上便利，对企业财产实施侵占（贪污）、挪用行为会构成职务侵占罪（贪污罪）、挪用资金（挪用公款）罪。

总之，要针对企业自身经营业务性质进行风险排序，对重点合规风险领域进行重点预防。

（二）企业刑事风险的防控措施

防控措施总结为六个字，即“机构、机制、文化”。具体而言：

企业内部要设立合规管理机构。这需要企业根据自身的业务性质、地域范围、监管要求等设置相应的合规管理机构，与合规管理任务相匹配。同时要把握具体合规管理机构的设立原则、在企业内部的地位和层级、所充当的角色与职责、与其他部门的关系等。

此外，合规管理机构负责制定合规管理制度，并确保这些政策制度被真正贯彻下去。以上这些具体措施都有相应的操作规则，不再赘述。机构设立好了，还要有机制落实。

企业要建立有效运行的合规机制。要把企业的合规风险管理真正落实到业务操作层面，就必须要把政策制度的规定转变为可执行的流程。以确保各项业务操作符合外部法律和内部政策的要求，同时使合规政策与实际的工作实践衔接相一致，并落实到每一个岗位、环节。这种合规机制表现在以下四个方面：

培训机制。当企业制定合规政策、行为准则和其他要求之后，企业需要通过培训和交流等方式确保其员工充分意识到这些规定。结合刑事法律风险点来制订培训年度计划或者其他规划，确定好培训和交流的形式、频率、讲师和受众等。合规培训的根本目的是提高企业内外人员的合规意识，树立最高诚信道德标准，进而引导个体行为，使其主动遵守合规的要求，并努力践行最高道德标准，从而避免各个企业刑事法律风险点。

考核机制。要保障企业合规管理的有效性就需要考核评估员工的合规表现，即企业应考虑从业绩与合规性两个方面对管理者和员工进行全面的业绩考核，通过合规绩效考核来提升合规执行力。

举报和调查机制。为保证合规管理机制的有效运行，避免刑事法律风险点所涉及的风险发生，企业应当建立完善的举报体系。所谓“千里之堤，毁于蚁穴”就是这个意思。举报机制健全对违规者是一个警戒。当违规者知道自己的行为处于众多员工的监督之下，而且可能随时被举报时，他们的违规行动肯定会受到约束。举报热线的设立以及中立员工都具有强大的威慑作用，对企业和调查部门来独立管理调查制度会加强企业内部规章及其他要求的执行力度。

处理和改进机制。即使拥有强大的合规管理体系，只能说能够降低员工违规的风险而不能绝对避免员工违纪违规。员工违规一旦证实，企业需要立即处理。处理员工违规行为的方式反映了企业是否严肃对待合规，很多企业对违反公司政策的违规行为和非法活动持有坚决的零容忍态度。同时应对员工违规行为进行分析，是疏忽大意还是重大过失还是其他原因，以便发现合规管理弱点并改进。

好的机制能够使合规方案有效运营和执行，但有一个更重要的前提，就是需要管理层支持。管理层包括企业内各层级的领导人和高管，只有得到他们的支持，合规方案才能得到有效的执行。管理层支持至少体现在以身作则和资金、资源支持三个方面。

关于企业要重视合规文化建设。合规文化建设听起来很虚，实际上是把前面的机构和机制落实到实处，第三个合规文化建设就自然水到渠成了。

领导重视企业诚信及合规文化理念。企业文化是企业在生产经营中逐步形成的，为全体员工所认同并遵守的带有本企业特点的企业宗旨、精神、价值观和理念，以及这些理念在生产经营实践、管理制度、员工行为方式与企业对外形象的体现的总和。恪守诚信和商业道德与遵守法律、合规是较为普遍的企业核心价值观，这样的企业文化是公司最终实现合规经营的保证。具体体现在公司的指导方针、政策和指示、客户准则、业务伙伴合作准则、业务行为准则、业务指引和员工守则、技术道德守则、隐私和数据保护等方面。

合规文化建设还应重视文化培育。仅仅将企业文化写在公司文件中远远不够，还要进行培育，使之最终成为公司每个员工的价值观，每个员工自觉、负责地在所有行为和关系中都能履行诚信和道德，最终就能实现刑事合规的目的。

应当认识到，企业经营的某些场合里，法律上的需要与经营上的需要是相互排斥的，而企业刑事法律风险防控的核心就是如何保证二者之间的平衡。要做好这一点的前提，一是要准确识别出刑事法律风险及其危害性，二是要根据企业的实际目标找出最为合适的解决方法。因此，在企业刑事法律风险防控方面，无论是因噎废食还是削足适履都是不足取的。如何在具体操作中把握好尺度，结合企业自身的性质，有针对性地提供、设计我们的法律产品，需要因企制宜，因人制宜。

此外，近年来的相关事件让所有的法律人、所有的企业家重新关注了一个词语——合规，很多企业家认识到民商法律只不过是身外之物的财产问题，刑事法律才关系到自己的身家性命。对刑辩律师而言，积极转变思维，由“等案上门”到主动想办法切入企业当中去，是摆在有志于刑事合规蓝海业务的同人面前的一道有挑战性的难题。

后　记

服务办案需要是青年执业律师知识管理的第一要务

博观约取，然后明心见性，在学习中不断突破自我，成就最好的自己，是多数人读书、学习的目的。知识管理既然称之为管理，与一般意义的读书、学习应有不同，应当成体系、有规划、有制度、有落实。简言之，知识管理倡导的是有目的、有计划的学习，强调计划执行的严格性，意在克服和摒弃杂乱无章的碎片化学习（利用碎片时间也能实现知识管理，请避免混淆），一般应包括制订计划和执行计划两个层次的内容。根据自己的需求制订短期、中期、长期学习计划；通过阅读、听课、刻意练习，或者兼而有之，依靠具体方法严格执行计划，主动对自己的知识体系进行管理，逐步实现对目标知识的掌控和驾驭。本文仅就青年执业律师的知识管理谈一点建议。

青年执业律师制订知识管理计划应当着眼实际。以办好手头工作为目标制订短期计划，以专业知识和业务能力的精进和极致为中期目标，以专业领域的拓展甚至转型等职业规划为长期目标，是比较务实的选择。这是因为，对大多数普通人而言，精通一门专业知识已属不易，执业律师的工作一般具有紧迫性、时效性，在精力有限的前提下，有限的时间必须让位给以当前工作为核心的专业学习。从行稳致远的角度，围绕当前工作扫除知识盲区，才能做好当下每一个案件。名人的“人设”也许靠包装和设计，以专业见长的执业律师的“人设”只能靠知识管理和扎实的办案积累。因此，青年执业律师应当树立关于知识管理的正确观念，以精进业务、干好工作为主，以中期目标和长远职业规划为辅，以兴趣休闲为调剂。如果能把工作当作事业来建设，在专业学习和学习兴趣之间找到链接并沉迷其中，兼顾职业和兴趣，专业学习一样可以兴味盎然。知识的深、广、精，对多数青年执业律师而言仍属一种理想状态。尤其是如果在学生时代没有足够的积累，当参加工作、承担家庭责任以后就更不容易实现，因此可以作为长期目标，拆而分之然后有计划地逐个实现。

以专业为本，是执业律师职业操守的要求，同时也是掌控工作、生活节奏的需要。阅读、学习的目的与做人做事的风格正相关。工作是大多数成年人的立身之本，工作中的成效决定了我们各方面的自由度。养成围绕手头工作及时清扫知识盲区的好习惯，才能在工作领域游刃有余、渐成方家，才能在工作中获得认可、获得成就感。而成就感是创业艰苦期、职业倦怠期坚持不懈的重要动力。专业精通、行有余力，再谈其他兴趣领域的研读涉猎，拓宽领域、逐步纵深。否则，眼高手低，养成不尽心、不尽责的工作习惯，就会对本职工作形成倦怠，形成恶性循环。只有立足当下，才能成就未来。

选你所爱，爱你所选，即使不喜欢律师工作的执业律师，出于责任感，也必须认真对待手头案件，围绕案件及时开展知识管理，避免工作上的被动、侵害当事人利益。

知识管理计划的实现有很多途径，日常阅读、网课最为便捷。大学有界而阅读无界，阅读方家的著作就好比以方家为师、集众方家之精彩，就能一定程度上克服知识短缺，对案件中看不出、想不到、想不通的问题，建立自己的知识体系。理论、实务书籍都要看，法条、案例检索要重视，大处着眼的同时要重视细节，是办好案件的基础。法律理论和法律条文的更新都比较快，关注立法变化，及时更新知识，也是每一位执业律师知识管理的第一要务。方家动辄列出长串书单，囊括中外学者高深专著，笔者以为于学习能力稍弱、执业时间不长，工作、家庭、学习矛盾突出尚未捋顺的青年执业律师而言，实非必须，应当退居次位。

青年执业律师应当将自己的质疑精神、质疑能力、演讲和写作能力纳入知识管理计划。博观约取，博学精思，总是必要。“约取”和“精思”，是指阅读、听课、学习时要具有质疑精神。“吾爱吾师，吾更爱真理。”法律人的质疑精神殊为重要，不敢质疑是神化权威的表现，不能质疑是专业不精的表现，只有质疑没有论证是知识尚未成体系的表现。这些都是对职业能力的根本否定。法律是最通常识、常理、常情的学问，法律职业是用法律知识将生活事实抽象为法律事实并予以评价的职业。目光不断往返于法律和事实之间，就是要在其中反复推敲，反复质疑和求证。质疑和求证能力的差异，就是法律人之间的差距所在。此外，无论是诉讼律师还是非讼律师，逻辑能力、演说能力和写作能力也都是必备技能。

知识管理计划在执行中应当注重成果转化。青年律师的短期知识管理计划不妨围绕“让受众知道我、认同我”的目的来制订，并开展自己的日常学习和知识体系构建，“功利”地学习。以笔者为例。辞职之初，面临着外无客户，内无余粮的状况，自断后路，前途未知，其窘迫超乎想象，只好全心投入钻研业务知识和专业写作之中，在一个月内写了数篇“爆款”文章，其中一篇对以往工作经验总结的文章——《优秀公诉人是如何炼成的》，引起前同行们的广泛共鸣，还被山东省检察院官方公众号推送；《如何找到辩点》系列文章，不仅使我收获了转型后的第一批律师同行粉丝，还引起了中国行为法学会培训中心等机构的注意，课约也接连不断，走出了辞职转型后的第一步。

拆分计划也是自我激励的好方法。功利地制订知识管理的计划，一是根据日常自己工作中暴露出的问题进行“补短板”，二是对自己的长远规划目标进行拆分。希望自己五年、十年后成为一个什么样的人、什么样的律师、具备哪些优良品质，从现在开始，通过对知识管理计划进行拆分，然后一个一个、一步一步去实现，完成一个个小目标的同时也完成了自我激励。一个没有梦想的人是不可想象的，一个有梦想的人必须坚持学习，坚持学习的过程中应当时常进行自我激励。读读自传书籍，偶尔喝点励志鸡汤，看看经典的演讲视频、电影、电视剧，也都是自我激励的好办法。在执行这些计划时，梦想就照进了现实。身居闹市又心怀高远，一书一椅一茶，便是天远地阔。

知识管理离不开严格执行的学习计划和有效的学习方法。学习方法（计划的执行方法）多种多样，个人习惯多有不同，检视旧习惯、建立新习惯，常常可以事半功倍。本人日常总以当前案件的紧迫需要为重，集中搜集相关资料，为了办好案件而学习。如果事务较多、持续时间较长，也会见缝插针读些当前热点书籍，获得一些时代感。同博闻强记者相比，笔者常感叹自己的“记忆功能残疾”，读书时“一击三叹”，可是读后就忘，好像读书就是为了锻炼自己的“忘性”，这真让人十分沮丧。为此，办案之余，我常常会围绕课约或写作计划调整自己的中期学习计划。为了讲好一堂课、写好一篇文，我常常同时对一类内容的数本或十数本书籍进行交叉阅读。这对建立知识体系也比较有效。但这种阅读方法，距离方家的深度阅读的要求，还是存在不小的差距。

读书学习、知识管理贵在坚持。你读过的书，走过的路，爱过的人，成就今天的你。立志求变，才能实现梦想；充盈幸福中，一切逐渐可控、向上。这也许就是“仰望星空并脚踏实地”。

日进一寸，逐渐大成。

图书在版编目 (CIP) 数据

博观约取：刑事辩护思维与实务技能 / 张成，律璞玉著 . — 北京：中国法制出版社，2022.10
ISBN 978-7-5216-2602-5

Ⅰ . ①博… Ⅱ . ①张… ②律… Ⅲ . ①刑事诉讼—辩护—研究—中国 Ⅳ . ① D925.210.4

中国版本图书馆 CIP 数据核字（2022）第 050687 号

责任编辑：程　思　　　封面设计：周黎明

博观约取：刑事辩护思维与实务技能
BOGUAN YUEQU：XINGSHI BIANHU SIWEI YU SHIWU JINENG
著者 / 张成　律璞玉
经销 / 新华书店
印刷 / 三河市紫恒印装有限公司
开本 / 710 毫米 ×1000 毫米　16 开　　　印张 / 14.5　字数 / 219 千
版次 / 2022 年 10 月第 1 版　　　2022 年 10 月第 1 次印刷

中国法制出版社出版
书号 ISBN 978-7-5216-2602-5　　　定价：58.00 元

北京市西城区西便门西里甲 16 号西便门办公区
邮政编码：100053　　　传真：010-63141600
网址：http://www.zgfzs.com　　　**编辑部电话：010-63141796**
市场营销部电话：010-63141612　　　**印务部电话：010-63141606**
（如有印装质量问题，请与本社印务部联系。）